C·H·Beck
PAPERBACK

Die USA wurden weit ins 20. Jahrhundert hinein von deutschen Auswanderern geprägt. Man schätzt, dass etwa ein Sechstel der heutigen US-Bevölkerung deutsche Vorfahren hat. Die Auswanderung begann mit einzelnen, sektiererisch geprägten Gruppen im 17. Jahrhundert und setzte sich dann in Schüben fort bis zum Beginn der Massenauswanderung im 19. Jahrhundert. Bis 1914 verließen rund sieben Millionen Deutsche ihre Heimat in Richtung USA.

Dieses Buch schildert, warum Deutsche ihr Land verließen, wie sie aufgenommen wurden in der «Neuen Welt» und wie sie sich dort organisierten. Dabei werden eine Reihe von besonders interessanten Aspekten berücksichtigt, zum Beispiel die Situation deutschjüdischer Auswanderer im 19. Jahrhundert, der Kontakt der deutschen Auswanderer mit verschiedenen ethnischen Gruppen wie Indianern, Schwarzen und Chinesen und ihre Rolle bei der Sklavenhaltung im amerikanischen Süden.

18 Kurzporträts von prominenten Auswanderern, eine Kurzchronik und Tipps für eigene Familien-Recherchen runden den Band ab.

Bernd Brunner studierte in Berlin und Seattle und lebt heute als freier Autor in Berlin. Sein Buch *Bears. A brief history* wurde in den USA enthusiastisch gefeiert und schaffte es auf die Buchempfehlungsliste der «New York Times». Über *Wie das Meer nach Hause kam. Die Erfindung des Aquariums* schrieb die «Frankfurter Allgemeine Zeitung»: «Ein grandioses Buch.»

Bernd Brunner

Nach Amerika

Die Geschichte der deutschen Auswanderung

Verlag C.H.Beck

Mit 17 Abbildungen

1. Auflage. 2009

Originalausgabe

2. Auflage. 2017

Gesamtherstellung: Druckerei C.H.Beck, Nördlingen
Umschlagentwurf: malsyteufel
Umschlagabbildung: A group of immigrants traveling aboard a ship celebrate as they catch their first glimpse of the Statue of Liberty and Ellis Island in New York Harbor (Photo by Edwin Levick/Getty Images)
Printed in Germany
ISBN 978 3 406 71149 7

www.beck.de

Inhalt

Anhang

Vorwort

Dem deutschen Besucher, der heute in die Vereinigten Staaten kommt, könnten in den Supermärkten die Bierdosen mit vertraut klingenden Namen wie *Pabst, Schlitz* oder *Anheuser-Busch* ins Auge fallen. Er mag sich verwundert zeigen über die Vorstellungen von Amerikanern, die sich bisher kein Bild vom Deutschland der Gegenwart machen konnten. Amerikaner nehmen als «typisch deutsch» Weihnachtsbräuche und Backwaren, klassische Musik, Blas- und Marschmusik oder Begriffe wie «Gemütlichkeit» und «Kindergarten» wahr. Oft sind es nur regionaltypische kulturelle Überbleibsel, die sich in verzerrter Form bis in die Gegenwart erhalten haben.

Kein anderes Land hat für deutsche Auswanderer über mehrere Jahrhunderte hinweg eine so starke Faszination ausgeübt wie die Vereinigten Staaten. Und aus keinem anderen Land außer Großbritannien erfolgte die Einwanderung so kontinuierlich wie aus den deutschsprachigen Ländern. Die Auswanderung begann mit einzelnen Gruppen im 17. Jahrhundert und setzte sich dann in Schüben fort, bis zum Beginn der Massenauswanderung waren es jedoch nur wenige Hunderttausend. Johann Wolfgang Goethe schrieb in *Wilhelm Meisters Wanderjahre* über den «lebhaften Trieb nach Amerika», der «genährt» war «durch wünschenswerte Besitzungen, die man erlangen konnte». Im 19. Jahrhundert korrespondierte der Prozess mit dem Übergang von der Agrar- zur Industriegesellschaft. Insgesamt kamen zwischen 1815 bis 1914 etwa 40 Millionen Menschen von Europa nach Amerika, darunter rund sieben Millionen Deutsche.

Es gab ein ganzes Bündel möglicher Gründe für die Auswanderung – wirtschaftliche, politische und persönliche –, die eine Entscheidung beeinflussten und zu bestimmten Zeiten eine jeweils unterschiedliche Gewichtung erfuhren. Die europäische Bevölkerung wuchs zwischen 1750 und 1850 von etwa 140 auf etwa 255 Millionen, bei nicht im selben Maße zunehmenden Erwerbsmöglichkeiten. In Deutschland nahm die Bevölkerung im 19. Jahrhundert um mehr als 130 Prozent zu, von knapp 25 auf knapp 65 Millionen. Armut als Folge des Bevölkerungswachstums und des massiven wirtschaftlichen Strukturwandels war der Hauptgrund für die Massenauswanderung im 19. Jahrhundert – und diese war ein unvollkommenes «Ventil» für den sozialen Druck, der sich vielerorts aufgestaut hatte.

Deutsche Juden litten unter gesellschaftlicher Ächtung und hatten im frühen 19. Jahrhundert vielfach noch keine Bürgerrechte. Sie wurden nach Amerika nicht nur mit der Aussicht gelockt, bessere wirtschaftliche Möglichkeiten zu erhalten, sondern dort auch endlich vollwertige Mitglieder der Gesellschaft werden zu können. Andere Deutsche verzweifelten an den politischen Verhältnissen in Mitteleuropa.

Im 20. Jahrhundert fanden viele deutsche Juden, Wissenschaftler und Andersdenkende, die vor dem Naziregime fliehen konnten, in den Vereinigten Staaten eine Heimat. Immer blieb die Auswanderung von äußeren Faktoren abhängig: zum Beispiel von den Transportmöglichkeiten, den gesetzlichen Bestimmungen, regional abweichenden erbrechtlichen Regelungen sowie von im familiären Umfeld begründeten Problemen.

Vieles sprach gegen den Aufbruch: die Trennung von Familie und Freunden, der Verlust der sozialen Identität, eine kostspielige und mit vielen Gefahren und Unwägbarkeiten versehene Reise in eine unberechenbare Zukunft. Die unbekannte Welt kannte man nur vom Hörensagen oder aus Schriften. Hinzu kam, dass die Bewohner mehrheitlich eine andere Sprache benutzten als die eigene und sich mit den Ureinwohnern lange heftige Auseinandersetzungen lieferten. Aber der Ruf der «Neuen Welt» blieb für viele stärker als all diese Bedenken, soweit den Auswanderern überhaupt klar war, auf welche Risiken sie sich einließen. Die Berichte, die nach Mitteleuropa drangen, waren von den Interessen der jeweiligen Verfasser geprägt und zeichneten vielfach ein verzerrtes Bild von den Verhältnissen im kolonialen Amerika. Amerika war und ist stets Projektionsfläche für die unterschiedlichsten Erwartungen und die Auswanderung dorthin war stets eng verbunden mit den sich im Laufe der Jahrhunderte wandelnden Vorstellungen, die man sich von diesem Land machte.

Es werden beide Seiten der deutschen Auswanderungsbewegung betrachtet, sowohl die europäische als auch die amerikanische: Welche Hürden mussten überwunden werden, damit das Land verlassen werden konnte? Wie verlief die Reise? Welchen Schwierigkeiten sahen sich die Menschen bei der Ankunft ausgesetzt, wer gab ihnen Hilfestellung und wo konnten sie Anschluss finden?

Der Begriff «Deutschland», so wie er hier für die Zeit vor 1871 verwendet wird, umfasst den in viele Einzelstaaten zersplitterten deutschsprachigen Kulturraum. Ich verwende für die nach Amerika ausgewanderten Deutschen sowohl die Begriffe «Deutsche in Amerika» als auch «Deutschamerikaner», wobei nur die zweite Formulierung die amerikanischen Bürger deutscher Herkunft umfasst. Wenn von «Amerika» oder «Amerikanern» die Rede ist, sind hier, dem allgemeinen Sprachgebrauch folgend, die Vereinigten Staaten von Amerika bzw. die Bewohner derselben gemeint. Der Text ist im Prinzip chronologisch angelegt, dennoch erschien es mir sinnvoll, eine Reihe von Aspekten auszugliedern und diese schlaglichtartig zu behandeln.

Mein Dank gilt zunächst meiner Lektorin Christine Zeile, mit der die Idee für diesen Band entstanden ist, dann meinen ersten Lesern Anja Haller, Detlef Feußner und Olaf Oberschmidt, außerdem José João Dias Carvalho, Ulrich Everding, Joseph P. Grubb, Michael Hely, Cece Iandoli, Jeffrey M. Peck sowie Scott W. Perkins. Dan Delany gewährte mir freundlicherweise Unterkunft, um in der New York Public Library recherchieren zu können. Nicht zuletzt gilt mein Dank auch meinen Eltern Helgard und Siegfried Brunner.

Die Anfänge der deutschen Amerikaauswanderung

Auch wenn die erste geschlossene Gruppe von Deutschen erst 1683, also knapp ein Jahrhundert vor der Unabhängigkeitserklärung, nach Nordamerika auswanderte, gab es dort bereits viel früher einzelne Reisende. Die Informationen über diese ersten Personen sind spärlich. Zwar waren deutsche Wissenschaftler und Kartographen an den Erkundungen beteiligt, die der Entdeckung von Christoph Kolumbus folgten, aber der Gedanke, mit den Seemächten in Wettstreit um Besitzansprüche in der Neuen Welt zu treten, scheint in den deutschen Staaten nie ernsthaft erwogen worden sein.

Die ersten deutschen Siedler trafen in Gruppen ein, die mehrheitlich aus Mitgliedern anderer Nationen zusammengesetzt waren. Schon in Jamestown in Virginia, der ersten Kolonie der Engländer in Amerika, sollen einige gelebt und gearbeitet haben. Im Jahr 1607 war der lutherische Theologe Johannes Fleischer aus Breslau eingetroffen, 1608 dann ein Schweizer Goldsucher namens William Volday (Waldi). Zwei nicht namentlich genannte hessische Einwanderer sollen die Siedlung im Herbst desselben Jahres erreicht haben, wo sie im darauffolgenden Frühjahr das *Glashouse* mit seinen vier Schmelzöfen errichteten. Es gab heftige Auseinandersetzungen mit den dort lebenden Indianern. Die beiden Hessen starben schon im nächsten, ungewöhnlich harten Winter. Insgesamt überlebten von den ursprünglich 214 Siedlern nur 60. Erwähnt werden außerdem Franz und Samuel Adam, die zusammen mit den Glasmachern eingetroffen sein sollen. Es wurden verschiedene Artefakte deutscher Herkunft dort gefunden: Rechenpfennige aus Nürnberg (ein Rechenhilfsmittel), aus Hessen stammende Glasschmelztöpfe, Keramik und Glas aus dem Westerwald und dem Rheinland.

Es ist wahrscheinlich, dass an verschiedenen Orten der Atlantikküste in französischen, englischen und schwedischen Siedlungen auch Deutsche lebten, nur lässt sich das mangels genauer Auswandererverzeichnisse nicht mehr im Detail nachvollziehen. Und in Nieuw Amsterdam, der als weltoffen bekannten holländischen Siedlung, die später New York werden sollte, wohnten in den 1630er Jahren neben Skandinaviern auch Deutsche vom Niederrhein.

Nach dem Dreißigjährigen Krieg befehdeten sich in Europa die durch die Friedensverträge von 1648 in ihrer Religionsfreiheit bestätigten Katholiken, Lutheraner und Reformierten weiter, oft wurde die jeweilige Minderheit Repressalien ausgesetzt und an der Ausübung ihrer Religion gehindert. Sekten christlicher Dissidenten wurden verfolgt, um eine weitere religiöse Zersplitterung zu verhindern und den Machterhalt zu sichern. Umgekehrt verweigerten Mennoniten, Labadisten, Pietisten, Herrnhuter, Schwenkfeldianer, Tunker und Quäker sowohl den Kriegsdienst als auch die Zahlung von Kriegssteuern, weil dies in Widerspruch zu ihrem Glauben stand. Damit machten sie sich zu Staatsfeinden. Die Machthaber sahen in ihnen eine Bedrohung der Ordnung.

Die erste bedeutendere deutsche Auswanderung erfolgte vor diesem Hintergrund. Im Jahre 1683 begaben sich 13 Quäker-Familien aus Krefeld nach Pennsylvania. Sie sind die erste klar dokumentierte Gruppe von deutschen Auswanderern nach Amerika, auch wenn sie – genau genommen – ursprünglich teilweise aus den Niederlanden stammten. Krefeld war zu dieser Zeit das Ziel religiöser Separatisten, die im übrigen katholischen oder reformierten Europa abgewiesen wurden. Die Stadt war vergleichsweise liberal, so dass sich dort im Jahre 1609 eine Mennonitengemeinde formen konnte, die die ersten Seidenmanufakturen gründete und mit ihrem Tuchhandel wesentlich zum Aufstieg Krefelds zu einem der bedeutendsten Gewerbeorte am Niederrhein beigetragen hat. Als William Penn (1644–1718), ein englischer Aristokrat und Quäker, der Stadt im Jahre 1677 einen Besuch abstattete, ließen sich die Mennoniten von ihm bekehren. Aufgrund ihres Selbstverständnisses als «wahre Gläubige» fühlten sich die «Krefelder Freunde» weder den weltlichen noch den kirchlichen Autoritäten verpflichtet, was den Krefelder Kirchenrat dazu veranlasste, gegen zwei der Quäker Klage zu erheben und sie zu verbannen. Sie wurden von Penn unterstützt, sodass der Verbannungsbeschluss aufgehoben wurde, allerdings blieben sie fortan Fremdkörper in der Stadt und fielen immer wieder in Ungnade. Die 13 Krefelder Familien führten Butter und Käse für die sechs bis acht Wochen dauernde Überfahrt mit sich, Kleidungsstücke für die ersten zwei Jahre, außerdem Baumaterial, einen Webstuhl, Fischernetze und Jagdflinten. Dazu packten sie die alten Familienbibeln und die schönen bunt bemalten Familientruhen. Über Rotterdam gelangten die Familien in den Überseehafen von London, wo ihr Schiff *Concord*, ein 500-Tonnen-Segler des Virginia-Handels, reisefertig vor Anker lag. Die Fahrt begann im Juli 1683. Das Ziel ihrer Reise war die Mündung des Delaware an der amerikanischen Ostküste. Das Frachtschiff hatte ein einfaches Zwischendeck, wo sie die 75 Tage ihrer Überfahrt zubrachten. Es waren insgesamt 33 Personen, eines der Kinder starb auf der Überfahrt, ein anderes wurde geboren.

Am 6. Oktober erreichten sie Philadelphia. Ihr Bevollmächtigter wurde Franz Daniel Pastorius, der schon im August dort eingetroffen war. Er war 1651 in Sommerhausen bei Würzburg geboren und hatte in Altdorf, Straßburg und Jena Jura studiert, bevor er sich in Frankfurt am Main dem pietistischen Zirkel um Johann Jacob Schütz anschloss. In den seiner Auswanderung nach Amerika vorausgehenden Jahren war er als Hofmeister eines jungen Adligen durch Westeuropa gereist. Der genannte Kreis um Schütz gründete 1682 mit der «Frankfurter Gesellschaft» eine «Teutsche Landcompagnie», für die Pastorius in Nordamerika Land kaufen sollte. Als Pastorius, in Philadelphia angekommen, die Freunde aus Frankfurt nicht finden konnte und auf die Quäker aus Krefeld traf, ließ er sich von ihnen beauftragen, den Landerwerb für sie zu organisieren. Kurz darauf wurde «in diesem waldreichen Pennsylvanien, in der öden Einsamkeit», wie Pastorius schrieb, die Siedlung Germantown gegründet – «der Teutschen Brüder Stadt» oder «Germanopolis».

Pastorius war mit William Penn, dem Gouverneur von Pennsylvania, befreundet. Die englische Krone hatte Penn an der Flussmündung des Delaware ein Siedlungsgebiet überlassen, um dort sein «Heiliges Experiment» zu realisieren: Ein Staat sollte entstehen, in dem die verfolgten reformierten Glaubensgemeinschaften der Alten Welt Zuflucht finden und dabei eine urchristliche Gemeinschaft bilden könnten. Penn sicherte den religiösen Utopisten Gewissensfreiheit zu, gleichzeitig lockte er sie mit minimalem Pachtzins, sich an der Kolonisierung Amerikas zu beteiligen.

Der Winter nahte und es galt, zügig Vorkehrungen zu treffen. Wald wurde gerodet und Hütten wurden errichtet. «Arbeitsleut und Bauern sind ernstlich allhier am nötigsten, und wünsche ich mir wohl ein Dutzend starke Tiroler, die dicken Eichenbäum niederzuwerfen, denn es ist alles nur ein Wald», schrieb Pastorius in seinem Grund- und Lagerbuch. Die Familien hatten anfänglich noch Zweifel, ob das zwei Fußstunden von Philadelphia entfernt liegende Siedlungsgebiet wirklich für ihr Vorhaben geeignet sei; dann aber erwies sich das Klima an dem höher gelegenen Ort als günstig, man blieb auch vom Gelbfieber verschont. Zudem erlaubten die Flüsse die Errichtung von Mühlen. Man stellte Webstühle in den Blockhütten auf und begann, in Heimarbeit Flachs zu spinnen. Die noch ungepflasterte Hauptstraße war mit Pfirsichbäumen gesäumt und jede Blockhütte hatte ihren eigenen Obstgarten.

Im August 1689 unterzeichnete Penn in London die Urkunde, mit der Germantown zwei Jahre später die Stadtrechte verliehen wurden.

Die Siedler nahmen die Gesetzgebung in die Hand und gaben sich selbst eine Verfassung. Pastorius wurde Bürgermeister, später Friedensrichter. Rings um den «Garten Eden» wohnten Indianer, mit denen Penn einen Friedensvertrag abgeschlossen hatte. Schon die Quäker trieben Handel mit den Indianern, was die anderen europäischen Siedler beargwöhnten. In einem Brief an seine Eltern schrieb Pastorius: «Es sind gutherzige, redliche Leute, die dereinst an dem großen Gerichtstag mit denen von Tyros und Sidon gemeinsam auftreten werden, um die falschen Maul-Christen zu beschämen. Zwei von ihren Königen und Königinnen haben mich etliche Male besucht, denen ich nach Möglichkeit alle Liebe erweise.»

Legendär ist die kompromisslose Haltung dieser frühen deutschen Einwanderer zur Sklaverei: Gleich nach ihrer Ankunft in Amerika sahen sie sich in ihren hohen moralischen Ansprüchen mit dem Problem konfrontiert, dass sich englische Farmer aus Maryland und Virginia «Negersklaven» hielten. Selbst Penn beschäftigte Sklaven. Während die englischen Puritaner im Sklavenhandel kein Unrecht sahen, verfasste Pastorius 175 Jahre vor ihrer Abschaffung durch Abraham Lincoln die erste Proklamation gegen die Sklaverei.

«Dieses sind die Gründe, warum wir gegen den Menschenhandel sind. ... Obwohl sie schwarz sind, können wir nicht einsehen, dass es deshalb eine größere Berechtigung dafür gäbe, sie als Sklaven zu halten, als wenn man es mit Weißen zu tun hätte. Man sagt, wir sollten allen Menschen ohne Unterschied des Geschlechts, der Rasse oder Hautfarbe so begegnen, wie man selbst behandelt zu werden wünscht. ... Hier herrscht Freiheit des Glaubens, was recht und vernünftig ist. Aber hier sollte auch Freiheit des Körpers herrschen. ... In Europa sind viele ihres Glaubens wegen unterdrückt. Hier dagegen sind es die, welche wegen ihrer schwarzen Farbe unterdrückt werden.»

Proklamation gegen die Sklaverei vom 18. April 1688

Die prosperierende Wirtschaft der Stadt wurde ohne Hilfe von Sklaven aufgebaut. Germantown blieb zwei Jahrhunderte stark deutsch geprägt. 1854 verlor es seine Selbständigkeit, heute ist es ein Vorort von Philadelphia. Die Frage des rechtlichen Status der deutschen Auswanderer wurde mit dem Erlass von Gesetzen (*naturalization acts*) 1671 und 1680 gelöst, nun war die Möglichkeit der Einbürgerung für jeweils eine der Kolonien sichergestellt. Entscheidend war der Eid auf die britische Krone.

Jacob Leisler (1640–1691)

Leisler, der Sohn eines calvinistischen Pfarrers in Bockenheim bei Frankfurt am Main, gelangte 1660 als mittelloser Söldner der Niederländisch-Westindischen Compagnie nach Nieuw Amsterdam. Durch seinen Handel mit Pelzen, Tabak und Wein avancierte er bald zu einem der reichsten Kaufleute der ab 1664 englischen Kolonie New York. 1689 wurde er zum ersten frei gewählten Bürgermeister der Stadt ernannt. Nach der «Glorious Revolution» kam der Oranier William III. auf den englischen Thron und ernannte Leisler zu seinem Gouverneur in New York. Seine Verwaltung hatte eine starke polarisierende Wirkung innerhalb der politischen Fraktionen der Stadt. Um die Verteidigungsbereitschaft gegenüber Franzosen und Indianern zu erhöhen, berief der Protestant Leisler 1690 eine Zusammenkunft der amerikanischen Kolonien ein und erreichte – unabhängig von der britischen Autorität – eine militärische Union. 1689 wurde Colonel Henry Sloughter von König William III. und Queen Mary II. als Nachfolger von Leisler bestimmt, gelangte aber erst 1691 nach New York. Als kurz vor dessen Ankunft Major Richard Ingoldsby die Herausgabe des Forts forderte, weigerte sich Leisler mehrere Monate lang, bis sie durch einen Angriff erzwungen wurde. Sloughter ließ Leisler verhaften und mit Billigung der New Yorker Aristokratie wegen Hochverrats zum Tod durch Erhängen verurteilen. Vier Jahre später wurde Leisler rehabilitiert: Das Urteil des Londoner Unterhauses wurde aufgehoben und das beschlagnahmte Vermögen der Familie zurückerstattet.

Die Rosenkreuzer unter Johann Kelpius, seines Zeichens «Doktor der Freien Künste und Weltweisheit», wollten in Amerika eine theosophische Gemeinde gründen. Bei ihrer Ankunft in Philadelphia im Juni 1694 hatte die in Pilgergewändern, Talaren und bunter mitteldeutscher Tracht auftretende vierzigköpfige Schar für erhebliches Aufsehen gesorgt, als sie noch an demselben Abend ein zeremonielles Feuer entzündete. Ihre Heimat wurde ein großes Blockhaus mit Observatorium auf einem ihnen überlassenen Grundstück am wildromantischen Wissahickon Creek im Südosten Pennsylvanias, dessen Seiten nach den vier Himmelsrichtungen ausgerichtet waren. Die Einsiedler

Der Herrnhuter Missionar David Zeisberger predigt den Indianern im Quellgebiet des Ohio. Nach einem Gemälde von Christian Schüssele.

erwarteten die Wiederkunft Christi und das Ende der Welt. Schon bevor der Okkultist Kelpius, der sich gerne in eine künstlich angelegte feuchte Höhle zurückzog, 1708 im Alter von nur 35 Jahren an Schwindsucht starb, waren einige Sektenmitglieder nach Germantown übersiedelt, um dort ein weltliches Leben zu führen. Nach seinem Tod löste sich die Gemeinde allmählich ganz auf, einige schlossen sich den Herrnhutern an. Wenige Jahre zuvor, 1702, hatte der lutherische Pfarrer Daniel Falckner ein Handbuch veröffentlicht, *Curieuse Nachricht von Pennsylvania in Norden-America*. Es enthielt Hinweise für Auswanderungswillige und trug dazu bei, mehr Aufmerksamkeit auf diesen fernen, noch weitgehend unbekannten Kontinent jenseits des Meeres zu lenken.

Die Pfälzer und verschiedene Sektierer gelangen nach Amerika

Auch wenn sie den Boden für die deutsche Auswanderung nach Amerika bereiteten, stellten die religiösen Minderheiten zusammengenommen am Ende des 18. Jahrhunderts nur etwa ein Zehntel aller Deutschen in Pennsylvania dar. Englische Großgrundbesitzer hatten im frühen 18. Jahrhundert Anstrengungen unternommen, Siedler anzuwerben, weil sie den Wert ihrer Ländereien dadurch steigern konnten. Auswanderer aus der Pfalz sollten dabei zunächst eine besonders wichtige Rolle spielen. Ihr Land war durch Erbfolgekriege von Zerstörungen betroffen, die Franzosen hatten die Pfalz besetzt, und es gab erhebliche Bevölkerungsverschiebungen. Hinzu kamen klimatische Gründe: Es heißt, der «Hungerwinter» 1609/10 sei so kalt gewesen, dass die Vögel in der Luft erfroren und dann tot vom Himmel gefallen seien. Der strenge Frost schädigte auch die Weinreben. Neben den kalten Wintern gab es andere, oft regional unterschiedliche Faktoren für eine Auswanderung nach Britisch-Amerika, die in Zusammenhang mit der Ernte standen: Hagelschlag vernichtete die Pflanzen, und verregnete Sommer oder Überschwemmungen gefährdeten den Ertrag. In manchen Gegenden gab es so viel Groß- und Kleinwild, dass die Jungpflanzen auf Äckern, in Wäldern und Weinbergen massiv zu Schaden kamen. Die Möglichkeit, in ein Land auszuwandern, in dem nur geringe Steuern erhoben wurden, war ebenso verlockend wie die Aussicht, den eigenen Grund und Boden zu bewirtschaften und nicht mehr von der Willkür der Obrigkeit abhängig zu sein – in diesem Sinne waren wirtschaftliche mit politischen Erwägungen verzahnt. Oft bemühten die Auswanderer den biblischen Vergleich, wonach sie wie die Kinder Israels in das «Gelobte Land» zögen.

Unter den Menschen, die sich in dieser Zeit mit Auswanderungsgedanken befassten, war Josua Harrsch beziehungsweise Josua Kocherthal, seit 1696 protestantischer Pfarrer in Eschelbronn in der Nähe von Karlsruhe, wo er unter den geldgierigen adeligen Patronatsherren zu leiden hatte. Kocherthal reiste 1704 inkognito nach London, machte dort die Bekanntschaft von Großgrundbesitzern aus Carolina und Pennsylvania, die auf der Suche nach Arbeitskräften waren, und verfasste nach seiner Rückkehr ein Traktat mit dem Titel *Ausführlich- und umständlicher Bericht von der berühmten Landschaft Carolina in dem Engelländischen Amerika gelegen. An den Tag gebracht von Kocherthalern*. Diese in mehreren Auflagen gedruckte Schrift beschrieb die Kolonie in den höchsten Tönen und enthielt den Hinweis, dass die englische Königin Anne deutschen Einwanderern die Überfahrt bezahlen und freies Land in Carolina zur Verfügung stellen würde. Mit diesen starken Argumenten wurde das Pamphlet zu einem wichtigen Auslöser der Auswanderungsbewegung, nachdem die englische Regierung schon einige Jahre mehr oder minder erfolglos versucht hatte, für ihre Schiffsindustrie am Hudson River in New York Siedler zu werben. Kocherthal wanderte mit einer kleinen Gruppe aus und gründete schon im Frühjahr 1709 im heutigen Bundesstaat New York den Ort Newburgh (Neuenburg).

Bald darauf machte sich die erste große Gruppe von Pfälzern, annähernd fünfzehntausend, auf den Weg. Kurfürst Johann Wilhelm brachte das in eine schwierige Situation, weil der «Verlust so vieler Bauern die künftige Produktion von Grundnahrungsmitteln in Frage stellte. Die Auswanderer fuhren den Rhein bis Rotterdam hinab, wo sie den englischen Gesandten baten, sie nach London zu bringen. Ihre Anfrage hatte Erfolg, denn die Whig-Regierung unterstützte eine liberale Einwanderungspolitik. Als sie der Bevölkerung dort in einem Auffanglager im Osten der Stadt nur notdürftig mit Zelten vor dem Wetter geschützt präsentiert wurden, entstand der Begriff vom *poor Palatine*, vom armen Pfälzer also, der schlechthin zum Synonym für deutsche Auswanderer wurde, auch wenn es sich um Hessen, Badener oder Württemberger handelte.

Die Engländer hatten offenbar kaum Kenntnisse von der Situation der Pfälzer und waren auch von der großen Zahl überrascht. Anfängliches Mitleid und Fürsorge verwandelten sich in Fremdenfeindlichkeit, als bekannt wurde, dass es den Pfälzern weniger um Gewissensfreiheit als um wirtschaftliches Fortkommen ging. Nun realisierte man auch, dass es viele Katholiken unter ihnen gab. Einige Tausend von ihnen, die sich einer Konvertierung widersetzten, wurden zurück nach Rotterdam transportiert. Von den Protestanten wurden 3000 nach Irland gebracht, etwa 650 waren für Carolina vorgesehen, allerdings starb die Hälfte von ihnen noch während der Überfahrt, und ein Teil der übrigen Personen kam bei Auseinandersetzungen mit Indianern ums Leben. Von den etwa 3000 Pfälzern, die man mit Ziel New York verschiffte, starben 470 an Bord, weitere 250 erlagen nach der Ankunft im Quarantänelager einer Typhusepidemie. Die übrigen lenkte man ins Hinterland von New York, ins Hudsontal, wo sie in der Baumharzgewinnung für die Teer- und Pechproduktion eingesetzt wurden. Ein Aspekt für die Wahl der Region war auch die beabsichtigte Abwehr von Indianern. Die Erwartungen der Pfälzer erfüllten sich jedoch nicht, denn zunächst mussten sie die Kosten für die Überfahrt abarbeiten. Die Siedler beschwerten sich bei der Regierung über die unzureichende Verpflegung in den Arbeitslagern. Nach strengen Wintern machte sich Enttäuschung breit und der Zusammenhalt ging verloren. Rund 50 Familien setzten sich gegen den Willen der Engländer ins Land der Mohawk-Indianer am Schoharie-Fluss ab, einen beschwerlichen, zweiwöchigen Fußmarsch entfernt. Doch für die meisten blieb der Siedlungsort nur ein vorübergehender, weil ihnen Großgrundbesitzer, denen das Land zwischenzeitlich überschrieben worden war, unerfüllbare Forderungen stellten.

Johann Christoph Sauer (1695–1757)

Der Pfälzer Christoph Sauer kam 1717 nach Germantown, wo er die erste deutsche Druckerei in Amerika aufbaute und damit den Grundstein für die größte nicht-englischsprachige Presse in den USA schuf. Da er mit bis dahin dort nicht verfügbaren gotischen Lettern druckte, deren Schrift die Einwanderer gewohnt waren, konnte er die deutschen Sekten in Pennsylvania als Auftraggeber gewinnen und fortan ihre Gebetsbücher herstellen, daneben auch Benjamin Franklin in Philadelphia, der mit wenig Erfolg die Herausgabe einer deutschsprachigen Ausgabe seiner *Pennsylvania Gazette* unter dem Titel *Philadelphische Zeitung* versucht hatte. Die erste erfolgreiche Zeitung Amerikas in deutscher Sprache war der ab August 1739 von Sauer zusammengestellte und gedruckte *Hoch-Deutsch Pennsylvanische Geschichtsschreiber oder Sammlung wichtiger Nachrichten aus dem Natur- und Kirchenreich.* Zunächst auf vierteljährliches Erscheinen angelegt fand sie so großen Zuspruch, dass sie monatlich und später halbmonatlich als *Germantowner Zeitung* herauskam und in einer Auflage von viertausend Stück im Osten Pennsylvanias verbreitet war. Sein Mammutprojekt war schließlich die Veröffentlichung der Lutherschen Übersetzung des Alten und

Neuen Testaments 1743, zugleich die erste Bibel, die in Amerika in einer europäischen Sprache herauskam. Seine Söhne druckten später noch zwei weitere Auflagen. Sauer machte in der Zeit vor der Gründung der Deutschen Gesellschaften in seinen Zeitschriften auf Missstände im Auswandererverkehr aufmerksam und unterstützte die Koalition von Quäkern und Deutschen.

Nach 1727 verstärkte sich der Strom nach Amerika wieder, und die Kaufleute im transatlantischen Handel begannen, den Transport der Auswanderer bei der Belegung ihrer Schiffe stärker zu berücksichtigen. In Pennsylvania hieß man die Deutschen zwar willkommen, war aber offenbar auch um die Sicherheit der Kolonie besorgt und verfügte, dass sie der englischen Krone während einiger Jahre einen Treueid leisten mussten. Insgesamt war die Auswanderungsbewegung während des 18. Jahrhunderts schwankend und wurde auch von jeweiligen kriegerischen Auseinandersetzungen beeinträchtigt, denn eine Seereise in Kriegszeiten galt als besonders gefährlich, man musste auf Freibeuter gefasst sein.

Während der ersten Hälfte des 18. Jahrhunderts kamen weitere Sekten, von denen hier nur einige genannt seien: Die aus Westfalen und dem Rheinland stammenden Tunker erreichten 1719 und 1729 Pennsylvania, waren später aber auch in Maryland, Virginia, Ohio, Indiana, Kansas, Missouri und Texas zu finden. Eine etwa 300 Köpfe zählende Gruppe von besonders Gläubigen , «Siebentäger» (weil sie auch am Sonntag arbeiteten) genannt, spaltete sich bald nach der Ankunft unter der Führung von Konrad Beissel ab, um am Cocalico Creek ein unter dem Namen «Ephrata» bekannt gewordenes Kloster zu gründen. Sie teilten ihren Besitz, lebten im Zölibat, ernährten sich nur von

Pflanzen und zogen sich nachts in kleinen Zellen auf Bretterbänke mit einem Holzklotz als «Kopfkissen» zurück. Mit einer eigenen Handpresse druckten sie unter anderem den mehr als eineinhalbtausend Seiten umfassenden *Märtyrerspiegel* – ein Buch, das die Geschichte vieler Sektenmitglieder aus den Niederlanden, der Schweiz und Süddeutschland erzählte, die ihren Glauben mit dem Tod bezahlt hatten. Beissel starb 1768, und die Leitung des Klosters wurde Peter Miller, einem früheren Doktor der Theologie an der Universität Heidelberg, übertragen. Nach dessen Tod 1796 verfiel «Ephrata».

Schwenkfelder, die sich mit ihrer Lehre auf Kaspar Schwenkfeld von Ossing (1489–1561) beriefen, wanderten seit den 30er Jahren des 18. Jahrhunderts aus Süddeutschland und Niederschlesien nach Pennsylvania aus, 1734 traf mit 180 Personen die größte Gruppe ein. Sie brachten Safran nach Amerika, das viele von ihnen in der Heimat angebaut hatten. Die Schwenkfelder konzentrierten sich auf den Südosten von Pennsylvania und zählten etwa 3000 Personen.

Eine weitere Gruppierung waren die protestantischen Salzburger, die in der Tradition der im 14. Jahrhundert in Südfrankreich gegründeten Waldenser standen und von denen ein Teil in die Tiroler und Salzburger Alpen geflohen war. Sie verließen ihre Heimat schon 1731, nachdem Graf Leopold von Firmian dort Erzbischof geworden war. Weil ihm die Einheit der Katholiken ein besonderes Anliegen war, stellte er die Protestanten vor die Wahl, ihrem Glauben zu entsagen oder innerhalb von einer Woche das Land zu verlassen. Verschiedene deutsche Staaten warben nun um sie, und König Friedrich Wilhelm I. von Preußen bot ihnen Ländereien an. Eine Einladung erreichte sie auch aus Amerika, aus der Kolonie Georgia. Als die 50 Familien dort im März 1734 eintrafen, sollen sie mit Kanonensalven begrüßt worden sein, so erfreut war man über ihre Ankunft.

Sie wählten ein Stück Land in der Umgebung von Savannah und nannten ihre Siedlung «Ebenezer», verlegten diese jedoch bald an das Ufer des Savannah River. Sieben Jahre später hatte der Ort bereits 1200 Einwohner. Sie betrieben Ackerbau und Viehzucht und züchteten Seidenraupen. Die Kolonie existierte noch bis ins 19. Jahrhundert.

Im Unterschied zu den meisten anderen Sekten war die Herrnhuter Brüdergemeine nicht von der Not getrieben nach Amerika ausgewandert, denn nach einer langen Zeit der Verfolgungen hatten sie Zuflucht auf den Ländereien des Pietisten Nikolaus Ludwig Graf von Zinzendorf gefunden, der 1727 in der Lausitz das Dorf Herrnhut gründete. Von dem Wunsch beseelt, ihren Glauben zu verbreiten, kamen zehn Herrnhuter als Missionare 1735 nach Georgia, nachdem zwei von ihnen schon einige Jahre zuvor auf die Insel St. Thomas in die Karibik gereist waren, um dorthin verkaufte Sklaven zum Christentum zu bekehren. In der Nähe der Siedlung der Salzburger bauten sie eine Schule und schon im darauffolgenden Jahr folgten ihnen weitere 25 Brüder. Nach Pennsylvania siedelten sie um, als zwischen Georgia und dem damals noch zu Spanien gehörenden Florida ein Krieg ausbrach und sie ihre Mitwirkung verweigerten. Was mit einer bescheidenen Blockhütte am Lehigh River begann, wurde unter dem Namen Bethlehem mit seinen Wohn- und Bethäusern bald Hauptsitz und Basis ihrer weitgespannten Missionstätigkeit, neben den anderen Ortschaften Salem in North Carolina und Gnadenhütten in Ohio. Während der nächsten 20 Jahre verstärkten sie weitere 700 Herrnhuter, darunter auch etliche junge Ehepaare. Unabhängigkeit war ein wichtiges Prinzip: Sie bauten Getreide, Obst, Hanf und Flachs an, betrieben Viehzucht, verarbeiteten Wolle zu Kleidern und Tierhäute zu Schuhen und Stiefeln und stellten Werkzeuge und Maschinen her. Von Beginn an konzentrierten sie sich darauf,

Indianer zu missionieren. Um deren Vertrauen zu gewinnen, erlernten sie ihre Sprache, bemühten sich, ihre Gewohnheiten anzunehmen, und wohnten bei ihnen. Sie machten sich mit ihren Aktivitäten auch unter den Engländern Feinde: Branntweinhändler sahen durch das Missionieren ihre Absatzchancen bei Indianern gefährdet, und bei der englischen Landeskirche war ihre Tätigkeit nicht gerne gesehen. Zudem wurde ihnen unterstellt, für die Franzosen zu spionieren. Der Aufforderung, dem englischen Königshaus einen Treueid zu leisten, kamen sie nicht nach. Allen Widerständen zum Trotz soll es ihnen zum Beispiel unter dem Stamm der Lenni Lenape, denen sie im Laufe der Zeit von Pennsylvania bis nach Kansas folgten, gelungen sein, Anhänger zu gewinnen, dennoch hielt sich die Zahl der getauften Indianer in Grenzen. In Gnadenhütten wurde ein regelrechtes Indianerdorf angelegt, das 1749 bereits 500 Einwohner zählte. Während des Unabhängigkeitskrieges kam es hier zu einem Massaker, als man den christlichen Indianern unterstellte, sie hätten Mitschuld an von anderen Indianerstämmen verübten Mordtaten. 92 Indianer wurden umgebracht, als Reaktion darauf gründete man in Michigan das Dorf Neu-Gnadenhütten. Ihre Missionsbemühungen setzten die Herrnhuter bis in das frühe 20. Jahrhundert hinein fort.

Die vielleicht bekannteste Gruppe unter den Auswanderern der ersten Hälfte des 18. Jahrhunderts sind die Amish oder Amischen, von denen viele ihr Brauchtum bis in die Gegenwart erhalten haben und noch abseits der modernen Zivilisation leben. Jakob Ammann (ca. 1644–ca. 1730), der Begründer dieser zu den Anabaptisten gehörenden Sekte, hatte sich von den Mennoniten abgesondert und war dann von der Schweiz in das Elsass gezogen, wo er seine Anhänger um sich scharte. Später wurden sie dort jedoch verfolgt und siedelten in verschiedene Staaten um, zum größten Teil in die Rheinpfalz. Die ersten

Amish verließen 1727 Europa, ihr Exodus erstreckte sich über ein ganzes Jahrhundert. Diejenigen, die zurückblieben, schlossen sich den Mennoniten an und gaben damit ihre Besonderheiten auf. In Amerika gelang es den Amish, eng miteinander verbundene und zugleich relativ unabhängige Gemeinden aufzubauen.

Zu ihrem strengen Reglement gehören der Verzicht auf Maßnahmen zur Geburtenkontrolle, Schulbesuch nur bis zum 14. Lebensjahr, Alkoholverbot und eine feste Sitzordnung am Tisch für die gemeinsamen Mahlzeiten. Gottesdienste werden in den Privathäusern, einem genau festgelegten Procedere folgend, abgehalten, denn die Amish haben keine Kirchen. Sie unterwerfen sich auch einem strikten Kleidungskodex, mit bestimmten Hüten, Schürzen und Kappen. Die Männer tragen charakteristische Vollbärte. Die Sprache der Amish geht in ihrer Grundstruktur auf einen alemannischen Dialekt zurück, enthält aber auch viele englische Begriffe und Redewendungen. Im Laufe der Zeit sind Gruppen der Amish vom Osten in zahlreiche weitere Bundesstaaten und auch nach Ontario in Kanada umgezogen.

Ein von Ursula Naumann ausführlich rekonstruierter Sonderfall ist jener des Johann Gottlieb Prieber, eines Rechtsanwalts aus Zittau, der 1735 sein bisheriges Leben zurückließ, nach Amerika reiste und in Georgia und South Carolina eine kommunistische Gemeinde aufbauen wollte. Von den Cherokee-Indianern gefangen, von den Angloamerikanern angefeindet, hielten ihn viele für einen französischen Spion. Später bezeichnete man ihn als «utopischen Eklektiker», dessen Ideen sich auf Platon genauso wie auf Thomas Morus und den Dominikanerphilosophen Tommaso Campanella bezogen.

Der Höhepunkt der Auswanderungswelle des 18. Jahrhunderts war die Jahrhundertmitte, als im Laufe von sechs Jahren rund 37 000 Deutschsprachige in Philadelphia an Land gingen und sich entweder direkt in der Stadt oder in anderen Teilen des Südostens Pennsylvanias, New Jerseys und im Westen Marylands oder weiter südlich, in Piedmont in North Carolina, in einiger Entfernung von der Atlantikküste, niederließen. Außerdem gab es deutsche Siedler auch in South Carolina; sie hatten zuerst in Charleston amerikanischen Boden betreten. Die meisten von ihnen arbeiteten als Bauern, Handwerker und Krämer.

Die Bedrohung der amerikanischen Kolonien durch die Franzosen ließ England Besiedelungsprojekte konzipieren und Einwanderer aus anderen Ländern nach Amerika holen, um selbst im Mutterland keine Arbeitskräfte zu verlieren. Gut informierte Werber und Agenten hielten bewusst ihre Kenntnisse über die Auseinandersetzungen zurück, um Auswanderungswillige nicht abzuschrecken. «Das aber so viele Leute nach Amerika und besonders nach Pennsylvanien ziehen, daran sind die Betrügereyen und Beschwätzungen der sogenannten Neuländer schuld», schrieb Gottlieb Mittelberger. Als «Neuländer» galten Auswanderer, die nach Europa zurückkehrten und dann dort als Vermittler tätig wurden.

Der Siebenjährige Krieg (1756–63), der sich auf amerikanischem Boden zwischen Franzosen und Engländern als Franzosen- und Indianerkrieg fortsetzte, veränderte das Bewusstsein der bis dahin relativ unabhängig lebenden deutschen Siedler – «... es sind gefährliche Zeiten und verwirrte Umstände in Pennsylvania», schrieb Pastor Mühlenberg. Unter den grausamen Auseinandersetzungen an den Grenzen der britischen Kolonien hatten viele deutsche Siedler zu leiden. Von französischen Soldaten unterstützte Indianer zerstörten Siedlungen und töteten oder verschleppten deren Bewohner. Den deutschen Siedlern, die bis dahin meist in friedlicher Koexistenz mit den Indianern gelebt hatten, wurde bewusst, dass die Sicherheit ihrer abgelegenen Höfe von den Engländern abhing. Vorher hatten sie das Eindringen der britischen Autorität in das von ihnen bewohnte Terrain soweit möglich abgewehrt, nun ließen sie sie gewähren. Damit war auch der erste Schritt für die zunehmende politische Beteiligung der Deutschen gemacht. Gleichzeitig nahm die Zahl der Indianer mit dem Vordringen der Siedler nach Westen in dieser Region ab.

Während der Kolonialzeit kam der größte Teil der deutschsprachigen Einwanderer aus dem Einzugsgebiet des Rheins, auch aus der Schweiz, andere kamen aus Hessen und in geringerem Maße aus norddeutschen Regionen. Der Hauptreiseweg führte von Südwestdeutschland den Rhein entlang nach Rotterdam. Allein für diese Strecke mussten mehrere Wochen veranschlagt werden, denn zwischen Heilbronn und dem holländischen Hafen waren mehr als 30 Zollstationen zu passieren. Als Friedrich II. von Preußen 1754 die Rheinsperre verfügte, entschieden sich etliche Auswanderer, nachdem sie einige Zeit mit kostspieligem Warten verbracht hatten, ganz auf dem Landweg weiterzuziehen. Das Auswandern in der Gruppe vermittelte den Reisenden Sicherheit, und zuweilen wurden dabei so starke Bande geknüpft, dass man in Amerika weiterhin zusammenblieb. Ab Mitte des 18. Jahrhunderts gab es auch schon einzelne Reisemöglichkeiten von Bremen und Hamburg nach Amerika, in der Regel mit Zwischenstopps in Rotterdam und England.

Es waren hauptsächlich Bauern, aber auch Weber, Schumacher, Schmiede, Fleischer und Bäcker. Aus dem Harz wurden arbeitslose Bergleute geworben. Die finanziellen Verhältnisse der Auswanderer waren unterschiedlich, und ihr Alter lag in der Mehrzahl zwischen 20 und 40 Jahren. In vielen Fällen gab es eine Überschneidung von Berufen: Bauern übten parallel auch ein Handwerk aus, und beide Lebensweisen durchdrangen sich. Ausgesprochen armselige Existenzen waren auch darunter, allerdings übertrieb Benjamin Franklin sicherlich, wenn er den Agenten vorwarf, sie würden systematisch nur den Abschaum der Bevölkerung abschöpfen. Besser Begüterte hatten kaum Gründe, eine Auswanderung in Erwägung zu ziehen. Daneben kam es auch zur Abschiebung von Sträflingen. Eine Reihe solcher Fälle sind für Hamburg für die Jahre 1752 bis 1754 dokumentiert, als der Senat die Entlassung mit der Maßgabe verfügte, dass die Gefangenen nach Amerika auswandern und Hamburg nie wieder betreten würden.

Für welchen Landesteil sich die Auswanderer entschieden, wurde wesentlich von den Kolonistenwerbern gesteuert, die offiziell in den deutschen Staaten unterwegs waren. Die erfolgreich Angeworbenen reisten dann oft in großen Gruppen aus. Soweit sie die Wahl hatten, entschieden sie sich für als besonders fruchtbar geltendes Land, und es ist vielleicht kein Zufall, dass sie sich in den von Kalkstein geprägten Regionen niederließen und wichtige Kornkammern für die Kolonien schufen. Indiz für Fruchtbarkeit war es, wenn die Gegend dicht bewaldet war.

Legendär sind die ersten deutschen Obstbauern in Amerika. Nur ein Beispiel: Johann Schwerdkopf, gebürtiger Hesse und gelernter Büchsenmacher, kam um die Jahrhundertmitte nach Long Island und stellte zunächst aus Waldkräutern Magenbitter sowie Rosenwasser her. Nach der Revolution stieg er auf Erdbeerzucht um und soll sie zur bevorzugten Frucht der New Yorker gemacht haben.

Der britisch-amerikanische Kaufmann und Kolonialoffizier Samuel Waldo (1695–1759) warb 1740 mit Unterstützung der Obrigkeit von Hessen-Nassau rund vierzig deutsche protestantische Familien an, die in Maine die Siedlung Waldoburg gründeten. Meistens wurde ihnen Land zur Verfügung gestellt, das einige Jahre später als Erbpacht auf sie überging. Großgrundbesitzer und Gouverneure beauftragten schon früh Agenten mit ihrem Anliegen: Die Schweizer Graffenried und Michel akquirierten 1708 für North-Carolina Siedler, und der oben genannte Waldo entsandte den Amerikaner Schweizer Herkunft Sebastian Zuberbühler in die Pfalz und nach Württemberg. Auch weitere Agenten sind bekannt, die um 1750 in Südwestdeutschland für Massachusetts aktiv waren. Allerdings wurde Werbung häufig reglementiert oder ganz verboten. Es gab Fälle, in denen sich Werber dann als Rückkehrer ausgaben und ihre Bemühungen auf privater Ebene fortsetzten.

Es wurden auch gezielt Gruppen mit bestimmten Berufen angeworben: Nachdem der Plan zum Aufbau einer Glasfabrik gefasst worden war, konnte Johann Friedrich Amelung 1784 in Braunschweig und Umgebung 70 Glasfacharbeiter samt «Directeur» gewinnen und nach Baltimore verschiffen lassen. Entscheidend für die Geschäftsfähigkeit war die Einbürgerung, die anfänglich nur für eine Kolonie erworben wurde, sich bald aber auf alle englischen Kolonien Amerikas erstreckte. Nach 1740 wurde das Verfahren in Pennsylvania und Maryland insofern vereinfacht, als das Bürgerrecht nach sieben Jahren Aufenthalt gegen Zahlung einer Gebühr erworben werden konnte. Erforderlich war zudem der Beleg, dass man in letzter Zeit am protestantischen Abendmahl teilgenommen und einen Eid geleistet hatte. Auch der Drucker und Verleger Christoph Sauer wies 1755 in *Pennsylvanische Berichte* auf das Procedere hin: «... wer willens ist, sich naturalisieren zu lassen, und die Freyheit verlangt, die ein Englisch-gebohrner hier hat, der kan auf den 10. April oder 25sten September nach Philadelphia kommen. Es kostet einen Thaler, da wird er eingeschrieben.»

Im Laufe der Zeit veränderte sich der Eindruck in der Öffentlichkeit, es handele sich bei den Deutschen vorwiegend um religiöse Sektierer. Die Zusammensetzung hatte sich längst verändert, nun bildeten Lutheraner und Reformierte den Hauptteil. Katholiken waren zu dieser Zeit nicht erwünscht, auch nicht in Pennsylvania, und es blieb ihnen oft nur die Option, sich flugs zum protestantischen Glauben bekehren zu lassen, wenn sie in den Genuss bestimmter Vergünstigungen oder Zuteilungen von Land kommen wollten. So stark wie die protestantisch geprägten Gebiete im Süden und Südwesten Deutschlands von der Amerika-Auswanderung betroffen waren, waren es die katholischen kaum.

Die Siedler blieben meist in nach außen klar unterscheidbaren Enklaven unter sich, hatten sie doch nur in den wenigsten Fällen Englischkenntnisse, die ihnen gleich ein Leben außerhalb der Gruppen ermöglicht hätten. Das verstärkte ihre Tendenz zur Individualisierung, dennoch besuchten sie sich gegenseitig. Bei allen religiösen Unterschieden zwischen den diversen Gruppierungen bildeten die *Pennsylvania Germans*, *Pennsylvania Dutch* oder *Dutchmen*, wie sie auch genannt wurden, eine charakteristische amerikanische Kultur, die sich neben der angloamerikanischen und schottisch-irischen behauptete. Die Tatsache, dass sie sich in einer anderen Sprache verständigten, dem «Pennsylvania Dutch», trug ihnen den Ruf ein, verbissen an alten Gewohnheiten festzuhalten. Hinzu kamen Zweifel an ihrer Loyalität gegenüber den Engländern: Als die Briten auf amerikanischem Boden gegen die Franzosen kämpften, waren die Deutschen zunächst wenig gewillt, einen Beitrag zur Verteidigung Pennsylvanias zu leisten.

Benjamin Franklin hatte 1747 noch «die tapferen und aufrechten Deutschen» für die Sache zu gewinnen gehofft: «Viele von ihnen haben in der Tat schon Waffen getragen im Dienste ihrer jeweiligen Fürsten. Wenn sie schon gut für ihre Tyrannen und Unterdrücker kämpften, würden sie sich dann verweigern, mit uns gemeinsam ihre neuerlich erlangte und hochgeschätzte Freiheit sowie ihren Besitz zu verteidigen?» Wenige Jahre später, als sich Franklins Hoffnung nicht erfüllt hatte und die deutsch sprechenden Einwanderer in vielen Gebieten Pennsylvanias noch zahlreicher geworden waren, sah er in dieser Minderheit ein schwer berechenbares und potenziell gefährliches Element, das Pennsylvania zu einer deutschen Kolonie zu machen drohte: «Anstatt dass die Deutschen unsere Sprache lernen, müssen wir die ihre lernen oder wie in einem fremden Lande leben. Schon jetzt beginnen einige Engländer, bestimmte Wohngegenden zu verlassen, die von Deutschen eingekreist sind, weil sie sich dort aufgrund der abstoßenden, ungehobelten Manieren der Deutschen nicht mehr wohlfühlen», schrieb Franklin 1750 in einem Brief an einen Buchdruckerkollegen. Er sah solche deutschen Enklaven als Gefahrenmoment, das die anglo-amerikanische Dominanz gefährden könnte. Vier Jahre später bezeichnete er die deutschen Einwanderer als *palatine boors* (Pfälzer Lümmel) und stellte die Frage, warum sie «die Erlaubnis haben sollten, sich unter uns in so großer Anzahl niederzulassen, dass sie die englische Sprache verdrängen». Natürlich waren diese Befürchtungen überzogen, denn die Engländer waren auch in Pennsylvania in ihrer Hegemonie und Zahlenmehrheit nie von Deutschen bedroht. Überraschenderweise vertrat Franklin jedoch nie die Position, den Zustrom der deutschen Einwanderer zu drosseln. Er befürwortete, sie gleichmäßiger in den Kolonien zu verteilen und mit den Engländern zu vermischen.

Soweit auf Grundlage der statistischen Informationen für das 18. Jahrhundert feststellbar, stellten die Deutschen die größte Gruppe unter den europäischen Einwanderergruppen dar. Die Deutschen waren es nicht gewohnt, sich aktiv am politischen Geschehen zu beteiligen, sie blieben auch im neuen Land lange relativ isoliert und fokussiert auf ihr persönliches und örtliches Umfeld. Die Angehörigen der Religionsgemeinschaften waren zudem wegen ihres Pazifismus gegen alle militärischen Beteiligungen eingestellt. Hatten die Deutschen ihre Staatsbürgerschaft und das Wahlrecht erhalten – im Übrigen kein Automatismus –, gaben sie ihre Stimme in der Mehrzahl den pazifistisch gesonnenen Quäkern. Zuweilen versuchten Angloamerikaner die Tatsache politisch zu instrumentalisieren, dass die Deutschen das Englische noch nicht so gut beherrschten. Der Geistliche William Smith, dem die Koalition von Quäkern und Deutschen ein Dorn im Auge war, forderte 1755 nicht nur, den Druck ausschließlich in deutscher Sprache gedruckter Zeitungen zu untersagen, sondern auch den Deutschen das Wahlrecht zu entziehen, um die Mehrheitsverhältnisse in der Assembly zu verändern und angesichts der Bedrohung durch Franzosen und Indianer die Grundlage für eine bessere Verteidigungsfähigkeit Pennsylvanias zu schaffen. Zu dieser Zeit wurde auch die in London ins Leben gerufene *Society for Propagating Christian Knowledge Among the Germans in America* aktiv. Vordergründig um die Bildung der Deutschen besorgt, ging es bei den einzurichtenden *Charity Schools* in Wirklichkeit um eine Anglisierung des deutschen Bevölkerungsanteils nach den Vorstellungen der Gründer, aber auch darum, die zum Teil französisch sprechenden Deutschen und Schweizer vor einer angeblich drohenden Beeinflussung durch die Franzosen zu bewahren. Wie Loyalitätsbekundungen der Deutschen zeigten, waren diese Ängste jedoch substanzlos. Die Haltung der Deutschen zu diesen Freischulen fiel unterschiedlich aus: Während Christoph Sauer sich unter den entschiedenen Gegnern befand, wurde das Unternehmen von diversen evangelischen, den Militärdienst nicht grundsätzlich ablehnenden Pastoren unterstützt. Als deutsche Siedler von Indianern angegriffen wurden, machten sich diese auch für eine bessere Verteidigung stark: 1755 kam eine Gruppe von ihnen nach Philadelphia und sorgte dort mit skalpierten Leichen für Aufsehen. Die Koalition zwischen Deutschen und Quäkern zerbrach nun, nur noch die streng pazifistisch gesinnten deutschen Sekten fühlten sich weiterhin mit ihnen verbunden.

Um verhindern zu helfen, dass die Einwanderer wegen ihrer Verständnisschwierigkeiten übers Ohr gehauen würden, ließ der Verleger Christoph Sauer nicht nur Schuldscheine in deutscher Sprache drucken, sondern auch eine *Anleitung zur Englischen Sprache vor die Teutsche Neuankommende.* Sprachkenntnisse für den Alltag eignete man sich schnell an, und die meisten Familien waren bald zweisprachig: Zu Hause sprachen sie Deutsch und Englisch in anderen Zusammenhängen außerhalb. Abgesehen von Familiennamen wie etwa Hoffmann oder Kaiser, die Englisch sprechenden keine Probleme bereiteten, wurden diese in der Regel sehr früh anglisiert, also in eine Form gebracht, die entweder für Engländer leichter auszusprechen war oder einem englischen Familiennamen entsprach: Aus «Jäger» wurde dann «Jaeger», «Jager», «Yager» oder «Hunter», aus «Schmidt» «Smith» etc.

Deutsche wählten gerne die Nachbarschaft ihrer Landsleute, so dass sich Gemeinschaften stabilisierten. Die Verwendung der gemeinsamen Sprache war alles andere als Selbstzweck: Neben der Funktion für die Kommunikation im Alltag blieb die deutsche Sprache wichtig für die Praktizierung des Glaubens in den Gotteshäusern. Dennoch veränderte sie sich im engen Kontakt mit dem Englischen: In Pennsylvania bildete sich das sog. Pennsylvania Deitsch bzw. Dutch oder Pennsylvania German heraus – eine pfälzisch geprägte Variante des Hochdeutschen, die im Laufe der Zeit Begriffe aus dem Englischen assimilierte, für die im Erinnerungswortschatz der Einwanderer keine deutschen

Entsprechungen gefunden werden konnten, also Lehnwörter wie «leifinschuranz» (*life insurance*) für «Lebensversicherung» oder «uf kors» (*of course*) für «selbstverständlich». Englische Verben wurden so flektiert wie deutsche: *to farm* – «ich hab gefarmt». Und englische Formulierungen wurden direkt übertragen, obwohl die deutsche Entsprechung eigentlich ganz anders gewesen wäre: Aus *it has turned out better* wurde in Pennsylvania Dutch «es hod sich besser ausgedreht» (eigentlich: «es ging besser aus»). Daneben hatte diese für heutige Ohren eigentümlich klingende Sprache viele andere charakteristische Merkmale, und es existiert ein ganzer Korpus von Gedichten. Sie wurde im ländlichen Südosten des Staates noch bis in die 50er Jahre des 20. Jahrhunderts gesprochen.

Am Ende des 18. Jahrhunderts, und auch noch in den folgenden Jahrzehnten, waren fast alle deutschsprachigen Schulen konfessionell geprägt, und jede Religionsgemeinschaft unterhielt ihre eigene. Ihre führenden Mitglieder machten sich nie für eine höhere Schulbildung oder eigene deutschsprachige Colleges stark, weil das ihrem Verständnis von Glauben widersprochen hätte – das einfache Leben hatte Priorität, nicht aber ein Zugewinn an Wissen.

Wie konnte es bezüglich deutsch bzw. German und Dutch zu so einer begrifflichen Verwirrung kommen? Tatsächlich waren mit Dutch im 15. und 16. Jahrhundert Deutsche und Holländer gemeint, im Niederrheinischen Gebiet wurde Niederdeutsch in verschiedenen Varianten gesprochen, die Trennung Deutsch versus Niederländisch existierte noch gar nicht. Nachdem die Vereinigten Provinzen ihre Unabhängigkeit erlangt hatten, beschränkte sich die Verwendung des Begriffes in England zwar in erster Linie auf die Niederlande, in Amerika meinte man damit aber auch Deutsche, soweit man sie nicht genauer über ihre Herkunft zum Beispiel aus Schwaben, Hessen oder der Pfalz kennzeichnete. In Zeiten gespannter Beziehungen zwischen den Seemächten England und Holland mögen Holländer in Amerika zuweilen klug gehandelt haben, sich als Deutsche auszugeben. Zur Verwirrung beigetragen haben könnte zudem die Tatsache, dass die meisten deutschen Einwanderer während der Kolonialzeit mit Schiffen aus Rotterdam und Amsterdam eintrafen. Die Pennsylvania Dutch benutzten übrigens die Begriffe *Deitschlenner* und *Europeans* und *Germany-Americans* für sich, anderswo nannten sich Deutschamerikaner später schlicht *Germans*, und zwar auch selbst dann noch, wenn sie bereits die amerikanische Staatsbürgerschaft besaßen.

Vor der Unabhängigkeit

Auch wenn die deutschen Einwanderer ihren Platz in Amerika fanden und im Verhältnis zu den Engländern keine unüberwindbaren kulturellen Hürden zu bewältigen hatten, war ihr Verhältnis zur englischen Monarchie stets von Distanz geprägt, ihnen fehlte die emotionale Verbindung dazu. Ihre Sympathien waren bei den aufständischen Kolonisten, zudem waren sie mit den Schotten und Iren in Pennsylvania politisch mit ihrem Wunsch nach Unabhängigkeit auf einer Linie. Deutsche Kaufleute in Philadelphia unterstützten das Importverbot englischer Waren. Der aus dem hessischen Waldeck gebürtige Heinrich Müller (Henry Miller) forderte in der von ihm herausgegebenen Zeitschrift *Der Wöchentliche Philadelphische Staatsbote* im Sommer 1775 dazu auf, «Recht und Freiheit mit den Waffen zu verteidigen». Die Unabhängigkeitserklärung druckte er genau einen Tag, nachdem sie verkündet worden war. Auch der ursprünglich aus Gießen kommende Lebkuchenbäcker Christoph Ludwich, der 1777 vom Kongress zum Oberbäcker der Armee ernannt wurde, war für die Revolution. Er ist zudem dafür bekannt, unter den hessischen Soldaten Agitation betrieben zu haben.

Etliche deutsche Einwanderer kämpften während des Unabhängigkeitskrieges auf Seiten der Kolonie. Von den Engländern wurden rund zwanzigtausend hessische und weitere zehntausend deutschsprachige Soldaten engagiert. Die britische Regierung hatte sich mit ihrem Vorhaben, auf dem europäischen Kontinent über Subsidienverträge mit den jeweiligen Landesherren Soldaten anzumieten, gegen eine Minderheit im Parla-

Die hessischen Söldner, die im Unabhängigkeitskrieg auf der Seite der englischen Krone kämpften, fielen durch ihre Uniformen auf.

ment durchgesetzt. Hessen besaß damals eine der größten Armeen, im Verhältnis größer als die des militaristisch geprägten Preußen. Gerechtfertigt wurde die Soldatenvermietung mit dem erhofften wirtschaftlichen Aufschwung nach dem Abbau von Schulden.

Die Praxis, hessische Truppen zu vermieten, hatte schon länger Tradition, alleine das Geschäft mit England reicht bis ins späte 17. Jahrhundert zurück. Hessen-Kassel verpflichtete sich dazu, der britischen Krone 12 000 Soldaten zur Verfügung zu stellen. Gefallene, verwundete und desertierte Soldaten mussten ersetzt werden. Das größte Kontingent aus der Landgrafschaft Hessen-Kassel bestand aus vier Bataillonen Grenadieren, 15 Bataillonen Infanterie, zwei Kompanien Jägern und einem Generalkommando. Landgraf Friedrich II. ließ dafür eine Zahlung von über 21 Millionen Taler vereinbaren.

Obwohl weitere Truppen aus Braunschweig-Wolfenbüttel, Ansbach-Bayreuth und Anhalt-Zerbst entsandt wurden, galt *Hessians* als Synonym für die nicht-britischen, aber für die Briten kämpfenden Truppen, die sich im Übrigen durch ihren charakteristischen Trommelklang auszeichneten. Von vielen wichtigen Zeitgenossen wie Herder, Kant und Friedrich dem Großen wurde die Truppenvermietung scharf verurteilt.

Kein anderer Deutscher erlangte in Zusammenhang mit dem amerikanischen Unabhängigkeitskrieg nur annähernd vergleichbare und nachhaltige Popularität wie Friedrich Wilhelm von Steuben (1730–1794), der unter Friedrich dem Großen als Infanterieleutnant am Siebenjährigen Krieg teilgenommen hatte und später als Stabskapitän diente. Nachdem er 1777 Benjamin Franklin, seinerzeit amerikanischer Botschafter in Paris, kennen gelernt hatte, reiste er mit dessen Empfehlung nach Amerika und wurde im Februar 1778 Mitglied der Kontinentalarmee. Seine Aufgabe war zunächst die militärische Grundausbildung der amerikanischen Truppen in Valley Forge – als Generalmajor und Generalinspekteur. Da sein Englisch nicht besonders gut gewesen sein soll, ließ sich Steuben von dem französisch sprechenden Hauptmann Benjamin Walker unterstützen. Steuben hatte Erfolg: Es gelang ihm, die zuvor nicht aufeinander eingespielten Freischärler in gut funktionierende Truppen zu verwandeln, denen ein wichtiger Anteil am Sieg zugerechnet wird, etwa bei der Schlacht von Monmouth Ende Juni 1778, die als Wendepunkt des Krieges gilt. Nach der Unterzeichnung des Friedensvertrages 1783 in Paris und seinem damit verbundenen Ausscheiden aus dem militärischen Dienst war Steuben unter anderem Regent der Universität des Staates

New York und hatte den Vorsitz der Deutschen Gesellschaft in New York inne.

Nach Kriegsende kehrten etwa 17 300 deutsche Soldaten zurück, 7500 waren bei den Kämpfen ums Leben gekommen oder Verwundungen und Krankheiten erlegen. 5000 blieben in Amerika. Schon 1778 hatte der Kongress jedem Überläufer Land versprochen und zugesichert, nicht für die Amerikaner im Krieg kämpfen zu müssen. Noch lange danach galt der Begriff *Hessian* als Schimpfname für Deutsche schlechthin, und sogar die Pennsylvania-Deutschen sollen sich zuweilen untereinander, wohl mehr im Scherz, als «Du verdammter Hess» bezeichnet haben.

Einer neueren Schätzung zufolge kamen in der Kolonialzeit etwa 110 000 Deutsche und Schweizer nach Nordamerika (die Differenzierung zwischen beiden war erst ab 1820 möglich), und während der der Unabhängigkeit folgenden Jahrzehnte von 1790 bis 1820 gut 50 000.

John Jacob Astor (1763–1848)

Der in Walldorf/Baden geborene Johann Jakob Astor wanderte zunächst nach London aus, wo er im Musikinstrumentenladen seines Bruders beschäftigt war. Ein Jahr nach dem Unabhängigkeitskrieg erreichte er New York. Sein Bruder Heinrich arbeitete dort schon als Fleischer. Nach kurzer Zeit als Laufbursche in einer Bäckerei nahm er eine Stelle in einem Pelzgeschäft an, bevor er sich selbständig machte und fortan Klaviere, Flöten und Pelze verkaufte. Dank der Mitgift seiner Frau Sarah Todd konnte er seine Aktivitäten schnell ausweiten. Die Felle kaufte er, nun als Geschäftsführer der *American Fur Company,* während seiner Reisen unter anderem nach Kanada für sehr wenig Geld Indianern ab. Nachdem er sie von Montreal nach London geschickt hatte – das Zollsystem verlangte es so –, importierte er sie in die USA. Sein Geschäftssinn ermöglichte es ihm, in bestimmten Regionen eine Monopolstellung zu erreichen und mit vielen Ländern Handel zu treiben, unter anderem auch mit China. Diese Aktivitäten wurden die Grundlage für sein späteres Vermögen, das er zunehmend in New Yorker Grundstücke investierte. Sein Versuch, Astoria in Oregon, die erste dauerhafte US-amerikanische Siedlung an der Pazifikküste, zum Zentrum eines internationalen Handelsnetzes zu machen, scheiterte. Als er starb, galt John Jacob Astor als der wohlhabendste Amerikaner. Neben seinem umfangreichen Immobilienbesitz hinterließ er zwei Hotels und ein Theater.

Reise und Redemptionswesen

Verträge für die Überfahrt wurden vor dem Zeitalter der Massenauswanderung meist direkt zwischen Reisenden und Kapitänen vor Ort geschlossen. Der Abzug der Auswanderer im 18. Jahrhundert vollzog sich meistens in aller Stille, weil er als Verlust für das Land gesehen wurde und das Versagen der Regierung verdeutlichte, sie nicht im Land halten zu können. In anderen Fällen, wenn die Gruppierungen zu viel politische Unruhe erregt hatten, war die Abreise erwünscht.

In der Frühzeit der Auswanderung konnten Emigranten nur auf den Segelschiffen mitreisen, wenn die Ladekapazität für Waren und Güter nicht ausgeschöpft war, die Unterbringung erfolgte in provisorisch hergerichteten Räumlichkeiten. Allmählich witterte man das Geschäft, erkannte in den Auswanderern einen willkommenen Zusatzverdienst und bemühte sich aktiv um deren Anwerbung. Erst im Laufe der Zeit gab es mit der Zunahme der Zahl der Reisenden Schiffe, die gleichermaßen für Fracht und Passagiere auslegt waren, letztere wurden dann üblicherweise auf dem Zwischendeck untergebracht. Während der Kolonialzeit mussten die aus Hamburg, Bremen oder Rotterdam kommenden Schiffe zunächst einen englischen Hafen anlaufen, denn auf direktem Wege durften keine Waren in die britischen Kolonien eingeführt werden. Die Überfahrt von Europa nach Amerika dauerte, abhängig von Wind und Wetter, zwischen sieben und zwölf Wochen. In der ersten Hälfte des 19. Jahrhunderts dauerte die Fahrt nach New York im Durchschnitt 45 Tage, und ein typisches Segelschiff hatte bis zu 250 Passagiere. Schiffe, deren Ziel Philadelphia oder South Ca-

Längsschnitt durch ein typisches Segelschiff in der ersten Hälfte des 19. Jahrhunderts. Über dem Laderaum, in dem auch schwere Gepäckstücke verstaut werden konnten, befand sich das Zwischendeck, wo die Passagiere die meiste Zeit während der Überfahrt verbrachten. Darüber lagen die Kajüten. Quelle: Auf Auswandererseglern. Führer des Deutschen Schifffahrtsmuseums Nr. 5, Bremerhaven 1976

rolina war, nahmen, nachdem sie den Kanal verlassen hatten, Kurs Richtung Süden. Diese Route führte in wärmere Zonen, was die Ausbreitung von Krankheiten an Bord begünstigte.

Die Überfahrt war gefährlich und anstrengend. Berüchtigt sind die Bedingungen an Bord der zweimastigen Briggs und dreimastigen Barks. Abgesehen von den privilegierten Reisenden, die sich eine Überfahrt in den Kajüten der Segelschiffe leisten konnten, wo sie vergleichsweise gut untergebracht waren, verbrachten die meisten Auswanderer ihre Zeit in den Zwischendecks. Matratzen, Decken und Geschirr mussten von den Passagieren mitgebracht werden. Ein Hauptproblem war die Zuführung von Frischluft. Besonders wenn die Passagiere bei bewegter See nicht auf das Deck konnten und das Schiff kein funktionierendes Ventilationssystem hatte, begünstigte das Epidemien an Bord.

Die häufigsten Krankheiten, die auf den Schiffen auftraten, waren Paratyphus, Ruhr, Typhus und Pocken. Sofern es sich bei dem «Schiffsfieber» um Paratyphus handelte, war der Genuss verdorbenen Wassers die Ursache (ebenso bei Ruhr), im Falle von Typhus waren es Läuse, die Übertragung von Pockenviren dagegen verläuft über die Atemluft. Diese Zusammenhänge wurden allerdings erst um die Mitte des 19. Jahrhunderts bzw. im frühen 20. Jahrhundert klar erkannt. Beim Auftreten von «Schiffsfieber» empfahlen Ratgeberschriften drakonische Maßnahmen. Sie reichten vom Verbrennen der Kleidung in den Kesseln bis zum Ausräuchern der Schiffsräume mit Kohle und Schwefel, allerdings wurden sie von den verantwortlichen Kapitänen nur selten in dieser Konsequenz verfolgt. Begünstigt wurde die Ausbreitung von Krankheiten auch durch unzureichende Hygiene. Viele Auswanderer hatten nicht einmal Wäsche zum Wechseln dabei. Obwohl die Ursache für Skorbut bekannt war, gab es Fälle dieser Vitaminmangelerkrankung bis ins 19. Jahrhundert. Auch wenn eine Kiste mit Arzneien mitgeführt wurde, medizinische Kenntnisse hatten die Schiffsbesatzungen kaum, und der Satz «Gott segne den Griff in die Kiste» hatte einen makabren Beiklang.

Todesfälle auf Schiffen wurden nicht durchgängig erfasst, zumal die Kapitäne selbst nicht daran interessiert waren. Meist wurden sie erst beim Landgang und dem Abgleich der Passagierlisten offenkundig. Die große Mehrheit der Auswanderer erreichte Amerika dennoch gesund. Im 19. Jahrhundert nahm die Sterblichkeit auf Schiffen weiter ab.

Der für die Passagiere vorgesehene Schlafraum war eng bemessen: Üblicherweise wurden für vier erwachsene Reisende nicht mehr als 1,80 mal 1,80 Meter veranschlagt. Bestimmungen dieser Art waren nach Missständen in der ersten Hälfte des 18. Jahrhunderts festgelegt worden. Die Verpflegung an Bord war wegen ihrer Eintönigkeit berüchtigt. In monotonem Wechsel wurden Salzfleisch, Kartoffeln, Bohnen-, Erbsen- oder Graupensuppe, Sauerkraut, geräucherter Speck und Pflaumen angeboten. Morgens gab es Kaffee, abends Tee. Hartes Brot und Butter wurden meist für die Woche im Voraus zugeteilt. Vor allem auf den von Le Havre, Rotterdam und Antwerpen abgehenden Schiffen galt für Zwischendeckpassagiere das System der Selbstverpflegung. In einfachen Küchen konnten sich die Auswanderer dann aus selbst mitgeführten Lebensmitteln Speisen zubereiten.

Der Transporteur verpflichtete sich, zwischen sechs Uhr morgens und sechs Uhr abends, vorausgesetzt der Seegang erlaubte das, ein Feuer brennen zu lassen, damit sich die Reisenden Essen kochen konnten. Auch sollten genügend Trinkwasser, Bier, Branntwein, Essig und Gewürze vorrätig gehalten werden, wobei Alkohol und Essig die Aufgabe hatten, das Trinkwasser genießbar zu machen. So gut die Verträge das Leben an Bord zu regeln versprachen, die Realität sah oft anders aus. Wasser war häufig sehr knapp. Gepäck ging verloren, wurde geplündert oder die Schiffe waren derart mit Fracht überladen, dass es an allen Ecken und Enden krachte. Im schlimmsten Fall gingen die Schiffe während der Überfahrt verschollen.

Spätestens wenn das Festland ihrem Blick entschwand, wurde den Auswanderern die Tragweite ihrer Entscheidung bewusst, und bei einigen bekam der bis dahin fröhliche Leichtsinn ihrer «Auswanderungslust» einen Dämpfer. Mit vielen Fremden auf so großer Enge zusammengewürfelt zu sein, war für alle Reisenden eine Herausforderung. Mit Stoßgebeten und Gesängen versuchten sie, sich bei Stimmung zu halten.

Einen Einblick in die Strapazen, denen die Auswanderer ausgesetzt waren, erlaubt uns der schwäbische Schulmeister Gottlieb Mittelberger in dem Bericht über seine *Reise nach Pennsylvanien im Jahr 1750 und Rückreise nach Teutschland im Jahr 1754*. Mittelberger begleitete den Transport einer Orgel nach Amerika. Nach seiner Erfahrung wurden die Reisenden in den Schiffen «wie Heringe zusammen geladen», und die Überfahrt war von einem ganzen Katalog von Scheußlichkeiten geprägt,

Die Zwischendecks hatten an den Schiffswänden mehrstöckig hochgebaute Kojen. Sie waren niedrig, hygienisch bedenklich und meist nur von wenigen Schiffslaternen erhellt. Eine steile Treppe führte zur Zugangsluke und zum Verdeck.

das gereichte Wasser etwa sei «sehr schwarz, dick und voller Würmer». «Viele Leute winseln, seufzen und schreyen nach ihrer Heimat erbärmlich, hernach kommt noch bei den meisten das Heimweh dazu, dass also in solchem Elend viele hundert Menschen nothwendiger Weise verderben, sterben, und ins Meer geworfen werden müssen ...» Mittelbergers Bericht mag in seinen Details zugespitzt, vielleicht auch von seinem Auftraggeber bewusst verfälscht worden sein, um potenzielle Auswanderer von ihrem Vorhaben abzubringen. Dennoch war es Tatsache, dass viele während der Fahrt starben. Der/die Tote wurde dann in ein Tuch eingenäht und unter Gebeten ins Meer hinuntergelassen.

Die Überfahrt erfolgte meist zwischen den Frühjahrs- und Herbstmonaten, und die Fracht von Amerika zurück nach Europa bestand dann aus Agrarprodukten wie Baumwolle, Tabak oder Reis. Wenn es zu Verzögerungen kam, konnte es passieren, dass das Schiff den Kurs ändern musste: Die *Good Intent* zum Beispiel benötigte für die Fahrt über den Atlantik viel länger als üblich und konnte im Winter 1751/52 nicht in Philadelphia landen, weil der Hafen zugefroren war. Sie war dann gezwungen, auf eine der westindischen Inseln auszuweichen. Am Ende erreichte nach einer halbjährigen Odyssee auf dem Meer nur ein Zehntel der 200 Passagiere lebend den Hafen von Philadelphia.

Der eigentliche Landgang verzögerte sich häufig um ein paar Tage, weil die Passagiere zunächst von einem Arzt in Augenschein genommen wurden. Wenn er dabei ansteckende Krankheiten feststellte, verweigerte er die Landeerlaubnis. In Philadelphia wurden Patienten dann in Quarantäne auf *Province Island* verbracht. Gab es keine Bedenken gegen den Landgang, mussten die männlichen Einwanderer einen Eid auf die britische Krone leisten. Zu Wartezeiten kam es, wenn das Gepäck gesondert verschifft worden war.

Seit 1728 wurde nachweislich das sogenannte Redemptionssystem praktiziert: Wenn Auswanderer, was sehr häufig vorkam, die Kosten ihrer Reise nicht aufbringen konnten, hatten sie die Möglichkeit, mit dem Kapitän eine mündliche Vereinbarung zu treffen und die Überfahrt dann in Amerika über einen Vertrag abzuarbeiten, der in einer Auktion an den meistbietenden Arbeitgeber verkauft wurde. Deutsche Reeder ließen sich auf solche Abmachungen übrigens in der Regel nicht ein und verlangten sofortige Zahlung. Redemptioner wurden meistens vom Kapitän des Schiffes an einen Dienstherrn vermittelt. Üblicherweise mussten sie dann so lange an Bord des Schiffes bleiben, bis jemand seine Bereitschaft erklärt hatte, für die Reisekosten aufzukommen. In anderen Fällen machten sich die Passagiere nach der Ankunft selbst und innerhalb einer gesetzten Frist auf die Suche nach einem Dienstherrn, der sie von dem Kapitän quasi freikaufte.

Deutsche Dienstherren waren dafür bekannt, dass sie gerne deutsche «Serves», die deutsch-amerikanische Bezeichnung für diese Arbeitskräfte, nahmen. Der Einwanderer hatte einen Vertrag zu unterzeichnen, in dem er sich zur Arbeit für den «Erlöser» verpflichtete – je nach Höhe der Schuld und körperlicher Leistungsfähigkeit wurde die Laufzeit festgelegt. Auch Kinder über fünf Jahren und Jugendliche wurden für mehrere Jahre verpflichtet. Kost und Kleidung waren inbegriffen, aber eben kein Lohn. Der Einwanderer konnte zwar seinen Vertrag formal frei verhandeln, ein großes Problem war jedoch, dass die Vertragsklauseln angesichts mangelnder Sprachkenntnisse oft nicht in ihren vollen Konsequenzen verstanden wurden und Vertrautheit mit den Gepflogenheiten des amerikanischen Arbeitsmarktes eben nicht vorausgesetzt werden konnte. Es gab Fälle, in denen Reisende die Kosten für während der Überfahrt verstorbene Familienmitglieder beziehungsweise sogar andere Mitreisende innerhalb einer Gruppe mittragen mussten. Die meisten kamen in der Landwirtschaft unter, was erklärt, dass New York nur eine geringe Rolle spielte, weil es dort keinen bäuerlichen Abnehmerkreis gab.

Mustervertrag für mittellose Auswanderer wie er um 1780 in Baltimore verkauft wurde (aus dem Englischen übersetzt)

Dieser Vertrag bezeugt, dass A. B. aus C. in Deutschland aufgrund der zwanzig Pound (Sterling) gültigen Geldes in Maryland, die D. E. ... aus Baltimore County für A. B.s Überfahrt aus Rotterdam mit dem Schiff FF des Kapitäns G. H. bezahlt hat, und aufgrund anderer Leistungen sich besagter A. B. als Diener besagtem D. E. verdingt hat («hath bound himself servant to») und ihm, seinen Erben oder Beauftragten vom heutigen Tag an ununterbrochen drei Jahre lang dienen wird.

Während der ganzen Zeit wird besagter Diener besagtem D. E., seinem Erben oder Beauftragten treu, ehrlich und ergeben dienen, wie ein guter und pflichtbewusster Diener es soll. Und der besagte D. E., seine Erben oder Beauftragten werden besagten A. B. mit ausreichend Essen, Trinken, Kleidung, Wäsche und Unterkunft versorgen. Am Ende der drei Jahre werden sie ihm dem Landesbrauch entsprechend den Freiheitspreis («freedom dues») geben (oder: eine Milchkuh, oder: fünf Pfund Sterling, oder: etwas von ungefähr diesem Werte).

Beide Parteien verpflichten sich durch diesen Vertrag, diese Vereinbarung voll und ganz zu erfüllen. Zur Begrenzung dieser Verpflichtung haben sie hierunter Unterschrift und Siegel gesetzt.

Am … Tag des Monats … im Jahre des Herrn
Eintausendsiebenhundert und … achtzig.

Verlesen und besiegelt in Gegenwart von

A. B. D. E. J. K. L. M.

Manchmal kam es zu regelrechten Versteigerungen der Arbeitskräfte, die auch als *white slaves* oder *Dutch slaves* bezeichnet wurden, obwohl sie «nur» unfreie Arbeitskräfte auf Zeit waren und keine Leibeigenen. Dennoch konnten sie wie Sklaven an andere Dienstherren übertragen werden. In solchen Fällen wurden Familien auseinandergerissen. Redemptioner waren gefragter als Sklaven, weil sie billiger zu haben waren und sich die Dienstherren nicht für eine so lange Zeit festlegen mussten. Auch Knechte und Mägde, die einen festen jährlichen Lohn bekamen, waren im Vergleich deutlich teurer, freie Arbeit kostete etwas das Doppelte. Das Bürgerrecht blieb dem Redemptioner bis zum Ende der Dienstzeit vorenthalten, dennoch besaß er das Recht auf Unverletztlichkeit der Person sowie ein Recht auf ausreichende Ernährung.

Das System funktionierte nicht in allen Fällen reibungslos. Gelang es den Kapitänen nicht auf Anhieb, Interessenten für ihre quasi Gefangenen zu finden, gaben sie entsprechende Anzeigen auf. So konnte man zum Beispiel am 9. November 1764 in Philadelphia lesen: «Heute ist das Schiff Boston, Capitän Matthaus Carr, von Rotterdam hier angelangt mit etlichen Hundert Deutschen, unter welchen sind allerhand Handwerker, Tagelöhner, und junge Leute, sowohl Manns- wie Weibspersonen, auch Knaben und Mädchen. Diejenigen, welche geneigt sind, sich mit dergleichen zu versehen, werden ersucht, sich zu melden bei David Rundle in der Frontstraße.»

Wenn Redemptioner fortliefen und es gelang, sie wieder einzufangen, war es üblich, die Dienstzeit als Strafe um das Doppelte der Tage in Abwesenheit zu erhöhen. Die Steckbriefe konnte man dann in den Zeitungen lesen. Es gab auch die Möglichkeit, Redemptioner loszukaufen, und glücklich konnten sich die wenigen Amerikafahrer schätzen, denen es gelang, Verwandte über Suchanzeigen ausfindig zu machen, von denen sie dann ausgelöst wurden. Besondere Härten ergaben sich, wenn es nicht gelang, einen Dienstherren zu finden und die Einwanderer sich dann als Bettler durchschlagen mussten. In anderen Fällen sprang der Staat ein, bis der Zustrom an Einwanderern gestoppt werden konnte, zum Beispiel in Nova Scotia gegen Mitte des 18. Jahrhunderts. Dokumentiert sind auch Fälle, in denen es Einwanderern zwar gelang, sich zu verdingen, die sich dann aber mit diesem Abhängigkeitsverhältnis nicht arrangieren konnten und Selbstmord begingen.

Einige in der Illegalität agierende Agenten nutzten geschickt die Notlage mancher Auswanderer aus. Wenn es sich um Militärflüchtige oder Rechtsbrecher handelte, streckten sie die Überfahrt vor, wofür sich die Auswanderer umgekehrt verpflichten mussten, die Schuld mit schwersten Arbeiten, für die sonst kaum jemand zu finden war, abzuarbeiten. Damit handelten sich diese Agenten den Namen «Seelenverkäufer» ein.

In der Zeit nach dem Unabhängigkeitskrieg wurde die Überfahrt billiger, und immer mehr Reisende konnten den Preis dafür direkt und selbst aufbringen. Noch 1820 kamen einige Hundert Deutsche als Redemptioner nach New Orleans, danach konnten Kapitäne zahlungsunfähige Passagiere nicht mehr als Servants unterbringen und das System verschwand völlig. Arbeitgeber stellten fest, dass es billiger war, Arbeitskräfte auf Zeit einzustellen und auch wieder entlassen zu können, anstatt sich über einen langen Zeitraum festzulegen.

Es geht nicht darum, dieses System nachträglich zu legitimieren, doch ohne diese Möglichkeit hätte mehr als die Hälfte der deutschen Auswanderer des 18. und frühen 19. Jahrhunderts kaum nach Amerika gelangen können. Nicht einmal die *Deutsche Gesellschaft* lehnte das System – bei aller Kritik an einzelnen Klauseln – grundsätzlich ab. Man bezeichnete es als eine gute «Schule», in einer Familie die englische Sprache zu lernen und sich so vergleichsweise schnell mit den Besonderheiten des amerikanischen Alltags vertraut zu machen. Nach Tilgung ihrer Schulden konnten die Einwanderer amerikanische Staatsbürger werden. Eine Einbürgerung war nach fünf Jahren möglich, vorausgesetzt zwei Jahre zuvor war eine entsprechende Absichtserklärung abgegeben worden.

Der Import von Arbeitskräften unter den Bedingungen dieses Systems war alles andere als ein schlechtes Geschäft, der amerikanische Historiker Abbott Emerson Smith charakterisierte es einmal als *big business*. Diese Art von Verträgen war auch nicht nur in Zusammenhang mit der Einwanderung gebräuchlich: Amerikanerinnen, die Hauswirtschaft lernen und sich eine Aussteuer erarbeiten wollten, ebenso wie aus Leibeigenschaft entlassene Sklaven im Übergang zu völliger Freiheit, arbeiteten unter vergleichbaren Bedingungen.

Nach ihrer Ankunft in Amerika konnten sich die Immigranten von den verschiedenen Deutschen Gesellschaften, in denen sich schon etablierte Deutschamerikaner zusammengeschlossen hatten, unterstützen lassen. Es gab sie in den Hafenstädten und später auch in den größeren Städten des Mittleren und Pazifischen Westens – wo ihre Entstehung mit der Stärke der deutschen Bevölkerungsgruppen vor Ort korrespondierte. Die meisten hatten den Anspruch, die Aus- und Einwanderer in der Übergangsphase zu unterstützen, und stellten damit vielfach die Weichen für einen gesellschaftlichen Aufstieg. Die Gründung der *Deutschen Gesellschaft von Pennsylvanien* 1764 stand in Zusammenhang mit besonders schlimmen Missständen auf einigen Schiffen. Sie wurde zum Vorbild für weitere Gründungen: 1783 in Baltimore und ein Jahr später in New York unter Leitung von General von Steuben *Die Deutsche Gesellschaft in dem Staate New York zur Aufmunterung der Emigranten von Deutschland, Hülfeleistung nothleidender Emigranten und zur Ausbreitung nützlicher Wissenschaften unter ihren Landsleuten in diesem Staate*. In einigen Fällen, wie in Philadelphia, waren Geistliche oder Kirchenvorstände wie z. B. Heinrich Melchior Mühlenberg von der lutherischen Kirche in Amerika beteiligt.

Der Vorsatz, die Bedingungen für Redemptioner zu verbessern, erfüllte sich nur in kleinen Schritten, allzu oft scheiterten die Bemühungen am erbitterten Widerstand der Kaufleute, die von diesem System profitierten. Außerdem versuchte man mehr oder weniger erfolgreich, Kapitäne und Reeder zur Verantwortung zu ziehen, wenn es zu Unregelmäßigkeiten gekommen war. 1785 konnte in Philadelphia ein amtliches Überwachungsorgan für die Verträge eingeführt werden. Die Mitglieder der Gesellschaften waren meistens Kaufleute, Fabrikanten, Ärzte, Rechtsanwälte. Nicht alle handelten nur aus selbstlosem Engagement heraus, denn zum Teil hatten sie beruflich mit der Einwanderung zu tun oder besaßen ein vitales Interesse an besonders gut qualifizierten Neuankömmlingen.

Um auf die Gefahren der Überfahrt und des Redemptionswesens hinzuweisen, wurden entsprechende Berichte nach Deutschland geschickt, die in einigen Zeitungen und Zeitschriften gedruckt wurden. Als während der großen Einwanderungswelle ab 1816 wieder zahlreiche Todesfälle auf den Schiffen zu beklagen waren, richtete die Gesellschaft von Pennsylvania eine Petition an das Parlament , das daraufhin die hygienischen Bestimmungen verbessern und die Passagierzahlen beschränken ließ. Zwei Jahre später konnte die *Deutsche Gesellschaft* in Maryland erreichen, dass die Redemptionen auf vier Jahre begrenzt wurden und die Passagepreise von Verstorbenen nicht mehr auf andere Reisende umgelegt werden durften.

Der Beginn der Massenauswanderung

Der weitaus größte Teil deutscher Auswanderer erreichte Amerika im Laufe des 19. Jahrhunderts. In manchen Jahren wurde sogar die Gesamtzahl der deutschen Einwanderer des 18. Jahrhunderts übertroffen. Bis zur ersten Auswanderungswelle des 19. Jahrhunderts, die 1816 einsetzte, unterlag der Interkontinentalverkehr als Folge der Kriege in Mitteleuropa und einer restriktiven Auswanderungspolitik in den Gebieten unter französischer Herrschaft erheblichen Behinderungen, die Zahl der Handelsschiffe war beschränkt. Amsterdam und Hamburg galten während dieser Zeit als die Häfen, wo Auswanderer am ehesten einen Platz finden konnten, zeitweise spielten auch kleinere Häfen eine Rolle für die Verschiffung. Die erste kleine Welle erfasste vor allem Württemberg, Baden, die Pfalz und die Schweiz.

Missernten verschärften die schon bestehende ökonomische Misere. Auf dem Lande gab es einen Geburtenüberschuss, dem keine entsprechende Zunahme der Arbeitsmöglichkeiten für die meist ungelernten Kräfte gegenüberstand, und die Städte konnten die vielen Menschen noch nicht aufnehmen. Zugleich hatten viele Familien auf dem Land Steuer- und Zinsschulden, da die regierenden Fürsten die Kriegskosten auf ihre Untertanen abgewälzt hatten. Zwischen 1820 und 1850 stiegen die Preise für Roggen, Kartoffeln und Kleidung um das Doppelte, bei nur geringfügiger Erhöhung der Löhne.

Nach der ersten Welle der Auswanderung sanken die Zahlen wieder. Während der 20er Jahre des 19. Jahrhunderts waren es immer nur einige hundert Personen pro Jahr. Die finanziellen

Mittel fehlten, zum Beispiel weil Hab und Gut in der Notsituation nur weit unter Preis zu verkaufen gewesen wäre oder auf Ruhegehälter hätte verzichtet werden müssen.

Die rasch voranschreitende Industrialisierung trug das Übrige dazu bei, die Not vieler Menschen zu erhöhen. Vielerorts verschwanden in den folgenden Jahren die Heimgewerbe, die bis dahin Lebensgrundlage gewesen waren; das Weben von Leinen konnte nun schneller und billiger mit Hilfe von Maschinen verrichtet werden, andere Verfahren wie das Färben widerstanden der Automatisierung noch etwas länger. Junge Handwerker kamen durch strenge Zunftreglements nicht weiter und waren gezwungen, für wenig Geld angestellt zu arbeiten. Andere wollten durch Auswanderung der Militärpflicht entgehen und begaben sich oft auf illegalem Wege ins Ausland, da man sich mit einem offiziellen Antrag unter dieser Bedingung keinen günstigen Bescheid ausrechnen konnte. Entsprechend unzuverlässig sind die offiziellen Auswanderungsstatistiken.

In anderen Fällen waren persönliche oder familiäre Gründe, verbunden mit finanziellen Aspekten, entscheidend für den Entschluss. Die in vielen Staaten übliche Aufteilung des Erbes («Realteilung») auf verschiedene Nachfahren, auch bezogen auf Landansprüche, war ein wichtiger Auslöser, z. B. wenn der Bauernhof nicht mehr groß genug war, um eine Familie zu ernähren. Dennoch scheint das nie der einzige Grund gewesen zu sein, weil sehr hohe Auswanderungsraten auch in Staaten und Gegenden beobachtet werden, die vom sogenannten Anerbenrecht geprägt waren, bei dem üblicherweise der älteste Sohn das gesamte Erbe erhielt. Oft verbargen sich hinter dem Auswanderungsentschluss auch zerrüttete familiäre Verhältnisse, der Fortzug kam dann einer Flucht gleich. Das galt ähnlich für unverheiratete Mütter, die nicht länger der Verachtung ihrer Umgebung ausgesetzt sein wollten und sich einen Neuanfang wünschten. «Europamüdigkeit» war manchmal die Umschreibung für die Verzweiflung an den politischen Verhältnissen. Mitunter handelte es sich um Menschen, die sich um ihr Auskommen schon in Deutschland keine Sorgen machen mussten und einfach mit ihrem Vermögen nach Amerika auswanderten, oft war Abenteuerlust mit im Spiel. Ebenso waren Bankrotteure und Kriminelle unter den Auswanderern. Auch im 19. Jahrhundert kamen noch die Anhänger kleinerer Glaubensgemeinschaften und Sekten. Ein Kuriosum ist die Gruppierung um einen gewissen Bernhard Maximilian Müller aus dem hessischen Kostheim, der sich mit keinem geringeren Gedanken trug, als eine neue Welt zu gründen. Das von ihm fantasierte gottlose 1000-jährige Reich sollte zur Heimat aller Aristokraten werden. Als er sich unter dem Pseudonym «Proli» als selbsternannter «Groß-Imperator» stilisierte, wurde er 1831 von der Regierung des Landes verwiesen und begab sich in Gesellschaft von etwa 40 Personen in die von Rappisten gegründete Kolonie *Economy* bei Pittsburgh. Nach Unstimmigkeiten zog Müller, der sich inzwischen großspurig «Graf Leon» nannte, mit seinen Gefolgsleuten nach Philippsburg um. Viel Zeit blieb ihm jedoch nicht, um seine Vorstellungen zu entfalten, er starb schon 1833 an der Cholera.

Bis zur Jahrhundertmitte kam der überwiegende Teil der Amerikafahrer noch aus Südwestdeutschland, danach stieg der Anteil aus westlichen und nordwestlichen Regionen. Die Verarmung der Bevölkerung hatte in vielen Gebieten ein solches Ausmaß angenommen, dass die Staaten der Auswanderung nichts entgegensetzen konnten. Ein Beispiel sind die dichtbevölkerten Industriegebiete Sachsens, wo die Menschen, zeitgenössischen Berichten zufolge, nur noch von Kartoffeln und Kaffee lebten. Hier zog die Regierung sogar Erkundigungen in Nordamerika, Preußen, Russland und Ungarn ein, um die besten Chancen zu erkunden. In den östlichen Provinzen Preußens und in Mecklenburg waren die Landarbeiter in einer Weise von den Großgrundbesitzern abhängig, die an Feudalverhältnisse erinnerte. Viele zogen mit der Industrialisierung nach Berlin und Hamburg, andere machten sich auf den Weg über den Atlantik.

Erhaltene Listen von Auswanderergruppen bezeugen deutlich den Niedergang der Kleingewerbetreibenden, Handwerker und Bauern. Ein Beispiel: Von den 760 Personen, die zwischen 1843 und 1846 aus dem Bezirk Aachen ausgewandert sind, wurden einschließlich der engeren Familienangehörigen deutlich mehr als ein Drittel den «Ackerern» zugerechnet. Ein Siebtel waren Tagelöhner, die anderen größeren Gruppen – und zwar in abnehmender Reihenfolge – Schreiner, Bergleute, Weber, Schuhmacher, Schmiede und Zimmerer. Nur wenige gehörten nicht handwerklichen Berufen an. In Mecklenburg dagegen, wo sich gegen Mitte des Jahrhunderts ein Auswandererstrom in Bewegung setzte, waren es vor allem Tagelöhner und Knechte.

Die meisten entschieden sich nun für die «nasse» Auswanderung (im Gegensatz zur «trockenen» innerhalb Europas): Von den knapp 50 000 Menschen, die zwischen 1844 und 1848 Preußen mit einem Entlassungsschein verließen, gingen etwa vier Fünftel über den Ozean. Und von den beinahe 62 500, die sich zwischen 1850 und 1855 aus Baden verabschiedeten, wanderten sogar mehr als 59 000 nach Nordamerika aus.

Wenn die Armut nicht mehr von den Sozialkassen der betroffenen Gemeinden aufgefangen werden konnte, wurde den in Not geratenen Menschen oft die Auswanderung nahegelegt und man zahlte ihnen eine Prämie, damit sie die Reisekosten aufbringen konnten. Ein Beispiel für solch einen Fall der Auswanderung auf Kosten der Gemeinde ist die württembergische Gemeinde Winzeln im Bezirk Oberndorf am Neckar: 1832 wurde die ganze Ernte durch Hagelschlag vernichtet, es folgten Jahre mit weiteren schweren Unwettern, und im Dürrejahr 1842 musste das gesamte Vieh unter Wert verkauft werden. Über 500 Menschen, mehr als ein Drittel der Bevölkerung, wanderten mit Unterstützung der Gemeinde aus. Auch im württembergischen Schwenningen war 1847 die «freie Spedition nach New York und eine kleine Unterstützung aus Gemeindemitteln» verfügt worden und 190 Gemeindemitglieder machten schließlich davon Gebrauch.

Die Abschiebung nahm unterschiedliche Formen an: Alle Bauern des hessischen Dorf Wenigs verkauften 1841 ihr Land an den Grafen Solms-Laubach. Das ermöglichte die Schaffung größerer, landwirtschaftlicher Einheiten. Die Bauern erhielten ihr Geld erst von einem hessischen Beamten in Bremen ausgezahlt, da man sicherstellen wollte, dass die Aussiedlergruppe von 160 Personen auch tatsächlich Europa verlassen würde. Natürlich hatten diese Menschen in Amerika keine guten Startbedingungen, viele landeten – zum Ärger der amerikanischen Behörden – bald in dortigen Armenhäusern.

Einen besonders krassen Fall stellt das Beispiel des Dorfes Sespenroth in der Nähe der Kreisstadt Montabaur mit seinen 19 Familien und 76 Personen dar – eine Gemeinde von elf Häusern, einer Kapelle, einem Backhaus und einigen Ställen und Schuppen. Die Bevölkerung verdiente ihren kargen Lebensunterhalt als Korbflechter, Schäfer und Kesselflicker. In den Jahren nach 1840 hatte sich ihre Lage immer weiter verschlechtert, und die Gemeinde war so stark verschuldet, dass die Regierung des Herzogtums Nassau die Untertanen unterstützen musste. Im Februar 1852 entschlossen sich fast alle Einwohner zur Auswanderung in die USA, vier Familien wurden zwangsweise anderen Dörfern zugeteilt. Im Herbst wurden Häuser und Land versteigert und von der Nachbargemeinde Heilberscheid zu einem Preis erworben, der nicht einmal die Reisekosten deckte. Nachdem die Familien das Dorf am Ostersonntag 1853 verlassen hatten, wurde es sukzessive abgerissen. Zehn Jahre später gab es keine Spuren mehr davon. Die Westerwälder Gruppe reiste mit der Brigg *Leander* von Bremen nach New York und von dort nach Milwaukee.

Anderswo setzten Bürger die Obrigkeit mit regelrechten Forderungskatalogen unter Druck, bevor sie ihre Auswanderung in die Tat umsetzten. So verfassten 160 Landpächter aus dem Dorf Engter bei Osnabrück 1848 eine Bittschrift an den Herzog von Braunschweig, in der sie unter anderem die «gänzliche Befreiung von der Personensteuer», die «Aufhebung der Stellvertretung beim Militär» und die Befreiung von verschiedenen unentgeltlichen Diensten verlangten. Für das 19. Jahrhundert sind zudem Abschiebungen von Gefängnisinsassen dokumentiert. Im Jahre 1832 machte der Hamburger Polizeichef den Vorschlag, Häftlinge nach Amerika bringen zu lassen, weil das weniger koste, als sie ihre Strafe abbüßen zu lassen. Im Gegenzug mussten sie versichern, nie wieder in die Heimat zurückzukehren. Die Verschiffung mit der *Dorothea* erfolgte noch in demselben Jahr, zunächst ohne irgendeine Information an die amerikanischen Behörden, dann sickerten doch entsprechende Hinweise an den amerikanischen Konsul in Hamburg durch. In dem nachträglich verfassten Bericht bemühte man sich darum, die Gefährlichkeit der Deportierten herunterzuspielen, und bat ausdrücklich um Verständnis für diese Aktion.

Als sich in den Hafenstädten scharenweise aus allen Teilen des Landes herbeigereiste Auswanderer versammelten, wurde den Verantwortlichen das volle Ausmaß der Auswanderung bewusst, die vergleichbar nur Irland, allerdings etwas früher, erfasst hatte. Ganze Gemeinden verließen ihre Dörfer in Baden,

Württemberg, Bayern, Kurhessen ebenso wie in Thüringen und Mecklenburg. In einigen Teilen des Landes, zum Beispiel unter den Weinbauern der Rheinpfalz sowie in Mecklenburg, aber auch in Baden, war die Zahl der Auswanderer höher als die der jährlichen Geburten. Zwischen den Jahren 1815 und 1891 gingen Württemberg durch die Auswanderung rund 450 000 Menschen verloren, auf die Einwohnerzahl von 1891 umgerechnet, die gut zwei Millionen betrug, ist das beinahe ein Viertel.

Insgesamt wanderten in den 50er Jahren des 19. Jahrhunderts nahezu eine Million Deutsche nach Amerika aus, der Höhepunkt wurde 1854 erreicht. Eine große Rolle spielte – neben schlechten Getreide- und Weinernten – die durch einen Pilz hervorgerufene Kartoffelfäule, die gesamte Jahresernten vernichten konnte und der man damals noch völlig hilflos gegenüberstand. Nachdem man die amerikanische Prärie in zunehmendem Maße urbar gemacht und dort begonnen hatte, erfolgreich Getreide anzubauen, gerieten wenig rentabel arbeitende Betriebe in manchen Regionen, etwa östlich der Elbe, durch die Konkurrenz von ausgewanderten Bauern, die den europäischen Markt belieferten, zusätzlich unter Druck – in dem Jahrzehnt zwischen 1865 bis 1875 war der amerikanische Weizenexport um fast das Fünffache gestiegen.

Die Rolle der Agenten

Den Agenten kam lange eine wichtige Funktion für die Organisation der Emigration zu. Schon während des 18. Jahrhunderts gab es Vermittler, welche die auswanderungswilligen Reisenden in den Hafenstädten abfingen und zum Abschluss eines Vertrages überredeten. Die auffällig mit Uhren, Ketten und Ringen ausstaffierten Werber ließen sich dann mit einer Provision belohnen, oft waren die Grenzen zum Betrug fließend. Den gutgläubigen Auswanderern versicherten sie ohne Skrupel, wie 1763 Pastor Mühlenberg berichtete, «wer mit gehet als Knecht, der wird ein Herr, als Magd, die wird eine gnädige Frau, als Bauer, der wird ein Edelmann, als Bürger und Handwerksmann, der wird Baron.»

Da die Werber durch den engen Kontakt mit den Auswanderern deren Nöte und Sorgen gut kannten, waren sie nicht verlegen, ein Bild von Amerika zu zeichnen, in dem es genau die von vielen beklagten Übel nicht gab, und sie bedienten sich dabei oft gefälschter Schriften, um ihre Position zu untermauern. In dem Flugblatt eines gewissen Anthony Simpson, das 1752 kursierte, wurde das so milde Klima South Carolinas hervorgehoben: «Die Luft daselbst ist so temperiert, und die Jahr-Zeiten sind so ordentlich, dass man weder über eine übermäßige Hitze noch über eine durchdringende Kälte sich zu beklagen hat», hieß es dort. Es entbehrt nicht einer gewissen Ironie, dass diese Region gerade in jenen Jahren von lange anhaltender Dürre und schweren Hurrikans heimgesucht wurde. Ohne Zweifel ist so mancher überstürzte Entschluss zur Auswanderung durch geschickt argumentierende Werber zustande gekommen. Nicht immer wurden sie geduldet: 1749 kehrte ein gewisser Georg Koch von New York nach Württemberg zurück. Dieser versuchte nun in seiner Heimat, Amerikafahrer anzuwerben, und hatte angeblich den Auftrag von Auswanderern erhalten, Erbschaften zu regeln. Als die Regierung von diesem Fall erfuhr, wurde angeordnet, Werber wie Koch auszuweisen. Agenten vermittelten die Verträge für die Überfahrt und planten die Reise. Sie legten Abfahrtstermine und Fahrtrouten fest und sorgten für Unterbringung und Versorgung. Bis dahin hatte es oft Probleme gegeben, wenn Reisende am Hafen eintrafen und lange warten mussten, bis die Schiffe bereit waren oder es dort Plätze gab. Es erleichterte die Fahrt zu den Häfen, wenn die Reisenden an der Grenze den Abschluss eines Vertrages für Überfahrt und Reisebeköstigung vorlegen konnten und nicht erst den Beweis erbringen mussten, dass sie finanziell dazu in der Lage waren.

Die Reeder teilten den Agenten Kontingente zu, und für die Vermittlung erhielten sie wenige Prozent des Überfahrtspreises. Über ein bald dicht gesponnenes Netz warben sie Auswanderer im Binnenland an, die sich dann einen Anspruch auf einen Platz eines genau bestimmten Schiffes sicherten. Oft übten Pastoren, Gastwirte, Krämer und Lehrer die Vermittlung als Nebentätigkeit aus. Der Wirt und Agent Christian Klötz aus Schweinsberg gab seinem Wirtshaus folgerichtig den Namen «Gasthaus zur Stadt New York». Eine andere Agentur nannte sich «Die Hoffnung – Concessioniertes deutsches Bureau für Auswanderer nach Amerika».

In Zeitungsanzeigen und auf Flugblättern priesen die Agenten die Zuverlässigkeit der Schiffe und die Qualität der Verpflegung während der Überfahrt. Aber Werbung und Informationen über Abfahrtstermine gingen auch direkt von den Reedern aus, und gerne druckte man zur Untermauerung der Zuverlässigkeit die Danksagungen bereits beförderter Passagiere. Ein wichtiger Agent war Gustav Fröbel mit seinem «Allgemeinen Auswanderungs-Bureau» im thüringischen Rudolstadt, der vor allem Reisen über Liverpool vermittelte und von 1846 bis 1871 auch die *Allgemeine Auswandererzeitung* herausgab. So unverzichtbar ihre Aufgabe war, die Agenten standen oft in schlechtem Ruf, weil ihre Beratung einseitig die von ihnen repräsentierte Schifffahrtslinie hervorhob. Ihr Geschäft trug den Makel des Menschenhandels. Schwindler, die sich als Agenten ausgaben und viele Auswanderer um ihr Geld brachten, setzen den seriös arbeitenden Vermittlern zu. Im Sinne eines besseren Überblicks wurde zwischen den Jahren 1846 und 1853 in mehreren deutschen Staaten eine Konzessionspflicht für Agenturen eingeführt. Besonders bekannt wurde der amerikanische, aber in Mainz tätige Agent Washington Finlay, über den man Plätze für die Schiffe von Le Havre nach New York quasi als «Pauschalpaket» buchen konnte. Finlay beschäftigte eigene «Conducteure», welche die Reisenden bis zu den Schiffen begleiteten.

Missstände führten vielerorts zu einem Eingreifen der jeweiligen Behörden, um die Auswanderer zu schützen. 1833 schloss die Regierung des Großherzogtums Baden einen Vertrag mit dem Agenten Benedikt von Hermann, der Beförderungsverträge über Le Havre vermittelte. Er verpflichtete sich dazu, Transport und Verpflegung der Auswanderer bis in die Vereinigten Staaten sicherzustellen, auch für eventuell notwendige Wartezeiten in der französischen Hafenstadt einzustehen und eine Kaution zu zahlen. Im Gegenzug wies die Regierung dann in Anzeigen darauf hin, dass ein mit diesem Agenten geschlossener Vertrag Grundlage für die Aushändigung eines Reisepasses sei. Die Staaten hatten ein Interesse daran, der Rückkehr verarmter Auswanderer vorzubeugen. Solche Konzessionen, die unterschiedliche Formen annehmen konnten und von Behörden, Regierungen oder der Polizei ausgestellt wurden, förderten die Professionalisierung von Agenten, die in der Folge hauptberuflich tätig wurden, andere wurden aus dem Geschäft verdrängt. Immer mehr Bestimmungen gab es auch für die Form der Verträge, um im Falle von Streitigkeiten eine bessere Handhabe zu besitzen, zudem wurden vielerorts Register verbindlich, die einen Überblick über die Personen geben sollten, die mit einem bestimmten Agenten einen Vertrag geschlossen hatten. Häufig wurde das Fehlen einer einheitlichen, für alle deutsche Staaten verbindlichen Gesetzgebung beklagt, um die Auswanderungsbewegung besser kontrollieren und steuern zu können.

Der Abschied von der Heimat

War der Tag des Abschieds gekommen, wurde das oft ausgiebig mit Musik und Pistolenschüssen, auch Ess- und Trinkgelagen gefeiert, waren sich doch alle des tiefen Einschnitts bewusst. Wenn die Auswanderer noch einmal durchs Dorf zogen, warfen ihnen Mädchen Rosen-, Nelken- und Vergissmeinnichtsträuße zu.

Typischerweise wurden bestimmte Auswanderergedichte und -reime aufgesagt: «Wir trinken noch ein gut' Glas Wein und lassen Deutschland Deutschland sein!» Alle gingen davon aus, dass es ein Abschied für immer war. Zuweilen richtete man einen Abschiedsgottesdienst aus, feierte ein letztes gemeinsames Abendmahl und vollzog die vorzeitige Konfirmation der Kinder der Auswandernden. Häufig versuchte der Pfarrer, den Emigranten die Bedeutung ihres Vorhabens deutlich zu machen, um sie vor einem vielleicht leichtfertigen Schritt zu bewahren.

Für die Familien hatte das in jedem Fall gravierende Konsequenzen: Wenn sich ein Sohn verabschiedete, verloren die zurückbleibenden Eltern eine wichtige Stütze ihres Alters, das Familiensystem als traditionelle Versorgungsgrundlage zerbrach. Umgekehrt stellte sich Sorge um die Zukunft des Weggehenden ein: Wird er im freiheitlichen Amerika überhaupt sein Auskommen finden können? Wenn jeglicher Optimismus fehlte, wurde das Abschiednehmen beinahe als Tod der geliebten Person empfunden, und die Abschiedsfeiern erinnerten mit ihren – auch traurigen – Liedern an Beerdigungsfeiern. Ein letztes Mal suchte man den Friedhof auf, um sich von verstorbenen

Verwandten zu verabschieden, und füllte ein Säckchen mit etwas Erde für das eigene Grab – auch um symbolisch der Heimatlosigkeit vorzubeugen, wenn man in der Fremde nicht Fuß fassen könnte. Manche verfassten Abschiedsverse:

Jetzt ist die Zeit und Stunde da,
Wir ziehen nach Amerika.
Der Wagen steht schon vor der Tür,
Mit Weib und Kindern ziehen wir.
Adjes, ihr Freunde und Verwandt',
Reicht uns zum letztenmal die Hand.
Wir sehn einander nimmermehr!
O weinet nicht, weint nicht so sehr!

Und als man auf dem Wasser schwimmt,
Da werden Lieder angestimmt.
Wir fürchten keinen Wasserfall
Und denken: Gott ist überall.
Und kommen wir nach Baltimor,
Da recken wir die Hand empor
Und rufen aus: Viktoria!
Jetzt sind wir in Amerika!

Beliebtes Auswandererlied aus der Mitte des 19. Jahrhunderts

Der Abschied ist nicht immer friedlich verlaufen. Es gibt Hinweise darauf, dass Auswanderer als Racheakte Rebstöcke zerstörten, ihre Häuser oder sogar ihr ganzes Dorf in Schutt und Asche legten, wenn ihnen zwar die Reise bezahlt wurde, ihnen aber keine Wahl mehr blieb und es sich faktisch um eine Armenabschiebung handelte. Um solche Unregelmäßigkeiten vermeiden zu helfen, verfügte das Amt der Gemeinde Ehrenstetten im südbadischen Breisgau während des Abzugs von 206 gemeinsam ausreisenden Dorfbewohnern im April 1854 nicht nur eine nächtliche Ausgangssperre, sondern ließ auch die Wirtshäuser schließen und die Gendarmerie anrücken. Als 1866 eine Gruppe von Franken ihren Abschied vorbereitete und ein «Freudenfeuer» plante, ließ sie vorsorglich folgendes Inserat drucken: «Nächsten Donnerstag, den 21. d. Mts., feiern die nach Amerika auswandernden Gerchsheimer ihren Abschied und zünden zum Abende desselben Tages, zwischen 8 und 9 Uhr, ein Feuer (sogen. Johannisfeuer) in der Nähe des baierischen Waldes gegen Irdenberg an, und setzen zur Verhütung von Missdeutungen die Nachbarorte hievon in Kenntnis.»

Auswanderratgeberbücher empfahlen die Beschränkung auf das Allernotwendigste für die Reise: Wollkleidung für ein Jahr, Leinenzeug und Wäsche, eine Aussteuer, Schuhe und Stiefel, Lebensmittel nur dann, wenn man sich auf dem Schiff selbst verpflegen musste. Alles musste in zwei Kisten Platz finden. Beim Auszug trugen die Auswanderer zuweilen festliche Tracht oder Sonntagsstaat, doch manche junge Männer verzichteten offenbar ganz bewusst darauf, um ihrer Lossagung von der Heimat und Herkunft Ausdruck zu geben. Typische Kleidung waren rote und blaue Wollhemden, derbe Südwesterhüte, wetterfeste Überzieher sowie breitkrempige Panama- und Strohhüte.

Der Zeitraum zwischen der Abreise von Deutschland und der Ankunft in Amerika umfasste vier bis sechs Monate. Zu Fuß, auf Pferdefuhrwerken oder etappenweise auf Schiffen und Lastkähnen begab man sich, alleine, in der Gruppe, manchmal in einer Art Karawane, auf den Weg zu dem Hafen, für den die beste Überfahrtsmöglichkeit in Aussicht gestellt worden war. Für die Reise mit einem vierspännigen Wagen zum Beispiel von Hessen nach Bremen mussten rund vier Wochen kalkuliert werden, nach 1843 dauerte es dank der neuen Dampfschiffe ab Hannoversch Münden nur noch 19 Stunden.

Die meisten der südwestdeutschen und Schweizer Auswanderer fuhren den Rhein entlang Richtung Norden, um zu den Häfen zu gelangen. Dabei waren mehrere Zollstationen zu passieren.

Die Fahrt nach Le Havre hatte den Vorteil, dass der Hafen näher am offenen Atlantik lag, das Risiko, tage- oder wochenlang in der Nordsee oder im Ärmelkanal hängenzubleiben, war damit geringer. Die Reisenden gingen das Risiko ein, lange auf einen freien Platz warten oder ganz nach Hause zurückkehren zu müssen, wenn die finanziellen Mittel schon zur Neige gegangen waren. Etwa 1200 deutsche Auswanderer saßen zum Beispiel im Juli 1832 in Le Havre fest, nachdem ihre finanziellen Ressourcen erschöpft waren. Weil unter ihnen die Cholera grassierte, gingen die Franzosen auf Abstand. Dem Wunsch der französischen Regierung folgend, bemühte man sich in Köln, die missliche Lage einer breiten Öffentlichkeit bekannt zu machen, um weitere Auswanderungswillige von der Reise in die Hafenstadt solange abzuhalten, bis man ein Arrangement für die Einschiffung gefunden hatte. Wohl auch in Reaktion auf diese weithin bekannt gewordenen Probleme verlangte die französische Regierung im Mai 1833, dass die ihr Land passierenden Auswanderer ein Visum vorlegten. Dieses wurde jedoch nur unter der Voraussetzung ausgestellt, dass das Familienoberhaupt mindestens 400 Gulden und jedes weitere Familienmitglied 200 Gulden in bar mit sich führte. Ähnliche Regelungen galten später auch für die Niederlande und Belgien. Alternativ konnte der Nachweis erbracht werden, dass die Überfahrt bereits bei einem Agenten bezahlt worden war.

Überfahrt im 19. Jahrhundert

Anfänglich war der Schiffsverkehr noch unzuverlässig, und die Koordination von Frachtgut, Plätzen für Passagiere und Abreiseterminen funktionierte nicht gut. Die deutschen Seehäfen spielten für den Passagierverkehr zunächst nur eine unbedeutende Rolle. Eine regelmäßige Schiffslinie zwischen Bremen und New York wurde 1822 eingerichtet, ein regelmäßiges Paketschiff folgte 1826. Das Gebiet des künftigen Bremerhaven hatte Bremen übrigens erst 1827 von Hannover erworben, um dort einen Hafen anlegen zu können, weil die Unterweser versandet und für Ozeanschiffe nicht zugänglich war.

Der Verkehr zwischen den Hafenstädten an Weser und Elbe und den Vereinigten Staaten nahm durch verstärkten Warentransport und eine wachsende Zahl von Auswanderern immer mehr zu, wobei sich Bremen zum Zentrum des deutschen Nordamerikahandels entwickelte. Die Schiffe fuhren das ganze Jahr über nach Baltimore, New York, New Orleans, Philadelphia und Charleston. Anfänglich schiffte sich nur ein kleiner Teil der Auswanderer in Hamburg ein, erst im Laufe der Zeit erhöhte sich dieser Anteil. Bremen konnte seinen guten Ruf durch eine effektive Überwachung der Transporte und Verordnungen, in denen zum Beispiel Nachweise der Seetüchtigkeit von Schiffen gefordert wurden, früh festigen. Hamburg hatte sich in Bezug auf das Auswanderergeschäft lange abwartend verhalten, änderte seine Haltung aber seit 1830, als absehbar war, dass mit dem Auswandererstrom dauerhaft zu rechnen war. Die Jahre danach begannen mit vergleichsweise geringen Zahlen, aber ab 1844 ist ein starker Anstieg zu verzeichnen. Insgesamt

211 000 Menschen begaben sich im Laufe dieses Jahrzehnts von Bremen aus in die USA, von Hamburg aus waren es nur rund 27 000. Für Hamburg sprach, dass die Schiffe direkt von dort abfuhren und man nicht erst mit kleinen, durch Staken bewegte Kähne nach Bremerhaven weiterreisen musste, was zwei bis drei Tage in Anspruch nahm. Dem stand in Bremen die bessere Erreichbarkeit für Auswanderer etwa aus Hessen oder Thüringen entgegen, die mit einem Lastkahn auf der Weser anreisten. Bald wurde die Eisenbahn für die Binnenreise immer wichtiger, es gab regelrechte Sonderzüge für Auswanderer.

Ab 1847 war Bremen von Hannover aus mit der Eisenbahn erreichbar, das wiederum mit anderen wichtigen Städten verbunden war. Die Seeschifffahrt sah sich angesichts des stark zunehmenden Passagieraufkommens vor neue Herausforderungen gestellt. Lange hatten die kleinen traditionellen Kaufmannsreedereien das Geschäft geprägt, bevor sie durch Aktiengesellschaften verdrängt wurden.

Einen wichtigen Impuls für Hamburg gab die 1847 erfolgte Gründung der *Hamburg-Amerikanischen Packetfahrt-Actien-Gesellschaft*, HAPAG, die ab Herbst 1848 eine Segelschifffahrtslinie zwischen Hamburg und New York betrieb. Die HAPAG konkurrierte nun in Hamburg mit der inhabergeführten Reederei *Sloman* – schon 1854 ließen sich jeweils mehr als 8500 Reisende mit beiden Linien in die Vereinigten Staaten bringen. Weitere Konkurrenten, die *Nord- und Südamerikanische Schifffahrtsgesellschaft* mit Seglern nach New York und Texas sowie Rübke & Woellme hielten sich nur wenige Jahre. 1857 wurde in Bremen der *Norddeutsche Lloyd* gegründet.

Die deutschen Reeder blieben in ihren Geschäften auch von der amerikanischen Regierung abhängig. Als diese im Februar 1847 die Transportbedingungen für Schiffspassagiere verschärfte, mussten manche Schiffe die Zahl der Passagiere auf die

Agenturen.

Hamburg-Amerikanischen Packetfahrt-Actien-Gesellschaft

Hamburg & New-York

eventuell Southampton anlaufend.

Adolph Godeffroy. H. J. Merck & Co. Joh. Schuback & Söhne. Albrecht & Dill. C. Woermann.

Hammonia, Cimbria, Allemannia, Germania,
Saxonia, Bavaria, Teutonia, Borussia,

alle 14 Tage Sonnabends	alle 8 Tage Sonnabends.					alle 14 Tage Sonnabends
5. Januar,	16. März,	27. April,	15. Juni,	3. August,	21. September,	9. November,
19. Januar,	23. März,	4. Mai,	22. Juni,	10. August,	28. September,	23. November,
2. Februar,	30. März,	11. Mai,	29. Juni,	17. August,	5. October,	7. December,
16. Februar,	6. April,	18. Mai,	6. Juli,	24. August,	12. October,	21. December.
2. März.	13. April,	25. Mai,	13. Juli,	31. August,	19. October,	
	20. April,	1. Juni,	20. Juli,	7. September,	26. October,	
		8. Juni,	27. Juli,	14. September.		

Auch zwischen

Hamburg & New-Orleans

von Hamburg am 1. October und 1. November,
New-Orleans „ 15. November „ 15. December

Passage-Preise, einschliesslich vollständiger Beköstigung, jedoch ohne Wein &c.:

HAMBURG, Januar 1867

August Bolten, William Miller's Nachfolger.

Auf diesem Plakat der Hamburg-Amerikanischen Packetfahrt-Actien-Gesellschaft (HAPAG) werden die «prachtvollen, auf das Solideste construirten und rühmlichst bekannten grossen Post-Dampfschiffe» angepriesen.

Hälfte beschränken. Für den Fall einer Überschreitung wurde mit der Beschlagnahme der Schiffe gedroht. Als zwei Bremer Reeder den Verkehr daraufhin ganz einstellten, stiegen die Preise für die Überfahrt vorübergehend auf das Doppelte, und viele wichen nach Rotterdam aus, wo sich die Ausreisewilligen zu Tausenden drängten.

In den Jahren mit besonders hohem Auswandereraufkommen brachten wegen der schlechten Behandlung der Passagiere und wegen ihrer Verwendung für Viehtransporte berüchtigte kleine Dampfschiffe die Reisenden zunächst in englische Häfen. Diese indirekte Route war auch eine Folge der traditionell engen Wirtschaftsbeziehungen zwischen Hamburg und England. Sie wurde dadurch begünstigt, dass manche Auswanderer von ihren bereits nach Amerika ausgewanderten Verwandten im Voraus bezahlte Fahrkarten besaßen, die für die Schiffsreise ab Liverpool gültig waren. Negativ schlugen Verständigungsprobleme der deutschen Reisenden mit der Besatzung zu Buche, auch Konflikte mit Iren kamen häufig war.

Im Kampf um die Reisenden waren eine reibungslose Anfahrt, die Information vor Ort und die Qualität der Beherbergung vor der Einschiffung wichtige Faktoren, um sich Konkurrenzvorteile zu verschaffen. Die nichtsahnenden Auswanderer wurden in den Hafenstädten oft Opfer von Betrügern, von Geldwechslern und Mittelsmännern, die überteuerte Gasthöfe empfahlen und dafür Provision kassierten. Die *Litzer*, wie sie in Bremen genannt wurden, und die *Buttjer* in Hamburg waren aufdringlich und warfen kein gutes Licht auf die Wirte und Geschäftsleute, in deren Auftrag sie unterwegs waren. In Reaktion auf diese Missstände wurden 1850 der *Hamburger Verein zum Schutze von Auswanderern* und, vom *Verein von Reedern und Schiffsexpedienten*, das Bremer *Nachweisungsbureau für Auswanderer* eingerichtet. Dort bekamen die Emigranten Aus-

Auswanderer mussten sich in den Häfen oft auf längere Wartezeiten gefasst machen.

künfte zu den Reedereien, Maklern und empfehlenswerten Gasthöfen. Mit dem Anstieg des Verkehrs über Hamburg in den darauffolgenden Jahren war die Kapazität des dortigen kleinen Büros schnell erschöpft, und die Aufgaben wurden von der staatlichen Auswandererdeputation übernommen. In Bremen zog man nach, hier behielten die Reeder stärkeren Einfluss, da die Kaufleute im Senat besonders stark vertreten waren.

Als der Zustrom der Auswanderer weiter anschwoll, mussten diese in Bremerhaven vielfach provisorisch in Ställen, Scheunen, auf Dachböden oder sogar in alten Kähnen untergebracht werden, wenn die Schiffe noch nicht abfahrbereit waren oder es keine Kapazitäten mehr gab. «Hier herrscht eine Schweinewirtschaft, von der sich kein Mensch eine Idee macht!», schrieb

1847 eine eingesetzte Prüfungskommission. Der Senat reagierte darauf mit Verordnungen, in denen Richtlinien für die Beschaffenheit der Auswandererunterkünfte festgelegt wurden. Für eine tatsächliche Entspannung der Situation sorgte erst das 1850 eröffnete und für 2500 Personen konzipierte Auswandererhaus. Allen überschwänglichen Beschreibungen des Logierhauses in der zeitgenössischen Presse zum Trotz war es äußerst spartanisch ausgestattet: Die Dimensionen waren so bemessen wie der Reisende sie bald im Zwischendeck des Schiffes vorfinden würde, und selbst – bei einem Bericht über eine Cholera-Epidemie unter den Bewohnern wurde es offenkundig – die Belüftung der zeitweise überbelegten Räume war ungenügend. Im Laufe der Zeit ließ die Belegung nach, weil die Auswandererzahlen mit der Weltwirtschaftskrise 1857 und während des Sezessionskrieges generell zurückgingen und die Abfahrten besser planbar waren, und als 1862 die Eisenbahnlinie nach Bremerhaven verlängert wurde, rentierte sich das Haus nicht mehr, 1865 wurde es schließlich geschlossen.

Die Verhältnisse auf den Schiffen ließen häufig weiterhin zu wünschen übrig. Im Februar 1847 ordnete der amerikanische Kongress eine Begrenzung der Zahl der Passagiere auf den Auswandererschiffen an, was zur Folge hatte, dass sich in den europäischen Hafenstädten die ausreisewilligen Menschen wieder einmal stauten. Einige Reedereien ließen die Schiffe dann im kanadischen Quebec anlegen, um den Beschluss zu umgehen. Noch in der zweiten Hälfte des 19. Jahrhunderts ereigneten sich einige spektakuläre Schiffsunglücke. Während der dritten Fahrt von Hamburg nach New York im September 1858 geriet das HAPAG-Dampfsegelschiff *Austria* mit 538 Passagieren an Bord durch unsachgemäß verstauten Teer in Brand und sank, nur 89 Menschen überlebten die Katastrophe. Das von der Hamburger Reederei *Sloman* betriebene Segelschiff *Leibnitz* mit rund 550 Reisenden erreichte nach siebzigtägiger Fahrt am 21. Januar 1868 New York und hatte etwa 100 Cholera-Opfer zu beklagen. Dort war unter dem Zwischendeck noch ein zusätzliches Deck eingebaut worden, das der von der New Yorker Einwanderungsbehörde bestellte Kommissar Friedrich Kapp als «vollständige Pesthöhle» beschrieb: «... dort waren 70 Tage lang 150 Menschen für den größten Theil der Zeit bei tropischer Hitze eingepfercht, bei spärlichen Rationen, vollkommen unzureichendem Wasser und Ausdünstungen von allen Seiten, die für sich allein Fieber und Epidemie im Gefolge haben mussten. Da vom Zwischendeck der Zugang auf das Verdeck einigermaßen schwierig war, so versäumten die Passagiere des oberen Zwischendecks es vielfach aus Bequemlichkeit, dort oben ihre Bedürfnisse zu verrichten, wodurch die Luft besonders für die Unglückseligen im untern Zwischendeck auf eine entsetzliche Weise verpestet wurde. Ein Arzt war nicht an Bord.» Weiterer Kritikpunkt war das Essen: «Zweimal wöchentlich wurden Häringe statt Fleisch gegeben, die Butter war ranzig und Bohnen und Sauerkraut oft so schlecht, dass die Hungrigen sie über Bord warfen.» Kein Wunder, dass bald von «Slomans Totenschiffen» die Rede war.

Schon seit 1850 wurden in deutschen Häfen Segelschiffe allmählich durch die technisch aufwendigen Dampfschiffe abgelöst. Die Fahrt mit den Seglern blieb dennoch bis in die 1870er Jahre attraktiv, kostete sie doch nur etwa die Hälfte. Im Unterschied zu den Segelschiffen bestanden die Körper der Dampfer aus Eisen und Stahl. Nur sie gaben den schweren Maschinen den nötigen Halt. Die Fahrtzeit konnte zunächst um die Hälfte und in den 80er Jahren des Jahrhunderts auf bis zu acht Tage verkürzt werden, man war nun auch nicht mehr so stark vom Wetter abhängig, und die Zahl der Passagiere ließ sich auf 600 bis 800 steigern.

Die Gründung des *Norddeutschen Lloyd* 1857 entsprach dem Wunsch nach Schaffung einer großen Dampfschifffahrtsgesellschaft für den Überseereiseverkehr – nach einigen Anfangsschwierigkeiten entwickelte sich der Lloyd zum Hauptkonkurrenten der HAPAG. 1872 kam die *Deutsche Atlantische Dampfschiffahrtsgesellschaft* oder *Adler-Linie* mit drei Dampfern für die Route Hamburg – New York als weiterer Konkurrent hinzu. Sie machte die Überfahrt angenehmer, weil sie das Zwischendeck in Kabinen für kleinere Gruppen unterteilte; auf anderen Schiffen wurden üblicherweise mehrere hundert Menschen in großen Schlafsälen untergebracht. Der schlechte Ruf des Transportes auf dem Zwischendeck hielt sich trotz aller Verbesserungen so hartnäckig, dass sich 1872 sechs Passagierlinien zur Abgabe einer gemeinsamen Erklärung genötigt sahen, in der sie die Einhaltung aller gesetzlichen Bestimmungen versicherten.

Hamburg gewann ab ca. 1870 als Auswandererhafen stark an Bedeutung und überholte für einige Jahre Bremen. Der Preiskampf machte den Unternehmen schwer zu schaffen, schon 1874 kaufte Hapag den Konkurrenten auf. Die Gesellschaften befanden sich zudem auch in Wettbewerb mit ausländischen Reedereien, und die wirtschaftliche Depression verschärfte die Konkurrenzsituation zusätzlich. Ab 1881 konnte der Hamburger Reeder Edward Carr die Reise mit dem Dampfschiff um ein Drittel billiger anbieten. Er drückte den Preis bis auf 60 Mark für die Passage (1 Mark entsprach zu diesem Zeitpunkt etwa 16 Euro), zudem brachte er seine Passagiere nur auf dem Zwischendeck unter; auf Kajütenplätze, die den anderen Gesellschaften als imagefördernd galten, verzichtete er ganz. Die Folge war eine deutlich erhöhte Bewegungsfreiheit an Bord des Schiffes. Ein Preiskartell zwischen HAPAG und Carr setzte diesem ruinösen Wettbewerb jedoch bald ein Ende. 1892 wurde in Hamburg der *Nordatlantische Dampfer-Linien-Verband* gegründet, in dem sich – zu unterschiedlichen Anteilen – der *Norddeutsche Lloyd*, die HAPAG, die amerikanische *Red Star Line* und die *Holland-Amerika-Linie* zusammenschlossen. Dieses erste internationale Schifffahrtsmonopol, dem später noch andere ausländische Gesellschaften beitraten, führte dazu, dass die Preise künstlich hochgehalten wurden. Die Allianz war in der Folgezeit von starken Spannungen geprägt. Zu dieser Zeit war die Organisation der Reisen von den Agenturen an die Reedereien zurückgegangen, die selbst ein dichtes Netz von Verkaufsstellen aufbauten.

Nach 1885 verlor die deutsche Amerika-Auswanderung an Bedeutung, und für das Reedereigeschäft wurden Reisende aus Ost- und Südosteuropa immer wichtiger. Daraus ergaben sich Engpässe bei der Unterbringung und Versorgung. Die HAPAG wurde 1892 verpflichtet, auf einem Grundstück am Amerikakai, wo die aus Osteuropa eintreffenden Züge seit der Cholera-Epidemie halten mussten, Baracken zu errichten. Ab 1901 dienten die auf der Veddel vor Hamburg auf Initiative des Reeders Albert Ballin gebauten Hallen der Hamburg-Amerika-Linie der Unterbringung dieser Transitwanderer. Nach einer wenige Jahre später vorgenommenen Erweiterung konnten in den mit Zentralheizung und elektrischem Licht vorbildlich ausgestatteten Unterkünften 5000 Auswanderer untergebracht werden. In Bremen fanden sie 1907 ihr Äquivalent in den Missler-Hallen, so genannt nach dem Hauptagenten des *Norddeutschen Lloyd*.

Informationsquellen für Auswanderer

Die Schriften über die Neue Welt schufen Amerikabilder, die sich an die Interessenlage der Empfänger anzupassen schienen – vielfach konnte man dort das finden, was man lesen wollte. Auch wenn von Schattenseiten und Risiken die Rede war, überwog der Eindruck, dass Amerika das Land der Träume und Hoffnungen sein müsse, wo billiges Land zu erwerben sei, einer selbständigen Existenz keine Schranken auferlegt würden, man ein hohes Maß an persönlicher Freiheit genießen könne und, wie es ein Auswanderer formulierte, «keiner vor dem anderen den Hut zu quetschen» brauche. Das Gegenbild vom armen «Kartoffelland» Deutschland und eben das ideale Ziel.

Natürlich wurden diese Bilder im Laufe der Zeit durch weitere Briefe, Erzählungen und Bücher präzisiert und auch korrigiert, dennoch blieb der Wunsch stark, etwas auf Amerika zu projizieren, das sich von der als negativ erfahrenen, eigenen Lebenswirklichkeit abhob. Als besonders prägend für das positive Amerikabild und als Auslöser für die Gründung mehrerer Auswanderungsgesellschaften in den folgenden Jahren gilt Gottfried Dudens *Bericht über eine Reise nach den westlichen Staaten Nordamerika's und einen mehrjährigen Aufenthalt am Missouri*, der 1829 zum ersten Mal gedruckt wurde (als «westliche Staaten» galten seinerzeit noch die Staaten des heutigen Mittleren Westens, weil der heutige Westen erst etwas später erschlossen wurde). Der aus Remscheid stammende, wohlhabende Jurist kam 1824 zunächst nach Maryland und dann nach Missouri, wo er Land erwarb und eine Farm bewirtschaftete. Duden malte die Verhältnisse in Amerika in den schönsten Far-

Auf diesem satirischen Stich aus den frühen 1820er Jahren wird die «Europäische Sehnsucht» der «Americanischen Befriedigung» gegenübergestellt. Vermutlich war der Künstler selbst nie in Nordamerika, sonst hätte er kaum Papageien und Affen in sein Bild aufgenommen.

ben und formulierte seinen Bericht in Briefform so eindrücklich, dass der Leser meinte, die Reise dorthin selbst erlebt zu haben. Von den «Wagen von Trauben», die sich in kurzer Zeit sammeln ließen, der Überfülle an fetten Hirschen und «Truthühnern» bis zum Garten, der «die besten europäischen Küchengewächse» hervorbringe, lieferte er jedes erdenkliche Argument für eine Auswanderung. «Die große Fruchtbarkeit des Bodens, dessen ungeheure Ausdehnung, das milde Klima, die herrlichen Wasserverbindungen, der durchaus freie Verkehr in einem Raume von mehreren tausend Meilen, die vollkommene Sicherheit der Personen und des Eigenthumes, bei sehr geringen Staatslasten, das ist es, was man als die eigentlichen Pfeiler der glücklichen Lage der Amerikaner zu betrachten hat. In welchem andern Lande der Erde findet man Dieses alles vereint?»

Die «wahre Lichtseite» der Vereinigten Staaten meinte er darin zu erkennen, dass sie «von den Uebeln der Uebervölkerung frei sei, ohne über Mangel an Menschen klagen zu müssen». Mit der wiederholten Beteuerung, dass alles Geschilderte auf eigenen Erfahrungen beruhe und «hierin nichts Uebertriebenes liegt und dass ich mich von der Wahrheit vielfältig überzeugt habe», versuchte er, seinen zum Teil fantastisch anmutenden Beschreibungen mehr Glaubwürdigkeit einzuhauchen. Indem er zum Beispiel das «Naturell und Temperament» der Nordamerikaner dem der Deutschen gleichstellte, versuchte er bestehende Vorbehalte zu entkräften. Er wehrte sich mit seiner Schrift auch gegen andere, die Amerika verteufelten: «In dem Transatlantischen gewahren sie den Gegensatz, und erklären es folgerecht unumwunden für das Reich des Bösen.» Um die Auswanderung zu einem Erfolg zu machen, empfahl er befreundeten Familien, zusammen aufzubrechen.

Duden selbst kehrte übrigens schon drei Jahre später aus nicht genannten Gründen wieder nach Deutschland zurück, was ein etwas schräges Licht auf seine Auswanderungsprosa wirft. Er wurde später auch verschiedentlich deswegen angegriffen, und den Lesern wurde empfohlen, nicht allen von Dudens Ausführungen Glauben zu schenken.

Duden war aber nicht der Einzige, der ein klischeehaftes Amerikabild nährte und mit Kritik an den amerikanischen Verhältnissen geizte. Von der «Aussicht in eine heitere Zukunft, die ihnen (den Auswanderern, Anm. d. V.) eine unverdrossene, anhaltende Tätigkeit verspricht» schrieb auch H. W. E. Eggerling in seiner 1832 erschienenen *Kurzen Beschreibung der Vereinigten Staaten von Nord-Amerika.* «Der rechtliche, kluge und tätige Mann lebt nirgends so gut, so frei, so glücklich als in Amerika, der ärmste besser als der in Europa zwei Stufen höher stehende», heißt es dort weiter. Ihre wirkliche Konjunktur erlebten die «Anleitungen», «Anweisungen» oder «Katechismen» unterschiedlicher Qualität – in etlichen Fällen handelte es sich nur um Reisebeschreibungen – ein Jahrzehnt später: Zwischen 1842 und 1852 wurden gut 300 solcher Bände veröffentlicht. Wichtige Quelle für Informationen über die Auswanderung waren daneben Publikationen wie die *Allgemeine Auswanderer-Zeitung – Ein Bote zwischen der alten und neuen Welt* (1846/47–1871) und die *Deutsche Auswanderer-Zeitung* (1852–1875). Hier konnte man auch Vergleiche zwischen den verschiedenen Häfen bezüglich der Versorgungssituation nachlesen.

Solche Schriften setzten einen gewissen Bildungsgrad voraus, Interessierte aus den unteren Bevölkerungsschichten, die einen signifikanten Teil der Auswanderer des 19. Jahrhundert stellten, erreichten sie deswegen kaum. Für sie kam Briefen von bereits Weggezogenen an die Verwandten und Freunde in der Heimat eine besonders wichtige Rolle zu. Diese «Amerikabriefe» sind Dokumente von Menschen, die sonst kaum Spuren in den Geschichtsbüchern hinterlassen haben. Sie gewähren Einblick in die Erlebnisse, Hoffnungen und Ängste, zuweilen über Jahrzehnte hinweg. Bis den Schreiber die Antwort auf einen Brief erreichte, vergingen noch um 1840 meist vier Monate. Wolfgang Helbich hat die Zahl der Briefe, die im Laufe des 19. Jahrhunderts von Amerika nach Deutschland geschickt wurden, auf etwa 100 Millionen geschätzt, was ihre «Kraft» als Faktor im Entscheidungsprozess erklären kann. Manche betrügerische Agenten haben im Bewusstsein der Bedeutung der Aussagen in solchen Schriftstücken fingierte, gekürzte oder umgeschriebene Briefe benutzt. Oft war es jedoch gar nicht notwendig, weil es den meisten materiell besser ging als in der Heimat und ihre Berichte in den Briefen, zumindest tendenziell, positiv ausfielen. Aber natürlich standen die Schreiber auch unter dem Druck, Erfolg zu demonstrieren. Junge Auswanderer ermunterten ihre in der Heimat gebliebenen Freundinnen dazu, ihnen zu folgen, und oft wurde die Ehe dann gleich nach der Ankunft geschlossen. In vielen Fällen lösten die Briefe sogenannte «Kettenwanderungen» aus, deren Ergebnis regionale Konzentrationen von Einwanderern waren, die aus demselben Dorf oder derselben Stadt kamen, denselben Dialekt sprachen und auch konfessionell eng miteinander verbunden waren. Wenn sich solche Übergangskulturen in ländlichen Regionen bildeten, wurden regionaltypische deutsche Merkmale besonders lange aufrechterhalten. Eine Heirat außerhalb des vertrauten Umfelds war oft nicht gern gesehen. Wenn sie erfolgte, war das ein Zeichen für die voranschreitende Eingliederung in die größere amerikanische Gesellschaft. In den *Little Germanies* der Städte war der Kontakt mit anderen – nach Überwindung von anfänglichen Sprachhürden auch über die Deutschamerikaner hinaus – dementsprechend intensiver.

Seit den frühen 30er Jahren des 19. Jahrhunderts entfalteten die Deutschen Gesellschaften wieder größere Aktivität. Sie un-

Solche Werbezettel wie für diese New Yorker Einwandererunterkunft wurden schon in den deutschen Häfen verteilt, damit sie «bei der Ankunft in *Castle Garden* am Hute oder vor der Brust» getragen werden konnten.

terstützten die sich immer häufiger in den schnell wachsenden Großstädten niederlassenden Deutschen bei ihren Bemühungen um eine zügige Arbeitsvermittlung. Da sich mit der Verschiebung der Siedlungsgrenze nach Westen der Anreiseweg verlängerte, stellte das die Gesellschaften nun vor die Herausforderung, den Transport mit Eisenbahnen und Dampfschiffen durch zuverlässige Informationen besser planbar und billiger zu machen und die Einwanderer vor sogenannten *Runnern* zu bewahren, die vielerorts versuchten, sie übers Ohr zu hauen. Wenn Gelbfieber-Epidemien auftraten, galt es, auf eine Verbesserung der Bedingungen an Bord der Inlandsschiffe zu drängen. Die *Deutsche Gesellschaft* von St. Louis war auch immer dann gefordert, wenn Passagiere in Schiffsunfälle verwickelt waren oder Schiffe wegen niedrigen Wasserstands auf der Strecke hängen blieben. In den Jahren vor 1850 gab es Gründungen in New Orleans und St. Louis, kurz danach in San Francisco, später auch in Portland, Seattle und Spokane, also im Nordwesten. Ein Anrecht auf Mitgliedschaft in der *German Benevolent Society of San Francisco* hatten dort Deutsche und solche, die die deutsche Sprache beherrschten. Jedes Mitglied zahlte einen Dollar pro Monat und wurde im Krankheitsfall ärztlich versorgt. Unterstützt werden konnten aber auch Deutsche in Notsituationen, die keine Mitgliedschaft erworben hatten. In Chicago erwarb sich die Gesellschaft bei der Unterstützung der vom großen Brand im Jahre 1871 betroffenen Deutschen große Verdienste.

Viele dieser Gesellschaften boten auch Einwandererfürsorge, wie zum Beispiel medizinische Hilfe, Unterbringung von Waisen oder Auslage von Reisekosten für die Weiterfahrt ins Landesinnere. In New York wurde das Tätigkeitsspektrum der Gesellschaft, den Bedürfnissen der örtlichen Bevölkerung folgend, noch breiter angelegt: Man initiierte ein Deutsches Krankenhaus, eine ambulante Krankenstation, eine Armenpflege, einen Rechtsschutzverein und eine Sparkasse. Vor allem in wirtschaftlichen Krisenzeiten um 1893 und um 1908 waren diese Dienstleistungen besonders gefragt.

Rückwanderung

Nicht immer war die Auswanderung nach Amerika eine bruchlose Erfolgsgeschichte, und es überrascht angesichts der Versprechungen der Agenten nicht, dass sich bei vielen Einwanderern bald nach ihrer Ankunft ein Realitätsschock einstellte, wenn sich Hoffnungen, etwa auf kostenlos zugeteiltes Siedlungsland oder ein grundlegend verbessertes Einkommen, nicht erfüllten und der Aufenthalt in Amerika dann nur eine Zwischenstation blieb. Besonders für das 17. und 18. Jahrhundert bleibt zu bedenken, dass eine Rückkehr wegen unzureichender Transportmöglichkeiten oder wegen der vergleichsweise hohen Kosten oft nicht zu realisieren war.

Die statistische Untersuchung der Rückwanderung wird durch die unübersichtliche Quellenlage erschwert. Selbst wenn Passagierlisten ausgewertet werden können, ist nicht offensichtlich, welche Personen Rückwanderer oder nur rückkehrende Besucher und Geschäftsleute waren. Die Frage, wie viele deutsche Rückwanderer es insgesamt gegeben hat, kann nicht beantwortet werden. Eine auf Hamburger Schiffslisten basierende Schätzung zeigt starke Schwankungen: Zwischen knapp fünf Prozent für das Jahr 1859 und knapp 50 Prozent für das Jahr 1875, also zu Zeiten wirtschaftlichen Abschwungs. Amerikanische Forscher beziffern die deutsche Rückwanderung für den Zeitraum von 1899 bis 1924 auf knapp ein Fünftel. Verfügbare Daten belegen die Tendenz, dass Rückkehrer eher jünger und unverheiratet waren und noch nicht die amerikanische Staatsangehörigkeit besaßen, sich also nur wenige Jahre dort aufgehalten hatten. Mit der Dauer des Verbleibs in Amerika sank die Wahrscheinlichkeit einer Rückwanderung.

Zahlen aus anderen europäischen Ländern zeigen unterschiedlich hohe Rückkehrquoten. Ein finnischer Wissenschaftler, der mit seinem Land ein vergleichsweise übersichtliches Terrain untersuchen konnte, beziffert die Rückwanderung zwischen 1830 und 1930 – und seine Schätzung basiert auf einer Untersuchung, die neben Statistiken auch Interviews und Biographien berücksichtigte – auf rund 20 Prozent. Besonders hoch fallen die Werte für Italien aus: In einer Studie, die den Zeitraum von 1899 bis 1924 berücksichtigt, wird die Zahl der Rückkehrer auf etwa die Hälfte angesetzt, was damit zu tun hat, dass die familiären Bindungen besonders ausgeprägt waren und viele allein reisende Arbeiter von vornherein nur eine begrenzte Zeit in Amerika bleiben wollten.

Nicht immer kehrten Emigranten zurück, weil sie in Amerika keinen wirtschaftlichen Erfolg hatten. Eine Statistik, die für das Jahr 1856 die finanziellen Ressourcen von württembergischen Auswanderern denen von Rückwanderern gegenüberstellt, belegt, dass letztere doppelt so hohe Mittel zur Verfügung hatten. Neben dem Gefühl oder der Feststellung, dass sich die mit der Auswanderung verknüpften Erwartungen, zum Beispiel auf eine Selbständigkeit, nicht erfüllt hatten, gab es viele weitere Gründe für diese Entscheidung. Zum Beispiel findet sich in manchen Rückkehrerbiografien das Motiv der Erwartung eines Erbes in der Heimat. Andere konnten sich nicht an die zum Teil sehr unterschiedlichen klimatischen Bedingungen gewöhnen oder sie erkrankten und die Behandlung erschien ihnen in der Heimat Erfolg versprechender. Vielfach kamen Deutsche auch dann wieder in die Heimat zurück, wenn der Entschluss zur Auswanderung nicht gut durchdacht gewesen war oder nur die Funktion gehabt hatte, den Militärdienst zu umgehen. Die Furcht vor einer bevorstehenden Einberufung zum Kriegsdienst ließ die Zahlen anschwellen, und kamen dann nicht noch andere gewichtige Gründe hinzu, war die Bereitschaft zur Rückkehr von vornherein stärker gegeben. Wieder anderen gelang es nicht, eine passende Ehefrau zu finden. Amerikanische Frauen erschienenen den deutschen Auswanderern oft weniger attraktiv, denn sie traten meistens selbstbewusster auf und waren nicht bereit, sich in die traditionellere deutsche Frauenrolle zu fügen. Auch Heimweh war in vielen Fällen ein wichtiger Faktor und besonders ausgeprägt, wenn die Auswanderung auf eigene Faust erfolgt war und Verwandte auch mit Hilfe von Briefen nicht dazu bewegt werden konnten nachzufolgen.

Für Kaufleute und Handelsgehilfen galt schon lange, dass ein Auslandsaufenthalt die beruflichen Aussichten auf dem heimischen Arbeitsmarkt verbessern helfen konnte. Ein in Amerika tätiger Kaufmann empfahl 1852 einem Hamburger Kollegen, seinen Sohn wenigstens ein Jahr dorthin zu schicken: «Diesen praktischen Blick und die Umgänglichkeit mit kaufmännisch gebildeten, sonst wenig polierten Personen erlernt man meiner Ansicht nach nirgends besser als in den Vereinigten Staaten, wo ein jeder an Geschäfte denkt und von Geschäften spricht und man daher, um etwas zu gelten, auch gezwungenerweise den Geschäften seine Geisteskräfte zuwenden muß.» Das Beherrschen der englischen Sprache und eine vertiefte Kenntnis der amerikanischen Geschäftsusancen erhöhten die Chancen auf gute Anstellungen vor allem bei Firmen, die Handelskontakte mit den Vereinigten Staaten unterhielten – eine Praxis, die dem Umherziehen der Handwerksgesellen ähnelt. Selbst wenn eine dauerhafte Auswanderung geplant war, konnten viele Handelsgehilfen ihr ursprüngliches Ziel nicht erreichen, sich in den USA als Kaufmann oder Kleinhändler selbständig zu machen, und die Rückkehr mit der Erwartung einer besseren Stellung als zuvor erschien vielen dann als die erstrebenswerte Alternative.

Die Diskussion über Auswanderung

Auswanderung war den Obrigkeiten lange ein Dorn im Auge. Sie wurde häufig als «Aderlass» betrachtet, der dem Land Substanz und Talent raubte. Die Untertanen galten als Wirtschaftsfaktor, mit deren Arbeitsleistung der Wohlstand des Landes vermehrt werden konnte. Die Vorstellung, Auswanderer würden ihr Hab und Gut außer Landes bringen, konnte nicht im Sinne eines Staates sein, dem es in erster Linie um seine Stärke ging, nicht notwendigerweise um das Wohlergehen seiner Bewohner. Zwar hatte Josef II., Kaiser des Heiligen Römischen Reiches Deutscher Nation, 1768 ein Edikt erlassen, das «alles Ausziehen teutscher Reichsunterthanen in fremde, mit dem Reich in keinerlei Verbindung stehende Länder» verbot, es erstreckte sich sogar auf die Beförderung von Auswanderungswilligen, dennoch oblag die Prüfung der Auswanderungsanträge den jeweiligen Staaten. Anders als zum Beispiel in Frankreich gab es keine Zentralgewalt, die in der Lage gewesen wäre, ihre Gegenmaßnahmen zu koordinieren.

Ausdrückliche Verbote der «Verziehung aus dem Lande» gab es kaum, die Methoden waren subtiler: Das funktionierte etwa, wie in Nassau-Usingen, indem man die öffentliche Versteigerung von Emigrantenbesitz reglementierte, anderswo behinderte man den Verkauf von Immobilien durch inakzeptable Preise, man erhob hohe Gebühren für den Abzug oder drohte mit Konfiszierung des gesamten Vermögens. Manchmal versuchte man auch mehr oder weniger erfolgreich, den Fluss der Informationen aus Amerika rigoros abzublocken, um den Gedanken einer Auswanderung im Keim zu ersticken. In anderen

Staaten wurde eine Rückkehr in die Heimat verboten. Eine der einschneidensten Maßnahmen, die ergriffen wurden, bestand in der 1753 erlassenen Verfügung Friedrichs des Großen, den Transit von Amerikafahrern durch sein Land zu untersagen, um zu verhindern, dass man dort von dem «Amerikafieber» angesteckt würde. Bei allen Hemmnissen hatten die Auswanderungswilligen immer die Möglichkeit, die Heimat illegal zu verlassen.

Vereinzelt gibt es Hinweise darauf, dass die Obrigkeit zum Nachdenken gebracht wurde: Fürst Wilhelm von Nassau-Dillenburg war 1709 derartig über den Auswanderungswillen seiner Untertanen erschrocken, dass er verfügte, die erhobenen Kriegssteuern zu mindern, ungerechte Beamte abzuziehen und den unter Not Leidenden mit Früchten, Wild und Almosen zu helfen. Herzog Eberhard Ludwig von Württemberg ordnete in demselben Jahr das Verbot des Verkaufs von Besitz zum Zwecke der Auswanderung an. Abgesehen vom Herzogtum Württemberg, wo allen Bürgern nach Begleichung ihrer Schulden die Auswanderung gestattet wurde, und zwar galt dieses Recht seit 1514 und noch bis 1811, war die Gesetzgebung bis ins 19. Jahrhundert durch eine generell negative Einstellung geprägt. In Hessen versuchte man der Auswanderung mit strengen Vorschriften entgegenzuwirken, selbst wenn es sich um verarmte Untertanen handelte. Beamte wurden angewiesen, das Vorkommen solcher Fälle unverzüglich der vorgesetzten Behörde anzuzeigen, und illegalen Auswanderern wurde dort in einer ab 1723 gültigen und später erneuerten Verordnung mit Zwangsarbeit gedroht. Als Hamburger und Bremer Kaufleute 1753 einen Werber nach Hessen schickten, um Auswanderungswillige für South Carolina zu finden, verbot die Regierung dem Agenten, sich in ihrem Land aufzuhalten.

Im 19. Jahrhundert lockerte sich die Haltung, weil man nicht mehr vorrangig um den Verlust der Arbeitskräfte besorgt war, sondern in der Auswanderung auch ein «Ventil» zu sehen begann, um die Überbevölkerung zu drosseln. Sie versprach, die Armenkassen zu entlasten und den im Lande verbleibenden Bürgern ein besseres Auskommen zu ermöglichen. Bald wurde das Recht auf Auswanderung in einigen Staaten gesetzlich festgeschrieben: In Württemberg erfolgte die Freigabe der Auswanderung schon 1803. Preußen, wo man lange selbst um Einwanderer bemüht war, folgte 1818, Hessen-Darmstadt 1820, und auch Hessen-Kassel änderte seine Verfassung 1831 in diesem Sinne. In Bayern wurde solch ein Gesetz erst 1871 eingeführt. Zu einer einheitlichen Regelung kam es schließlich 1897, als das «Reichgesetz über das Auswanderungswesen» mit umfassenden Bestimmungen für die Organisation der Auswanderung verabschiedet wurde.

Bevor der Verzicht auf die Bürger- und Heimatrechte und die offizielle Entlassung aus der Staatsbürgerschaft erklärt werden konnten, musste der Auswanderer seine Absicht öffentlich kundtun und eine Frist einhalten, damit etwaige Gläubiger Gelegenheit hatten, ihre Ansprüche anzumelden. Erst dann wurde der «Auswanderungs-Pass» ausgefertigt. Die Vermögensanzeige war Teil des Antrags, der beim Bürgermeister gestellt wurde. Viele waren versucht, ihre tatsächlichen finanziellen Ressourcen niedriger anzugeben. Wichtiges Kriterium für den «Auswanderungs-Consens» und die Entlassung aus der Staatsangehörigkeit war, dass die Reisekosten bezahlt werden konnten. In solch einem Papier wurde das Zielland genannt, und die in- und ausländischen Behörden wurden darin angewiesen, den Inhaber an den Bestimmungsort gelangen zu lassen. Die Regierung des Großherzogtums Hessen verfügte 1819 unter anderem den Hinweis an Auswanderungswillige, dass sie sich keine Hoffnung machen sollten, jemals wieder in die Staatsbürgerschaft aufgenommen zu werden. Wenn jemand heimlich das Land ver-

Königreich Württemberg.

Neckar Kreis. Oberamt Leonberg

Entlassungs-Schein.

Nachdem der ledige Schuhmacher Jacob Friedrich Mann

gebürtig von Flacht

die Absicht erklärt hat, ~~mit seiner aus~~

~~bestehenden Familie~~ nach Nord Amerika

auszuwandern, und deßhalb auf sein seitheriges Gemeinde-Bürger-Recht zu Flacht, so wie auf das diesseitige Staats-Bürger-Recht vermöge Urkunde vom 10. Octbr. 1857 verzichtet, auch die ihm gegen den württembergischen Staat gesetzlich obliegenden Verbindlichkeiten vollständig erfüllt hat, so wird demselben hiermit die nachgesuchte Entlassung aus dem diesseitigen Staats-Verbande ertheilt.

Gefertigt zu Leonberg den 26. Octbr. 1857

Königl. Württemberg.
Ober-Amt.

Bevor einer Auswanderung zugestimmt wurde, mussten mehrere Hürden überwunden werden. Die Entlassung aus der Staatsbürgerschaft, wie hier im Falle des Schuhmachers Jacob Friedrich Mann aus Flacht bei Leonberg im Jahre 1857, wurde dann mit solch einem Zertifikat bescheinigt.

ließ, wurde sein Vermögen beschlagnahmt und das Erbrecht ging verloren.

Da die Behörden umgekehrt wussten, dass sie die Menschen nicht wirklich von ihrem Vorhaben abbringen konnten, versuchten sie in einigen Fällen, die genauen Gründe für den Entschluss in Erfahrung zu bringen. Am 29. April 1817 wurde der Volkswirtschaftler und Reformer Friedrich List vom württembergischen Innenminister Karl von Kerner beauftragt, eine 600 bis 700 Köpfe zählende Gruppe von Auswanderern, die sich wenige Tage später in Heilbronn einschiffen würde, nach den Gründen zu befragen «und womöglich durch angemessene Belehrung von ihrem Vorhaben zurückzubringen». Wie die Umfragen ergaben, waren die hohen Abgaben, die Teuerung aufgrund von Missernten, der Mangel an Arbeit und die Hoffnung auf ein besseres Leben in Amerika die Hauptgründe. Die Hoffnung wurde, wie List vermutete, durch entsprechende Schilderungen in Briefen genährt, die unter den Auswanderern kursierten, und er ordnete weitere Untersuchungen in der Hoffnung an, aufklären zu können, ob sie in Wahrheit «einer holländischen Seelenverkäuferbande» entstammten, offenbar waren es aber Briefe früherer Auswanderer aus der Umgebung. List konnte mit seiner Befragung die Vermutung der Behörden widerlegen, dass es sich vor allem um «liederliche Leute» handelte. Seine Bemühungen, die Menschen von ihrem Vorhaben abzubringen, hatten keinen Erfolg: «Sie glauben nicht an die Beschwerden der Reise und dass sie auf der Seefahrt als Ware behandelt werden», hielt er in seinem Bericht fest. Seine Befragungen in Weinsberg und Umgebung belegten erheblichen Mangel an Lebensmitteln und dass die Gutsherren den Bürgern sogar die Saatfrucht verwehrten – um die hohen Kriegskosten wieder einzubringen. Um der größten Not abzuhelfen und die öffentliche Ruhe aufrechtzuerhalten, forderte List die unverzügliche Ausgabe von «ungefähr 700 Scheffel Dinkel und Einkorn». Er zog schonungslos Bilanz und erwähnte als eine weitere wichtige Ursache auch «Übelbehagen, das heißt Druck, Mangel an Freiheit in ihren bisherigen Verhältnissen als Staats- und Gemeindebürger», was in den Ohren der Regierung nicht schmeichelhaft klingen konnte. Er regte im Gegenzug eine allgemeine Vermögenssteuer an sowie die Kontrolle der Haushaltsführung einiger Gemeinden und der Tätigkeit von Auswanderungsagenten. Brandmarkte er gegen Ende der 1820er Jahre Auswanderung noch als «Menschenausfuhr» und «verderblichste unter allen Ausfuhren», die nicht von den deutschen Regierungen toleriert werden sollte, so charakterisierte er sie 1842 als «wohltätige Kraftäußerung einer lebensfähigen Nation» und unterstützte sogar ihre Förderung.

Manchmal wurden ernüchternde Berichte aus Amerika verbreitet, um Menschen von der «Auswanderungssucht» abzuhalten.

Hans von Gagern, Gesandter des Großherzogtums Luxemburg im Frankfurter Bundestag, der das Problem der Überbevölkerung früher als viele andere seiner Zeitgenossen erkannt hatte und fortan die Notwendigkeit einer gelenkten Auswanderung vertrat, ließ Moritz von Fürstenwärther die Auswanderung nach Amerika erkunden, was 1818 zur Herausgabe von dessen Schrift *Der Deutsche in Nord-Amerika* führte. Gagern beklagte, dass Auswanderer wie Geächtete behandelt wurden, und wünschte sich die Möglichkeit, den Prozess von privater Hand organisieren und steuern zu können, zugleich aber auch die Einrichtung einer staatlichen Auswanderungsfürsorge – ein Anliegen, dass er sowohl im Bundestag als auch in der Zweiten Hessischen Kammer wiederholt vorbrachte. Er schlug die Orientierung an der englischen Auswanderungspolitik vor, die gezielt die Verschickung ärmerer Bevölkerungsschichten in die Kolonien unterstützte.

Fürstenwärthers Bericht fand weite Verbreitung, womit Gagern, im Übrigen ein Anhänger der Bevölkerungslehre von Thomas Robert Malthus, sein vorläufiges Ziel erreicht hatte: die Aufmerksamkeit auf die Auswanderung als nationales Anliegen zu lenken. «Das Wohlergehen derer, die sich entfernen, bleibt mein wesentlichster Gesichtspunkt», äußerte er wiederholt. Von Gagerns Haltung wurde immer populärer, allerdings gab es unterschiedliche Meinungen, wie sehr die Auswanderung von staatlicher Seite zu fördern sei und unter welchen Bedingungen sie ablaufen sollte. Traugott Bromme schrieb 1831 über *Die freie Auswanderung als Mittel zur Abhülfe der Noth im Vaterlande* und sah sie als Instrument, um Spannungen zu verhindern. Bromme war auch Verfasser des in vielen Auflagen erschienenen *Hand- und Reisebuches für Auswanderer und Reisende.* Er war der Ansicht, dass die Auswanderung im Grunde deswegen von vielen konservativen Kräften abgelehnt werde, weil die Vereinigten Staaten ein Gegenmodell zum Obrigkeitsstaat darstellten, und fühlte sich später als «Apostel der Auswanderung» verhöhnt. Der Staatswissenschaftler Robert von Mohl formulierte 1835 im *Staats-Lexikon* unter dem Stichwort «Bevölkerung» schärfer, die Auswanderung solle in dem Maße erzwungen werden, wie es zur «Verdünnung der überflüssigen Menschenzahl und zur Wiederherstellung einer normalmäßigen Zahl» notwendig sei, und schloss zur Erreichung dieses Zieles nicht einmal die Einführung eines entsprechenden Gesetzes aus. Da es seiner Ansicht nach nur darum ging, die Zahl der Bürger zu vermindern, schlug er vor, dass zur Auswanderung Verpflichtete berechtigt sein sollten, eine Ersatzperson zu stellen und sich damit der Pflicht zu entziehen. Friedrich von Hundeshagen, der selbst zehn Jahre in den Vereinigten Staaten verbracht hatte und sich ein geeintes Deutschland wünschte, beklagte 1848 in einer Schrift an die Reichsversammlung, dass die bisherige Auswanderung meist nicht die ganz Armen umfasste, und forderte die gezielte Auswanderung des, wie er es zynisch formulierte, «überschüssigen» Proletariats.

Hinter dem Begriff «Auswanderungsverein» verbargen sich in ihren Zielsetzungen und in der Verknüpfung mit wirtschaftlichen Interessen unterschiedliche Vorstellungen. In vielen Fällen wollten die Vereine helfen, Mittel für die Überfahrt zur Verfügung zu stellen, zum Teil waren aber auch nationale Ziele mit ihrer Einrichtung verknüpft. Man wusste, dass die Ausreise in Gruppen die Sicherheit erhöhte, und strebte das Chartern eigener Schiffe an, um niedrigere Reisekosten durchsetzen zu können. Kurz vor der Jahrhundertmitte wurden in diversen deutschen Staaten solche Vereine gegründet, die jeweils vor Ort tätig wurden. Allein in Sachsen waren es 22.

Ende der 1840er Jahre erreichte die Auswanderungsdiskussion einen vorläufigen Höhepunkt. 1847 wurde der *Nationalverein für Deutsche Auswanderung und Ansiedelung* gegründet, der das Wochenblatt *Der deutsche Auswanderer* herausgab. Darin präsentierte er ein Programm für Reiseerleichterungen und eine verbesserte Betreuung in den Auswandererhäfen. Es ging dem Verein jedoch um noch mehr: 1848 richtete er sich mit der Bitte an die Nationalversammlung in Frankfurt am Main, mit ihm Verbindung aufzunehmen: «Eine der wichtigsten Erscheinungen der Neuzeit ist ohne Widerrede die deutsche Auswanderung, ihr riesiges Wachsen, dessen Fortgang wohl, dessen Ende man aber keineswegs abzusehen im Stande ist; zeugt dafür, dass sie tief im Leben der Nation wurzelt, dass sie als eine Sache der ganzen Nation zu betrachten und zu behandeln ist. … Gänzliche Gewissens- und Religionsfreiheit entbehrte der Deutsche schmerzlich und viele suchten sie im freien Amerika, weil das Vaterland sie ihnen nicht schenken wollte.» Im Oktober fand in Frankfurt unter Beteiligung von Mitgliedern der Nationalversammlung ein Kongress der Vereine für deutsche Auswanderung und Ansiedlung statt, und ein halbes Jahr später wurde der Nationalversammlung von ihrem Volkswirtschaftlichen Ausschuss ein Gesetzentwurf unterbreitet, das Hilfe und Fürsorge für die Auswanderer regeln sollte, unter anderem über die Einrichtung eines die Abläufe kontrollierenden Amtes. Eine Mehrheit stimmte zu, aber das Gesetz trat nie in Kraft.

Nach dem Scheitern der Revolution von 1848 gerieten die Auswanderungsvereine unter Druck, weil sie als Keimzellen des Aufruhrs verdächtigt wurden. Der sächsische Staatsmann Friedrich Ferdinand Graf von Beust, der 1849 einen Volksaufstand in Dresden hatte niederschlagen lassen, etwa mutmaßte, die Spitzen der Vereine würden der «Umsturzpartei» angehören, und sah in der Tätigkeit der Auswanderungsvereine etwas, das geeignet sei, die Unzufriedenheit zu verstärken.

Auch wenn der Kreis der Befürworter oder Dulder der Auswanderung größer geworden war, gab es weiterhin Stimmen, die sich dagegen aussprachen. Exemplarisch für diese Haltung ist der halbamtliche *Berliner Verein zur Centralisation Deutscher Auswanderung und Kolonisation*, der seine Tätigkeit im Juni 1849 mit dem Anspruch aufnahm, «die große Frage der deutschen Auswanderungs-Angelegenheit zur Lösung zu bringen», was in diesem Fall hieß, dem «Auswanderungs-Verlockungs-Wesen» entgegenzuwirken. Seine Position war konservativ und auswanderungskritisch, er wurde dafür vom preußischen Staat unterstützt. In einem Unter den Linden in Berlin gelegenen Büro half der Verein Ratsuchenden, und «nicht wenige» von den 2055 Auswanderungswilligen, so heißt es, hätte man von ihrem Entschluss abbringen können. In seinem ersten Rechenschaftsbericht beklagte der Verein den Verlust von

«Kräften und Kapitalien». Besonders bedauernswert sei die Auswanderung deswegen, weil «gerade solche das Vaterland verlassen, die noch mit einigen Mitteln und mit geistiger Kraft ausgerüstet sind, während alle Besitzlosen und schlaffen Elemente zurückbleiben, ihren Mitbürgen zur Last fallen, die Generation depraviren, und so den socialen Zustand in zunehmendem Verhältnisse verschlimmern.» Als treibendes Motiv für die Entscheidung wird der «Mangel an hinlänglichem Auskommen» genannt, aber auch Gründe, die in der Mentalität zu suchen seien: «die im Charakter des Deutschen beruhende Leichtigkeit, sein Vaterland aufzugeben, und sich andern Nationalitäten unterzuordnen, verbunden mit dem ihm inne wohnenden Wandertriebe».

Dem Verein war vor allem die Auswanderung in die Vereinigten Staaten ein Dorn im Auge, weil sich die Deutschen dort so stark assimilierten: «Bis jetzt hat Nord-Amerika die deutsche Auswanderung nur *ausgebeutet*, und mit unglaublichem Erfolge ausgebeutet. Soll denn aber der Deutsche immer nur der wohltätige Dung *fremder* Nationen bleiben, und niemals auch für sich eine Ernte sehen?» Man empfahl Mittelamerika und hatte anfänglich auch die Anbindung des Vereins an eine Kolonisationsgesellschaft projektiert. Einen signifikanten Überhang an Arbeitskräften wollte die Gesellschaft in offensichtlicher Verkennung der Situation nicht wahrhaben.

Um die Auswanderungswilligen von den Vereinigten Staaten als Ziel abzubringen, bediente man sich auch der Mitteilungen solcher deutschamerikanischer Vereine, die dieses Ziel – überraschenderweise – unterstützten. Die *Deutsche Gesellschaft* von New Orleans etwa hob Defizite bei den Schulmöglichkeiten, der ärztlichen Versorgung und den kirchlichen Angeboten hervor und schloss ihr 1852 verteiltes Flugblatt *An alle, welche auswandern wollen!* mit den Worten: «Mag es Euch auch für den Augenblick schlecht gehen, mag die Arbeit und der Verdienst fehlen, es kommen auch wieder bessere Zeiten. Wer fest auf Gott vertraut, redlichen Willen und kräftige Ausdauer hat, der ist auch in Deutschland noch niemals zu Schanden geworden!»

Die oft oberflächlich und emotional geführte Diskussion über Für und Wider der Auswanderung erreichte nach 1850 nicht mehr die Schärfe wie in den ersten Jahrzehnten der Massenauswanderung. Sie stand in engem Zusammenhang mit der Einschätzung der wirtschaftlichen Zukunft Deutschlands und kam zum Erliegen, als der Bevölkerungsdruck an Stärke verlor. Eine staatlich gelenkte Auswanderung wurde nicht erwogen. Dieses Thema kam erst nach der Reichsgründung in Zusammenhang mit der Forderung nach deutschen Kolonien auf.

Eine andere Wirklichkeit

Die Deutschen gelangten nach der Überfahrt in einen anderen Sprach- und Kulturraum, in ein Land, das sich in vielen Gesichtspunkten von allem bis dahin Gewohnten unterschied. Häufig wurde in den Briefen das unterschiedliche Klima beschrieben, dass die Jahreszeiten besonders im Süden und Westen erheblich von den in Deutschland gewohnten abwichen. In den entwickelten Gegenden wurde ein höherer Lebensstandard festgestellt, die Verfügbarkeit exotischer Früchte gelobt und hervorgehoben, dass es Äpfel das ganze Jahr über gebe. Oft wurde der hohe Fleischverbrauch der Amerikaner erwähnt, Fleisch werde dreimal am Tag aufgetragen, meist gebraten. Überrascht äußerte man sich darüber, dass Weißbrot, «weiß wie Schnee», als höherwertiger galt als dunkles Brot.

Der Reiz vieler Auswandererbriefe besteht in den Hinweisen auf Mentalitätsunterschiede, denen man bis heute in Amerika nachspüren kann. Vielfach wurden die fehlende Bescheidenheit, das kurzfristige Profitdenken, die «unsinnige» Rastlosigkeit und ein überhebliches Auftreten der Amerikaner gerügt und betont, wie sehr man dem «Firlefanz» fern bleibe und das einfache Leben schätze. Als schmerzlich wurde oft der Verlust an Gemütlichkeit empfunden, die in Amerika nicht zu finden sei.

Während man in Deutschland sehr um die Zukunft der eigenen Kinder besorgt war, beobachtete man in der neuen Heimat eine Sorglosigkeit, in der nur das Hier und Heute zu zählen schien. Der Wunsch nach schnell erreichbarem persönlichem Gewinn war stärker als der nach einer langfristigen, wenn auch vielleicht finanziell bescheideneren Perspektive. Geld wurde viel mehr geschätzt, selbst wenn es unter Einsatz von eher zweifelhaften Methoden erwirtschaftet wurde. Viele nahmen erstaunt zur Kenntnis, dass Angehörige höher stehender gesellschaftlicher Schichten zeitweise einfachen, nach dem Begriff der Deutschen unstandesgemäßen Hilfstätigkeiten nachgingen, um ihren Lebensunterhalt zu verdienen – eine Diskrepanz von sozialem Status und Berufstätigkeit, die in Deutschland undenkbar gewesen wäre. Es galten auch andere Regeln des geselschaftlichen Umgangs, zum Beispiel wurden als unvorteilhaft empfundene Verbindungen eher aufgelöst oder Heiraten schneller, dann vielleicht weniger gut durchdacht, geschlossen. Positiv dagegen wurde die besonders ausgeprägte Bereitschaft von Nachbarn vermerkt, sich in Notfällen untereinander zu helfen. Andererseits war die öffentliche Wohlfahrt viel schwächer ausgeprägt.

> «Der heiße Geschäftsdrang, das unaufhörliche Marktgewühl wird widerwärtig; die nackte, rohe Selbstsucht in der Politik, die grandiose Heuchelei im religiösen Leben tritt hervor; man empfindet das Unfreudige und streng Einförmige und Einseitige des amerikanischen Charakters; man merkt den Mangel tieferen geistigen Lebens, die Seltenheit wahrer Bildung bei aller äußeren Politur.»
>
> Franz Löher, *Die deutschen Auswanderer der gebildeten Stände in Nord-Amerika* (1853)

Mit Unverständnis begegneten Deutsche der Gepflogenheit, wegen krimineller Vergehen festgenommene Personen gegen die Zahlung einer Kaution oder Übernahme einer Bürgschaft auf freien Fuß zu setzen. Es erschien ihnen doppelt ungerecht und sie fühlten sich benachteiligt, weil sie, wenn sie einmal selbst in solch eine Situation gerieten, kaum in der Lage waren, sich auf diesem Wege daraus zu befreien.

Sophie Meineke folgte 1858 ihrem Mann Fritz, der schon 1853 Kalifornien erreicht hatte und dort in die Viehzucht und Milchwirtschaft eingestiegen war. Als sie in Gesellschaft von Amerikanern und einigen deutschen Familien von New York über Panama nach San Francisco reiste, schrieb sie, dass ihr die amerikanische Kochkunst gar nicht gefalle, und erwähnte die «höchst sonderbar» zubereiteten amerikanischen Gerichte, «von denen, obgleich ich nicht sehr eigen in dieser Hinsicht bin, es mir nicht möglich war zu essen». Verwundert registrierte sie Männer, die Köche «spielen», aber auch an den Anblick der Amerikanerinnen musste sie sich erst gewöhnen: «Treten alle sehr frei und ungeniert auf, scheinen sehr putzsüchtig, was sie dadurch zeigten, dass sie sich alle Augenblicke umkleideten, sehr große Crinoline (Reifröcke) trugen, und sie sogar ihren kleinen, zweijährigen Kindern anzogen. Haben aber alle, hoch so wie niedrig gestellte, etwas sehr gewandtes. Mein Urtheil über die Amerikanerinnen ist vielleicht etwas zu strenge, einige sollen sehr nett sein, aber auf dem Schiffe war keine, die mir gefiel.» Besonders in Erinnerung blieb ihr der Fall eines kleinen Mädchens, das kurz vor der Ankunft in Kalifornien verstarb. Während das Schiff einen Augenblick anhielt, um den in Leinen genähten Leichnam ins Meer zu werfen, wurde am anderen Ende des Schiffes getanzt und musiziert – eine Gleichzeitigkeit, die ihr einfach nicht in den Kopf wollte. Als besonders angenehm im Umgang mit den Amerikanern empfand sie «das Ungenirte» – «in dieser Hinsicht ist es ganz anders wie in Deutschland». Sie deutete hier an, was viele eingewanderte Deutsche als Bedrohung empfanden: die freiere gesellschaftliche Stellung der Frauen und die abweichende Rollenverteilung. Dem Stereotyp der deutschen Frau als häuslich, fleißig und pflichtbewusst stand das der um ihr Äußeres besorgten und verwöhnten Amerikanerin gegenüber. Wenn Friedrich Vulpius 1847 in *Amerikanische Erfahrungen. Winke und Warnungen für Auswanderungslustige* den Schaukelstuhl als «eigenthümliches, unentbehrliches und ausschließlich dem weiblichen Geschlecht zu Benutzung dienendes Möbel in jedem amerikanischem Hause» hervorhob und betonte, dass «Frau und Töchter ... einen großen Teil des Tages ... besonders in den Sklavenstaaten» damit verbrächten, sich darin «zur Kurzweil auf- und abzuschaukeln», mag es beim Leser Empörung oder Gelächter hervorgerufen haben, einem unvoreingenommenen und besseren Verständnis der Rechte und Aufgaben amerikanischer Frauen stand es im Wege. Dass deren Selbstverständnis zum Teil sehr fortschrittlich war, wollten viele deutsche Beobachter vielleicht gar nicht wahrhaben. Sie malten die Gefahr an die Wand, die Frauen könnten fortan ihre Aufgaben in Ehe und Familie vernachlässigen, und ihre Tugenden würden «amerikanisiert», also korrumpiert werden.

Mit den Erfahrungen in der neuen Umgebung veränderte sich naturgemäß der Blick der Einwanderer auf die alte Heimat. So sehr sie Familie und Freunde vermissten, erschien ihnen Deutschland aus der Entfernung eng und rückständig, in Amerika hatten viele das Gefühl, in der großen Welt angekommen zu sein und die Heimat mit ihrer «miserablen Kleinstaaterei» hinter sich gelassen zu haben. Andere schrieben jedoch auch von ihrer Einsamkeit und dem Unvermögen, Anschluss zu finden.

Während sich einige ganz bewusst einer Anpassung an die ungewohnten Verhältnisse verweigerten, identifizierten sich andere so stark mit der neuen Kultur, dass sie die Verbindungen zur ursprünglichen Heimat rigoros kappten, vielleicht auch, weil sie den Spagat nicht aushalten konnten oder wollten. Karl

Friedrich Wilhelm Wander rügte in seinem *Auswanderungskatechismus* (1852) jene Auswanderer, «welche sogar die empörendsten Mißbräuche, Ungehörigkeiten und Uebelstände vertheidigten, weil sie – amerikanische waren, und auf Deutschland die heftigsten Schmähungen ausstießen, obgleich sie noch die dieselben Beinkleider und den denselben Rock trugen, die sie sich in Deutschland erworben hatten».

Begegnungen mit Angehörigen anderer ethnischer Gruppen

Die deutschen Einwanderer fanden sich in Amerika in einer für sie ethnisch ungewohnt heterogen zusammengesetzten Gesellschaft wieder, die je nach betrachteter zeitlicher Phase und regionalem Ausschnitt in unterschiedlichem Verhältnis aus Angloamerikanern, Afrikanern, anderen Europäern, Mexikanern, Indianern und Ostasiaten bestand.

Von den deutschen Missionaren, die während der Kolonialzeit versucht haben, Indianer zu bekehren, und anderen deutschen Siedlern, die an der Siedlungsgrenze lange mit ihnen kooperierten, war bereits die Rede. Indianer wurden in deutschen Schriften des 18. Jahrhunderts als friedliebend, unschuldig und geradezu kindlich dargestellt. Wenn sie andere angriffen, so die Beschreibung zum Beispiel in Josua Kocherthals schon erwähntem Buch, habe sich das gegen Indianer gerichtet, nicht aber gegen Engländer. Natürlich wurde das Bild revidiert, als die Auswanderer tatsächlich mit Indianern in Kontakt kamen.

1826 waren die Lederstrumpf-Erzählungen von James Fenimore Cooper in deutscher Übersetzung erschienen. In Deutschland identifizierte man sich später eher mit den Indianern als mit den amerikanischen Trappern und Soldaten, und es existierte auch die Auffassung, sie als «Blutsbrüder» zu betrachten. Man sah in Indianern tapfere Individualisten, die nicht von kapitalistischen Werten korrumpiert waren. Wenn Auswanderer ihre Begegnungen mit Indianern beschrieben, offenbaren solche Aufzeichnungen die Klischees ihrer Zeit, manchmal das Bemühen um Verständnis und Sympathie. Hermann B. Scharmann, der 1849 mit seiner Frau und seinen Kindern von New York aus den fast 5000 Meilen weiten Weg an die Westküste zurücklegte, begegnete in Wyoming einer aus rund 230 Personen bestehenden Gruppe von Sioux: «Ihr Anblick war grotesk, ihr Erscheinen und ihre Tracht wunderbar», schrieb er. Als er sah, dass immer mehr Sioux herbeikamen, signalisierte er dem Häuptling, dass ihm dies lästig sei, woraufhin der Indianer einen mit einem lauten Ruf verbundenen Befehl gab und die anderen – wie vom Blitz getroffen – stehen blieben und sogleich umkehrten. Die Frau des Indianers schenkte Scharmanns Frau ein Paar mit Perlen bestickte Schuhe aus Hirschleder, was die Deutschen ihrerseits mit Gastgeschenken erwiderten. «Die neuartige Phisiognomie und das Benehmen dieses Mannes zogen mich sehr zu ihm hin; wir saßen bei einander und rauchten Taback – Schweigen und Deutungen bildeten unsere Unterhaltung.» Am nächsten Morgen folgte ein Besuch im Lager der Indianer, deren Hütten rund und nach oben spitz zulaufend und mit breiten Fellen bedeckt waren. Der Häuptling näherte sich, reichte Scharmann die Hand und beschenkte ihn mit getrocknetem Büffelfleisch. Es war eine friedliche Begegnung, bei der, so Scharmann, «die Wilden» ihm in jedem Fall nicht so schlimm vorkamen «wie viele Civilisierte.» Der deutsche Reisekolumnist A. Pflaume beklagte 1872, dass die Indianer, die er im Osten der Vereinigten Staaten antraf, «theilweise mit europäischer Kleidung versehen waren» und «nicht wild genug aussahen, um den Eindruck echter unverfälschter Indianer zu machen.»

> «Ihr lieben deutschen Bauern! geht nach Amerika! dort giebt es weder Fürsten noch Adel, alle Menschen sind dort gleich, gleiche Flegel ... mit Ausnahme freylich einiger Millionen, die eine schwarze oder braune Haut haben und wie die Hunde behandelt werden! Die eigentliche Sklaverey, die in den meisten

nordamerikanischen Provinzen abgeschafft, empört mich nicht so sehr wie die Brutalität womit dort die freyen Schwarzen und die Mulatten behandelt werden. Wer auch nur im entferntesten Grade von einem Neger stammt, und wenn auch nicht mehr in der Farbe, sondern nur in der Gesichtsbildung eine solche Abstammung verräth, muß die größten Kränkungen erdulden, Kränkungen die uns in Europa fabelhaft dünken. Dabey machen diese Amerikaner großes Wesen von ihrem Christenthum und sind die eifrigsten Kirchengänger. Solche Heucheley haben sie von den Engländern gelernt, die ihnen übrigens ihre schlechtesten Eigenschaften zurückließen. ... O Freyheit! du bist ein böser Traum!»

Heinrich Heine, Ludwig Börne: Eine Denkschrift, 1840

Vor ihrer Ankunft in Amerika dürften Deutsche Afrikaner nur in seltenen Fällen zu Gesicht bekommen haben. Schwarze gab es auch in Europa, aber ihr Wirkungskreis war dort auf aristokratische Haushalte beschränkt, wo sie als privilegierte Exoten, oft in farbenprächtigen Kostümen, beschäftigt waren. Als die Einwanderer nun Schwarzen in den amerikanischen Hafenstädten begegneten, waren sie oft über deren erbarmungswürdigen Zustand erschrocken.

Wenn deutsche Einwanderer in Staaten wie South Carolina, Missouri oder Texas lebten, wo viele Sklaven auf Plantagen beschäftigt waren, setzten sie dort meistens ihre aus Europa gewohnte traditionelle Wirtschaftsweise fort. Obwohl im Mittleren Westen konzentriert, gab es eine beträchtliche Anzahl von deutschen Siedlern in New Orleans, am Mississippi, in Missouri und Texas. Deutsche Sektenangehörige hatten im 17. Jahrhundert eine Erklärung gegen die Sklaverei verfasst, und die Achtundvierziger bekämpften sie später ebenso. Frederick Law Olmsted schrieb, dass die Deutschen «noch keine instinktive

Abneigung gegen die schwarze Farbe» hätten. Auch wenn sich nur wenige um die Rechtmäßigkeit der Sklaverei kümmerten, begriff er die Masse der Deutschen als politischen Einflüssen zugänglich, und ging davon aus, dass sie letztlich in den Sklavenhaltern «natürliche Feinde» sehen und gegen sie stimmen würden.

Dennoch gab es auch im Süden und nicht nur unter den Achtundvierzigern Beispiele für ein aktives Eintreten gegen die Sklaverei: Michael Hahn (1830–1886), ein prominenter Rechtsanwalt in New Orleans, der schon als Kind nach Amerika gekommen war und an der *University of Louisiana* studiert hatte, trat kontinuierlich und in verschiedenen Funktionen für die Sklavenbefreiung und die Sezessionsbewegung ein. Ab 1863 unterstützte er Lincoln, im darauffolgenden Jahr, inzwischen von den Demokraten zu den Republikanern übergewechselt, wurde er für ein Jahr Gouverneur von Louisiana. Nicht alle Deutschen von New Orleans, wie John Fredrick Nau herausgefunden hat, teilten die Haltung Hahns. Wenn auch nur wenige selbst Sklaven hatten, waren andere Deutschamerikaner für ihren geschäftlichen Erfolg mehr oder weniger direkt von der Sklavenarbeit abhängig, so dass sie sich für ihren Erhalt aussprachen. Die *Louisiana Staats-Zeitung* nahm im September 1855 die verquere Position ein, die Sklaverei zu verteidigen, obwohl sie sie eigentlich für falsch hielt. Sie charakterisierte sie als «moralisch verwerflich», war aber der Meinung, dass es den Schwarzen besser gehe als den Arbeitern in den Nordstaaten:

> «Wer soll den Werth der Neger bezahlen, wer soll ihre Arbeit ersetzen? Ist es möglich sie in gewissen Localitäten zu ersetzen? Und endlich was soll aus den befreiten, unglücklichen, unerzogenen Schwarzen werden, die wir eben um das spezielle Uebel

zu vermeiden, nicht mehr in unserer Mitte als ebenbürtige Bürger dulden können? Wollen die Abolitionisten sie nach Liberia senden?»

Franz (später: Francis) Lieber entwickelte die *Encyclopedia Americana* nach dem Vorbild des *Brockhaus-Lexikons*, beriet später Präsident Lincoln und konzipierte den sogenannten *Lieber Code*, einen historisch bedeutsamen Regelkatalog für die Kriegsführung. 1836 zog er mit seiner Frau von Philadelphia nach South Carolina, um dort einen Lehrstuhl anzunehmen. Gerne wird die Tatsache unter den Tisch gekehrt, dass er auch Sklavenhalter war. Während der mehr als zwanzig Jahre, die er im Süden verbrachte, so Hartmut Keil, kaufte er mehrere Sklaven und hielt in seinem Notizbuch einmal fest: «Es ist kein Unrecht da Sklaven zu haben wo Sklaverei existiert, u wo keine Emanzipation stattfindet. Wir wissen wir wollen sie gütig behandlen (sic), u sie sollen es bei uns so gut haben, wie sie es irgendwo haben könnten.» Gleichzeitig unterzog er das System aber einer schonungslosen Analyse und kam zu dem Schluss, dass Sklaverei «verkehrt» sei und es sich philosophisch betrachtet um eine «Absurdität» handle – eine Position, die er in verschiedenen Zusammenhängen variierte. Er benutzte zuweilen den Südstaaten-Euphemismus *servant* anstelle von *slave*. Auch weitere Fälle von deutschen Sklavenhaltern sind dokumentiert.

Jeffery Strickland hat für Charleston im Bundesstaat South Carolina herausgefunden, dass dort um 1860 etwa ein Viertel aller deutschen Haushalte Sklaven hatte, nämlich 72 von 281, auf die übrige Bevölkerung bezogen waren es etwa drei Viertel. Das Verhältnis zwischen deutschen Einwanderern und Afroamerikanern war «relativ positiv». Deutsche Händler verkauften zu einer Zeit Dinge des täglichen Bedarfs an noch versklavte und auch freie Schwarze, als nur wenige Angloamerikaner dazu bereit waren – wofür sie von letzteren auch angegriffen wurden. Ein besonders heikler Punkt war der illegale Verkauf von Alkohol, der zusätzlich Aggressionen gegen die deutschen Händler schürte. Die Begegnung in den Läden der Deutschen war damit für die Schwarzen vergleichsweise sicher und entspannt. Der deutsche Ladenbesitzer Jacob Reils wurde 1858 festgenommen, weil er fast sechs Monate einen entlaufenen Sklaven über seinem Laden versteckt gehalten hatte. Afroamerikaner nahmen nach dem Bürgerkrieg auch an den deutsch geprägten Schützenfesten von Charleston teil, die später in den *Mardi Gras of Charleston* übergingen, und bei einer dieser Gelegenheiten bildeten hundert schwarze Kinder einen Sängerbund. Es gibt Belege, dass Deutsche und Afroamerikaner in gemeinsamen Haushalten lebten, auch Partnerschaften und Heiraten – in den meisten Fällen zwischen deutschen Männern und afroamerikanischen Frauen – sind dokumentiert. 1867 verließ eine gewisse Augusta Finck ihren deutschen Mann für William Overtan, einen schwarzen Bürgerkriegsveteran, der mit beiden unter einem Dach gewohnt hatte – ein Fall, der Aufsehen erregte und über den in den Zeitungen von Charleston berichtet wurde, jedoch nicht in der *Deutschen Zeitung*. Das Paar wurde im Zug nach New York festgenommen und zurückgebracht. Später, nach der Wiederaufnahme der Südstaaten in die Union, waren solche Beziehungen von stärkeren Spannungen begleitet, und sie verschlechterten sich besonders, als die Deutschamerikaner in den 1870er Jahren dazu übergingen, eher die Demokraten als die progressiven Republikaner zu wählen. Die Demokraten waren hier im Süden, aber auch in einigen Städten des Nordens konzentriert. Afroamerikaner verstanden das als Unterstützung einer rückwärtsgewandten, rassistischen Politik, wenngleich für die Deutschen wirtschaftliche und steuerliche Gründe für die Wahl entscheidend gewesen waren. Für Sozialreformen empfänglich wurden die Demokraten erst zu Beginn des 20. Jahrhunderts.

Vor allem im Westen trafen Deutsche in der zweiten Hälfte des 19. Jahrhunderts auf Chinesen, die häufig wegen ihrer Zöpfe und ihrer für viele Ohren lächerlich klingenden Sprache verspottet wurden und immer wieder von rigiden Einwanderungsbeschränkungen betroffen waren. Sie wurden in großer Zahl beim Bau der Eisenbahnlinien beschäftigt, die den Westen sukzessive zugänglich machten. Ein deutscher Einwanderer schrieb 1873 über die «infamen Chinesen» und «Langzöpfe», «welche wie Heuschrecken ins Land fallen um wegzuschleppen ohne zu nützen», sie seien «die anerkannte Landplage». Doch es gab auch andere Sichtweisen: Der aus Schleswig kommende Georg Bendixen (1828–1912) wurde 1857 in San Francisco Teilhaber des Auktionsgeschäfts des Walisers Simon Lloyd Jones und hatte dort mit chinesischen Kaufleuten zu tun, die Tee, Zucker, Reis und Nussöl importierten. Sobald sie mit ihren Waren ankamen, schoss man ihnen Geld vor und verkaufte die Waren dann Gewinn bringend weiter. Für Bendixen waren die Chinesen aber nicht die sonderlichen *celestials*, über die man sich im Goldgräberrevier lustig machte. Seine Geschäftbeziehung mit ihnen war von so großem Vertrauen geprägt, dass sich Bendixen die Waren nur im Ausnahmefall rechtlich überschreiben ließ. Einzelne Händler standen ihnen mit zwanzig- bis dreißigtausend Dollar in der Schuld. Nur ein einziges Mal in acht Jahren gingen 3000 Dollar verloren, als ein langjähriger Geschäftspartner aus China nicht wieder zurückkehrte – Bendixens grundsätzlichem Eindruck konnte diese negative Erfahrung jedoch nichts anhaben: «Es waren hochrespektable, zuverlässige Geschäftsleute, und sie hielten darauf, dass man gut von ihnen dachte.» Er war mit ihnen persönlich verbunden, wenn auch die Teilnahme an den chinesischen Neujahrsessen «mit den unzähligen ungenießbaren Delikatessen ein zweifelhaftes Vergnügen» sei. Bendixen beschrieb die Chinesen als zuverlässiger als die angloamerikanischen Geschäftspartner.

Es gab Fälle, in denen die Beziehungen zwischen Deutschen und Auswanderern aus verschiedenen europäischen Ländern angespannt waren, befanden sie sich doch oft in Konkurrenz. Besonders offensichtlich wurde der Konflikt in den Jahren nach 1880 zwischen den Katholiken, von denen mehr als die Hälfte Iren waren. Zu Problemen kam es, wenn ein irischer Pfarrer vor deutschen, italienischen oder polnischen Gläubigen sprach. Irisch-amerikanische Geistliche hatten andere Vorstellungen als deutschamerikanische Katholiken, denen sie etwa im stark deutsch geprägten Milwaukee vorwarfen, eine Germanisierung der Kirche zu unterstützen. Ein Streitpunkt war die Alkoholabstinenz, die von den Iren verfochten wurde. Letztendlich setzten sich die amerikanischen Iren durch, sie prägten den US-amerikanischen Katholizismus nachhaltiger als die anderen eingewanderten Anhänger dieser Konfession.

Die andere kulturelle Wirklichkeit wurde auch in diversen in Deutschland publizierten Romanen und Berichten thematisiert. Friedrich Gerstäcker (1816–1872) bereiste das Land zuerst zwischen 1837 und 1843 und war dort in so unterschiedlichen Berufen wie Koch, Matrose, Farmer, Silberschmied und insbesondere Jäger tätig. Im Jahr nach seiner Rückkehr veröffentlichte er, basierend auf seinem Tagebuch, *Streif- und Jagdzüge durch die Vereinigten Staaten von Nordamerika*. Seine Bücher *Die Regulatoren in Arkansas* (1846) und *Die deutschen Auswanderer. Fahrten und Schicksale* (1847), *Die Flußpiraten des Mississippi* (1847) und *Wie ist es denn nun eigentlich in Amerika?* (1849) waren das Ergebnis dieser Jahre. Eine zweite mehrjährige Reise führte ihn ab 1849 unter anderem nach Kalifornien und eine letzte 1867 erneut nach Nordamerika und Mexiko. Ein anderes Beispiel ist der Theologe und Schriftsteller Carl Theodor Griesinger (1809–1884), der in den frühen 50er Jahren des 19. Jahrhunderts auswanderte, 1857 wieder nach Deutschland zurückkehrte und mehrere Bücher schrieb, in denen er seine Erfahrungen als Auswanderer verarbeitete: *Lebende Bilder aus Amerika* (1858), *Emigrantengeschichten* (1858) und *Die alte Brauerei, oder Kriminalmysterien von New York* (1859).

Amerikanische Vorstellungen von Deutschen

So interessant es ist, den Eindrücken der Einwanderer nachzuspüren, wenn sie zuerst mit amerikanischen Verhaltensweisen in Kontakt kamen, so aufschlussreich sind umgekehrt die Beobachtungen von Amerikanern Deutsche betreffend. Die Reaktionen der alteingesessenen Bevölkerung auf die oft in großen Gruppen eintreffenden Immigranten lassen sich nicht verallgemeinern: Sie waren abhängig von den gerade herrschenden und kaum genau vorhersehbaren Bedingungen, auch dem Zahlenverhältnis von Bewohnern und Neuankömmlingen. Oft war man besorgt, dass sie Seuchen verbreiten könnten, und immer wieder gab es, zum Beispiel in Philadelphia, Gesetzesinitiativen der Einwohner, die Passagierzahlen auf den Schiffen aus diesem Grund zu beschränken. Hinweise auf eine wirklich fremdenfeindliche Haltung der Engländer gegenüber den Neuankömmlingen oder einen ausgeprägten Nativismus lassen sich im 18. Jahrhundert kaum finden. Unstimmigkeiten gab es allenfalls in Zusammenhang mit unterschiedlichen kulturellen Bräuchen: 1751 war in Philadelphia die Angewohnheit der deutschen Bewohner, das neue Jahr mit Schüssen zu begrüßen, Anlass für eine Beschwerde vor der Assembly.

Der 1789 veröffentlichte Bericht des Arztes und Schriftstellers Benjamin Rush (1745–1813) *An Account of the Manners of the German Inhabitants of Pennsylvania* erwähnt, dass sich die Deutschen von den anderen Bauern des Staates dadurch unterschieden, dass sie haltbare Zäune errichteten und es verstünden, durch intensive Rodung den Boden besonders ergiebig zu machen – oft gelinge es ihnen, den Wert eines Stückes Land in wenigen Jahren zu verdoppeln. Den Pferden und Rindern werde besondere Pflege gewidmet, eine Überlastung des Viehs vermieden. Ihre Häuser seien schon aus der Entfernung an den Schornsteinen in der Hausmitte zu erkennen, und sie würden niemals Sklaven halten, nicht einmal schwarze Hausangestellte gebe es dort. Rush zitiert Sprichwörter wie «Eine fleissige Hausfrau ist die beste Sparbüchse», «Wer gut futtert, der gut buttert», oder in Bezug auf die für die Deutschen typische Warmhaltung der Tiere im Winter: «Eine gute Kuh sucht man im Stalle.» Rush stellt ihre Gastfreundschaft und Freundlichkeit heraus, auch ihre Liebe zur Musik. Integrität, Treue und Keuschheit seien ihnen wichtige Tugenden.

Natürlich waren solche Berichte stark von der Sichtweise und dem Erkenntnisinteresse des jeweiligen Autors geprägt. Neben wohlwollenden Darstellungen gab es andere wie die des puritanischen Geistlichen Timothy Dwight, Präsident des *Yale College*, der die Region um 1800 bereiste und den *Palatines* nicht einmal den Status einer «zivilisierten Gesellschaft» zu attestieren bereit war. Pikiert nahm er zur Kenntnis, dass sie nicht nur fast überhaupt kein Englisch sprachen, sondern nach seinen Erkundungen selbst ihre eigene Sprache immer schlechter beherrschten. Seine schärfste Kritik entzündete sich an ihrem moralischen Zustand: «Wenn man den Auskünften, die ich in der Gegend von achtbaren Personen erhielt, Glauben schenken kann, herrschen leider unter diesen Siedlern niedere Laster. Man hat oft Väter mit ihren Söhnen am Spieltisch gesehen, wo sie sich bemühten, einander Geld abzugewinnen, während sie sich anfluchten, sich der Lüge und des Falschgelds beschuldigten und beide zu später Stunde sehr betrunken waren.» Dwight entrüstete sich auch über den Umstand, dass er deutsche Frauen «Männerarbeit» verrichten sah, also Aufgaben außerhalb des häuslichen Bereichs, zum Beispiel auf dem Feld.

Er zog den Schluss, die beobachteten Deutschen gehörten «zu den ungebildetesten ihrer Nation». Abgesehen davon, dass seine Bemerkungen nicht gerade von Toleranz zeugen, waren rund ein Viertel der Deutschen tatsächlich Analphabeten.

Im Jahr 1854 besuchte der bereits erwähnte Journalist und Landschaftsarchitekt Frederick Law Olmsted (1822–1903), der kurz darauf den New Yorker *Central Park* gestalten sollte, Texas, wo er sich auch unvoreingenommen «nach dem Charakter der Ansiedler» der deutschen Niederlassungen erkundigte. Die Zahl der Deutschen im ganzen Staat bezifferte er auf «reichlich über 50 000». Er brachte in Erfahrung, dass es – offenbar einem bekannten Vorurteil entgegen – keinen Grund gäbe, «diese Leute für schlechte Nachbarn zu halten, sie seien vielmehr äußerst nützlich und werthvoll» und nicht hierher gekommen, um «viel Geld zu verdienen, sondern weil sie hier wohlfeiler leben zu können glauben, als in ihrer europäischen Heimath». «Neger» kauften, so erfährt Olmsted, sie nur, wenn sie die entsprechenden Mittel dafür hätten. Überhaupt seien sie «ganz ausgezeichnete Pioniere und können sich mit jedem Amerikaner messen». Wiederholt lobt er «ihre geistige Regsamkeit, ihren wissenschaftlichen Sinn und ihren verfeinerten Geschmack». Beflissen notiert Olmsted einige auffällige Gegensätze im Hause eines Deutschen: «In Kittel und mit langem Bart las dieser aus dem Tacitus vor, hielt in der einen Hand eine Pfeife und in der anderen ein Fleischermesser. In einem sehr einfachen Zimmer mit einem Madonnenbild wurde ihm Kaffee in Tassen aus Meißner Porzellan gereicht und auf dem Klavier eine Sonate von Beethoven gespielt, während er mit einem Fass als Stuhlersatz vorlieb nehmen musste. Sie geben sich nur wenig mit den Amerikanern ab, außer wenn Kauf und Verkauf sie dazu zwingt», ansonsten sei, so fährt Olmsted fort, ihr Verhältnis von «unverhohlener Neugier» und manchmal von «gegenseitiger Verachtung» geprägt. Die Ursache dafür sah er in den voneinander abweichenden «Manieren und Idealen».

> «Die Amerikaner haben den Vortheil, daß sie zuerst im Lande waren, daran gewöhnt sind, über Sclaven und Mexicaner zu herrschen, und daß ihre Sprache die vorherrschende ist. Sie besitzen mehr Capital, politischen Einfluß und sind dabei lärmend und voll unverschämter Anmaßung. Die Deutschen dagegen bewahren sich ihre Ruhe, gehen ihrem eigenen Geschäft nach, sind von Natur gesetzliebend und geduldig und lassen sich ohne vieles Murren regieren.»
>
> Frederick Law Olmsted, Wanderungen durch Texas, 1857

Für jede ethnische Minderheit, die in der amerikanischen Gesellschaft um die Anerkennung der Majorität rang, gab es Stereotype, die individuelle Unterschiede verschleierten und erhebliche Rückwirkung auf den Umgang miteinander hatten. Im 20. Jahrhundert lassen sich diese besonders anschaulich an Spielfilmrollen festmachen. Da gab es den sich lächerlich gebärdenden Chinesen mit schriller Stimme und Sprachfehler, das stets lächelnde schwarze Kindermädchen oder den irischen Boxer oder Trinker. Oft hatte die Verwendung solcher Stereotype – ob bewusst oder nicht – die Funktion, die Minderheit unter Kontrolle zu halten und ihren niedrigeren gesellschaftlichen Status zu zementieren. Der Mehrheit kamen sie gelegen, um intolerantes Verhalten zu rechtfertigen.

«Der Deutschamerikaner» war keine Ausnahme. Er galt als fleißig, gewissenhaft, gut ausgebildet, sparsam, ehrlich, familienverbunden und pünktlich, auch etwas förmlich. Wohlhabende und gebildete Amerikaner sahen eher solche positiven Eigenschaften, Angehörige unterer Schichten eher negative, weil sie die deutschen Einwanderer deutlicher als Konkurrenten um

Arbeitsplätze wahrnahmen. «Obwohl für amerikanische Verhältnisse etwas zu autoritär, wurde er für seine Fähigkeit bewundert, mit harter Arbeit materiellen Erfolg erreichen zu können. Ähnlich positiv war sein Ruf für technische Erfindungsgabe. Die Deutschen galten als intelligentes Volk, wenn auch in ihrem Denken etwas unbeweglich. Und bei ihrer Tendenz zur Genauigkeit zeigten sie manchmal auch hartnäckige und geradezu schamlose Verhaltenszüge», schreibt der amerikanische Historiker Frederick C. Luebke über das deutsche Stereotyp.

In Moritz von Fürstenwärthers Bericht war zu lesen, dass Deutsche bei den Angloamerikanern beliebter als Iren oder Franzosen seien. Dem gegenüber stand jedoch «eine große Geringschätzung der deutschen Nation und ihres Namens», was er der «politischen Nullität» und dem «Mangel an Selbstgefühl und der Arroganz» zuschrieb.

Die reaktionäre *American Party* oder *Know Nothing Party*, wie sie auch populärer genannt wurde, versuchte in den 50er Jahren des 19. Jahrhunderts, mit Verleumdungskampagnen Stimmung gegen die Einwanderer zu machen und ihren Einfluss zu bekämpfen. Bis zum Beginn der Masseneinwanderung aus Irland und Deutschland hatte die Bevölkerung der Vereinigten Staaten etwa zu zwei Dritteln aus Angloamerikanern und zu einem Drittel aus Einwanderern anderer Nationen bestanden. Dann verschoben sich die Verhältnisse und die angloamerikanische Hegemonie wurde bedroht. Diese Entwicklung machte sich der frühere Geheimbund, der ab 1854 den Status einer politischen Partei besaß, zunutze. Die Nativisten sahen in den auf dem Boden der Vereinigten Staaten geborenen Amerikanern die «wirklichen» Staatsbürger, es war im Kern eine *English-only*-Bewegung. Sie forderten, öffentliche Ämter ausschließlich mit Protestanten zu besetzen und Einwanderern erst nach 21 Jahren die Staatsbürgerschaft zu verleihen. Es war eine

Gegenreaktion auf die massiv wachsende Präsenz der katholischen Iren im Osten der Vereinigten Staaten, auf die der katholischen Deutschen im Mittleren Westen und auf die Radikaldemokraten, Freidenker und Atheisten aus Deutschland. Gerne wurde auch die Angst geschürt, der Papst könne an Einfluss gewinnen. Während dieser Jahre kam es zu diversen handgreiflichen Auseinandersetzungen, wenn Nativisten ihre Aggressionen auf Achtundvierziger und Turner richteten, etwa indem sie Picknicks und Feste überfielen. Die *Know Nothings*, die ihren Namen daher bezogen, dass sie auf Fragen stets mit «ich weiß von nichts» zu antworten angewiesen waren, bekamen bei den Präsidentschaftswahlen 1856 immerhin 874 000 Stimmen, konnten ihren Platz im Parteiengefüge aber auf Dauer nicht behaupten.

Zu dieser Zeit begann man auch, die Deutschamerikaner als stark dem Alkohol zugetan zu sehen. Der Besuch von Wirtshäusern war in jedem Fall ein integraler Teil ihres sozialen Lebens. Die Sichtbarkeit dieser Praxis verschaffte der Temperenz-Bewegung Zulauf, deren Bestrebungen einem mäßigen Genussmittelkonsum galten. Die Deutschen empfanden das als Angriff auf ihre Kultur und Lebensweise. Nachdem mehr und mehr Achtundvierziger nach Amerika gekommen waren, betrachtete man sie gerne als bärtige Revolutionäre, im Ersten Weltkrieg dann als an Menschenaffen erinnernde tumbe Soldaten.

Der «Vorteil» der Deutschamerikaner im Vergleich zu manchen anderen ethnischen Gruppen war, dass sie bei den gebildeten Amerikanern, von denen im 19. Jahrhundert immerhin rund zehntausend an deutschen Universitäten studiert hatten, auch die Erinnerung an bekannte und geschätzte Kulturschaffende wachriefen. Bach, Mozart, Beethoven oder Wagner sowie Kant, Goethe und Schiller trugen zur Wertschätzung der deutschen Kultur und indirekt oft zu einer positiven Wahrnehmung der deutschen Einwanderer bei. Auch Alexander von Humboldt, nach dem ein County im Norden Kaliforniens benannt wurde, war und ist eine besonders wichtige deutsche Persönlichkeit im amerikanischen Bewusstsein. Genau solche Traditionen und Personen waren es, auf die sich umgekehrt viele Deutschamerikaner beriefen, um sich von der als vielfach niedriger stehend wahrgenommenen amerikanischen Kultur abzugrenzen. Auch im Bildungsbereich orientierte man sich an deutschen Vorbildern: So übertrug man das von Wilhelm von Humboldt ersonnene Modell der Forschungsuniversität, für die Studenten erst nach dem Erreichen eines ersten akademischen Grades zugelassen werden durften, auf die *Johns Hopkins University* in Baltimore, die dann selbst zum Vorbild für andere führende Hochschulen wurde.

Arbeit in der neuen Heimat

Die Chancen für das berufliche Fortkommen der Einwanderer hingen von vielen Faktoren ab. Als entscheidende Voraussetzung für eine erfolgreiche Existenz galt die Bereitschaft, hart zu arbeiten und auch bis dahin ungewohnte Arbeiten zu übernehmen. Für ungelernte Arbeiter waren die Aussichten eines sozialen Aufstiegs nach der Auswanderung in der Regel besser als in Deutschland, vorausgesetzt sie waren bereit, sich neue Fähigkeiten anzueignen. Gelernte Arbeiter wurden in der Regel zwar besser bezahlt, mussten sich aber ebenso auf krisen- oder saisonbedingte Phasen der Arbeitslosigkeit einstellen oder darauf, dass Arbeitskampf Lohnausfall nach sich ziehen konnte. Oft wurde das höhere Arbeitstempo beklagt. Sich dem industriellen Produktionsrhythmus der Massenfertigung anpassen zu müssen wurde von vielen als Last empfunden: «Hier mus man schaffen wie Häll», heißt es 1882 in einem Brief eines Arbeiters.

In einigen Staaten wie zum Beispiel in Pennsylvania waren die Preise für Mieten und Waren so hoch, dass ein im Vergleich zu Europa besserer Lohn durch die höheren Lebenshaltungskosten aufgefressen wurde. Andere hatten Pech, wenn sie Berufe erlernt hatten, für die es in der Region, in der sie gelandet waren, keinen Bedarf gab. Schwer hatten es zum Beispiel Bergleute in Amerika im 18. Jahrhundert. Henry Melchior Mühlenberg erwähnte in seinem Tagebuch 1753 einen 80 Jahre alten, armen Bergarbeiter aus dem Harz, der in New Jersey auf eigene Faust nach Silbervorkommen suchen musste und sich mehr schlecht als recht über Wasser hielt.

Vielen Einwanderern gelang es – wenn auch erst nach Tilgung ihrer Redemptionsschulden –, Grundeigentum zu erwerben und fruchtbares Land zu kultivieren. Für sie waren die Voraussetzungen gut, in Amerika ein besseres Leben zu führen als in Deutschland, denn sie mussten keine hohen Feudalabgaben entrichten oder Jagdeinschränkungen beachten, außerdem genossen sie volle Bürgerrechte. Ihr protestantisch geprägtes Arbeitsethos war mit dem der Angloamerikaner vergleichbar und kompatibel, und als «Weiße» unterschieden sie sich von ihrem Aussehen her kaum von den Angloamerikanern.

> «Jetzt bin ich schon ¾ Jahr in Amerika, aber immer noch keine Stelle, d. h. Stellen gibt es genug für Sattler, aber sie sind schlechter als in Deutschland. … Im Anfang ging es gut, ich sattlerte und tapezierte für zwei, denn wenn ich am Geschäft bin, so muß es vorwärts gehen, aber die ganze liebe lange Woche fortzueseln und nicht mal einen vergnügten Sonntag, noch viel weniger einen blauen Montag zu haben, das war mir zu bunt. Das Leben in Buffalo ist ein wahres Hundeleben; man findet keine Kneipen, wo man sich lustig machen kann, nichts als langweilige, verdrießliche Gesichter.»
>
> Aus dem Brief eines Sattlers, 1862

Handwerker machten neben Arbeitern und Bauern im 18. und 19. Jahrhundert kontinuierlich einen hohen Prozentsatz unter den Eingewanderten aus. Berufe wie Brauer, Uhrmacher und Landvermesser, aber auch Bäcker, Zimmermann, Schreiner, Schmied, Schuhmacher und Fleischer brachte man lange mit deutschen Einwanderern in Verbindung. Dabei unterschied sich der berufliche Alltag im Detail oft erheblich: Abläufe waren anders strukturiert und die verwendeten Materialien waren vielfach andere. Zum Beispiel wurden Angeln und Türschlösser in Amerika lange aus Holz und nicht aus Eisen gefertigt, geschlachtete Tiere auf andere Art zerlegt und die Preise anders berechnet. Auch deckten sich die aus Deutschland vertrauten Berufsbilder in ihren Aufgaben nicht immer mit denen in Amerika. In manchen Berufen war die Arbeitsteilung durch den industriellen Vorsprung der Vereinigten Staaten so weit vorangeschritten, dass zum Beispiel in einer Fabrik tätige Schuster nicht mehr den gesamten Herstellungsprozess beherrschen mussten. Die Aufgaben von Wagnern, Gerbern, Färbern und Seilern hatten sich schon in Fabriken verlagert. Manche, die aus der Heimat ein ganz anderes Vorgehen gewohnt waren, verstanden das als Angriff auf ihre berufliche Ehre, andere sahen die grundsätzliche Gewerbefreiheit oder das Phänomen des häufigen Berufswechsels unter den Amerikanern als Bedrohung der Professionalität, mit der sie ihren Beruf bis dahin ausgeübt hatten. Gleichzeitig erlaubte die traditionelle und profunde Ausbildung, für die es in Amerika keine Entsprechung gab, den Handwerkern, wenn auch aufwendiger und langsamer, Produkte von höherer Qualität herzustellen, was ihnen einen Wettbewerbsvorteil verschaffen konnte. Zudem unterlagen sie in Amerika nicht dem Zunftzwang, die Hürden für eine Selbständigkeit waren also deutlich niedriger, wenn auch zuweilen die notwendigen Arbeitsgeräte fehlten.

Mit dem Strukturwandel in der zweiten Hälfte des 19. Jahrhunderts wurde es für Handwerker und Facharbeiter zunehmend schwierig, sich mit ihren inzwischen als überholt geltenden Qualifikationen auf dem Arbeitsmarkt zu behaupten. In der Metall- und Elektroindustrie waren speziellere Fertigkeiten gefragt, mehr Beschäftigungsmöglichkeiten gab es im Handel und im Kleingewerbe.

Deutsche Frauen hatten in Amerika zwar bessere berufliche Entfaltungsmöglichkeiten, nahmen diese aber nur begrenzt wahr, weil Arbeit außer Haus nicht mit der traditionellen Rollenvorstellung verheirateter Frauen in Einklang zu bringen war, außerdem hatten sie meistens mehrere Kinder zu versorgen. Eine Erwerbstätigkeit war nur in der Zeit zwischen Schulabschluss und Heirat üblich – typischerweise verdingten sie sich dann als Näherinnen, Verkäuferinnen oder Packerinnen. Witwen nahmen in der Regel nur dann eine Arbeit außerhalb des Hauses an, wenn sie nicht von ihren Kindern versorgt werden konnten.

Ein bedeutender Teil der neu angekommenen jungen deutschen Einwanderinnen arbeiteten als Dienstmädchen, im Jahr 1880 war es etwa die Hälfte aller berufstätigen Frauen. Ihre Anpassung an den Berufsalltag war oft von Problemen begleitet, mangelnde Sprachkenntnisse standen einer reibungslosen Verständigung im Haushalt entgegen. Wenn Dienstmädchen zunächst in deutschen Haushalten angestellt waren, wurden sie dort nicht weniger ausgenutzt. Mit der Zeit legten die Angestellten ihr in Deutschland übliches devotes Verhalten ab und waren nicht mehr bereit, alles hinzunehmen. Amerikanische Dienstmädchen traten von vornherein viel selbstbewusster auf. Der Lohn war – bei etwas höheren Lebenshaltungskosten – bis viermal so hoch wie in der Heimat, so dass sich die Kosten für die Überfahrt von etwa einem Jahreslohn bald rentierten. So konnte die in New York arbeitende Elisabeth Kleinegesse ihren Geschwistern 1859 schreiben, dass sie «vom Esel auf ein Schoene frei Pfert chestichen» war. Nach vier Jahren hatte sie bereits 600 Taler gesammelt, nach knapp sechs Jahren sogar 1200, und sie konnte mit ihrem Mann ein Gasthaus erwerben. Der Aufgabenbereich von Dienstmädchen unterschied sich in einigen wichtigen Punkten: In Amerika mussten die auf dem Land tätigen Dienstmädchen nicht mehr schmutzige Arbeiten in der Schweinezucht oder das Melken besorgen, ihre Aufgaben waren auf die Hausarbeit beschränkt. So sehr die deutschen Dienstmädchen im Zuge ihrer Arbeit amerikanisiert und ihre Sprachkenntnisse besser wurden – wirklich gleichgestellt waren sie nicht, in angloamerikanischen Kreisen blieben sie weiterhin lange «fremd». Auch mieden sie meist die fortschrittlichen amerikanischen Frauenvereine.

Die Landwirtschaft war für viele Emigranten von besonderer Bedeutung, noch von 1870 bis 1900 arbeitete ein Viertel der Deutschamerikaner in diesem Bereich. Obwohl der Preis für Land im Vergleich zu Deutschland gering war, mussten viele deutsche Einwanderer erst einige Jahre arbeiten, bis sie das Geld für einen eigenen Hof zusammen hatten.

Sie unterschieden sich von den amerikanischen Bauern insofern, als sie es schon aus der Heimat gewohnt waren, ihre intensiv bewirtschafteten Böden mit Mist zu düngen. Außerdem pflanzten sie nacheinander unterschiedliche Pflanzen, um Ermüdungserscheinungen des Bodens vorzubeugen. Bei der Auswahl der Nutzpflanzen passten sie sich den amerikanischen Gegebenheiten an und bauten Weizen und Mais an, für die es bereits einen etablierten Markt gab. Der erfolgreiche Aufbau einer Farm war alles andere als eine leichte Aufgabe, besonders in abgelegenen Regionen waren vielfältige und komplexe Fertigkeiten erforderlich.

Die Weinbautradition Missouris geht auf Deutsche und Italiener zurück: Die *Stone Hill Winery*, die Michael Poeschel 1847 dort aufzubauen begann, war später mit einer Jahresproduktion von etwa vier Millionen Litern der drittgrößte Weinhersteller der Welt. Auch der Achtundvierziger Friedrich Münch, der mit seinem Bruder Georg 1859 die *Mount Pleasant Winery* in Augusta anlegte, weil sie sich dort so sehr an die Heimat erinnert fühlten, zählt zu den Gründern dieser Industrie. Rheinländer wie der Achtundvierziger Julius Dresel haben in Kalifornien Weinberge angelegt und mit für das Klima besonders geeigneten Traubensorten experimentiert, ebenso der in Preußen geborene Karl (Charles) Krug, der im Napa Valley, nördlich von San Francisco, als erster Wein kelterte.

Eine recht detaillierte, wenn auch subjektiv gefärbte Momentaufnahme der Arbeitsmarktsituation für die höher qualifizierten Berufe bietet Franz Löher in *Die deutschen Auswanderer der gebildeten Stände in Nord-Amerika* (1853). Dieser war mit der Absicht nach dorthin gereist, «jenes merkwürdige Land und Volk selbst zu sehen» und einen Vergleich anzustellen mit dem «heimlichen Glücksbild», welches vielen Auswanderern «von Amerika herüberlächelt». Er hielt, wie er resümierend voranstellte, die Übersiedlung nach Amerika für die meisten Angehörigen der «gebildeteren Klassen» für «ein mißliches Unternehmen», führt dann aber weiter aus: Vor allem für deutsche Ärzte biete sich in Amerika ein geradezu «unerschöpfliches Arbeitsfeld», sobald sie sich mit den Besonderheiten der Krankheiten, von denen er meinte, dass sie dort viel schneller «einen scharfen Charakter» annehmen, vertraut gemacht hätten. Löher führte das auf das «heftig einwirkende Klima, die allgemeine Verzärtelung der Kinder trotz des ewigen Waschens und Badens derselben, das hastige Einschlingen des halbgebratenen Fleisches, des vielen Fettes, des warmen Brotes und halbgahren Kuchenteiges bei merkwürdig wenig Vegetabilien» und «die täglich fortgesetzte Vergiftung durch zahllose Pillen und Pülverchen» zurück. Er stellte allerdings auch fest, dass die deutschen Ärzte es bisher nur selten geschafft hätten, von «vornehmen englisch-amerikanischen Familien» konsultiert zu werden. Deutschen Zahnärzten empfahl er, sich die vielfältigen neuen Methoden anzueignen und mit diesem Wissen nach Deutschland zurückzukehren. Die «blühenden Geschäfte» der Apotheker versprächen schnellen Wohlstand. Mittel würden marktschreierisch ganzseitig beworben, und da eine Gesundheitspolizei ganz fehle, gäbe es keine Beschränkungen. Tatsächlich haben sich deutsche Apotheker in den größeren Städten bevorzugt in der Nähe der deutschen Ärzte angesiedelt und einen guten Ruf erworben. Chemikern empfahl er, eine «Empfehlung von Liebig» in der Tasche zu haben, wenn sie eine Anstellung suchten. Da es bisher nur wenige chemische Fabriken gebe, sei diese Arbeit durchaus Erfolg versprechend. Schwieriger sei es dagegen für Lehrer, eine auskömmliche Stelle zu finden, zu sehr seien das Schulwesen und die wissenschaftliche Bildung dort noch «auf den unteren Stufen», und in der Regel würden einheimische Bewerber bevorzugt, obwohl sie schlechtere Kenntnisse mitbrächten als die deutschen, was Löher darauf zurückführt, dass sie «sich nicht so gewandt, leicht und gefällig zu geben» wüssten. Ein Problem bestünde auch darin, dass sich Eltern «durch den Zwang der puritanischen Sitten und Ansichten» in die Erziehung einmischten. Doch es gebe auch Vorteile: «Die Schulbücher und die ganze Lehrmethode sind äußerst praktisch eingerichtet; durch bildliche Darstellungen, durch stete unmittelbare Anknüpfung an die lebendige Gegenwart wird jeder Lehrgegenstand anschaulich und interessant gemacht.» Das Ziel der schulischen Erziehung liege weniger in der bloßen Vermittlung von Wissen, sondern sei eher als Anleitung zu verstehen, «in jeder Sache sich halberlei zurecht zu finden und zu jedem Unternehmen Muth zu haben».

Für Theologen sei es generell einfach, eine Gemeinde zu finden, die sie annehme, und sie hätten auch die Freiheit, ihre religiösen Überzeugungen nach ihren Ansichten zu vertreten. Es gebe bisher nur wenige von der *bar association* (der amerikanischen Rechtsanwaltskammer) anerkannte deutsche Juristen. Das deutsche Rechtssystem sei eine gute Schule, dennoch bestünde die Herausforderung darin, «im Rechtswirrsal des amerikanischen Civilrechts heimisch zu werden» und sich vor Gericht überzeugend auszudrücken. So schwer es auch für Ingenieure sei, in Amerika erst einmal Fuß zu fassen, wenn einer seine Tätigkeit mit Geschick verrichte und die Maschinen einfacher und schneller zu bauen verstehe, könne er später vielleicht sogar selbständig arbeiten. «Immer aber bietet einem solchen das Land den Vortheil, dass er eine glückliche Idee viel eher auf den Markt bringen kann, als in Deutschland. Hier müssen so manche Talente sich abarbeiten, ehe sie zur Ausführung einer Erfindung Gönner und Unterstützung finden; in Amerika sinnt gleichsam das ganze Volk tagtäglich auf industrielle Erfindungen und Verbesserungen und greift zu, wo ihm eine Idee geboten wird, die sich nutzbar erweisen kann.» Auch Architekten brauchten eine gewisse Zeit, bis sie sich ihren Platz gesichert hätten. Auf städtische wie kirchliche Auftraggeber dürften sie jedoch kaum zählen. Darüber hinaus stellten die zweckmäßigen Bürgerhäuser, die direkt bestellt würden und «gleichsam fertig aus der Fabrik» kämen, keine Herausforderung dar: «Um mit diesen Baumeistern glücklich zu konkurriren, muß man erst gründlich das Kaufmännische des Geschäfts lernen; einträglich ist es zwar, aber für den wirklichen Architekten bleibt es doch eine einförmige Beschäftigung.»

Johann August Röbling (1806–1869)

Nach dem Studium an der Königlichen Bauakademie zu Berlin entwickelte Röbling früh den Wunsch auszuwandern. Schon in Westfalen entwarf er Hängebrücken; Pläne, die jedoch nicht umgesetzt wurden. 1831 zusammen mit seinem Bruder in Pennsylvania angekommen, gründete er den Ort Germania (später Saxonburg). Nach einiger Zeit in der Land wirtschaft und bei Vermessungen von Eisenbahntrassen über die Appalachen entwickelte er in seiner Werkstatt besonders tragfähige Drahtseile und wurde bald mit dem Bau von Brücken beauftragt. Inzwischen war er nach New Jersey umgezogen. Achtung erwarb er sich zunächst mit einer 1855 fertiggestellten zweistöckigen Brücke über den Niagara River, die obere Etage für Eisenbahnen, die untere Etage für Fahrzeuge und Fußgänger. 1865 begann er mit den Planungen für die Brooklyn-Brücke, erlitt aber 1869 bei Vermessungen einen Unfall, in dessen Folge ihm mehrere Zehen amputiert werden mussten. Wenige Tage später verstarb er an Tetanus. Nun setzte sein ältester Sohn Washington die Arbeiten fort. Als dieser schwer erkrankte, übernahm seine Mutter Emily Warren die Leitung für das Bauwerk mit einer Spannweite von 486 Metern. Da die beiden Brückentürme aus Granit bestehen, waren aufwendige Arbeiten notwendig, um sie im Grund verankern zu können. 1883 wurde das Bauwerk schließlich fertiggestellt.

Auf Anhieb ergiebige Beschäftigungsfelder gebe es für *Portraitisten*, hielt Löher fest, und zwar insbesondere dann, wenn sie es verstünden, «die Personen etwas schauspielerisch in's Licht zu stellen.» Ähnlich Maler, denen es gelänge, «schnell skizzierte Landschaften und kleine amerikanische Genrestücke» zu schaffen, und Bildhauer, die sich «auf Büsten und Grabdenkmäler» verlegten. Musiker, ob darbietend oder lehrend, seien ebenfalls gefragt und würden «sogar den Italienern» vorgezogen: «Jeder strebt nach modiger Bildung, und etwas Musik gehört nun einmal unumgänglich dazu», auch wenn es nur darum gehe, einige der besonders beliebten Stücke «fertig abzuspielen und abzusingen, und der Deutsche möchte sich manchmal gern verstopfte Ohren wünschen». Vergleichbar äußerte sich Löher zu den Aussichten für Kupferstecher, Holzschneider und Lithographen. Diese könnten zwar ihr Auskommen finden, anspruchsvollere künstlerische Aufträge blieben ihnen jedoch wegen der starken Konkurrenz von Seiten der Amerikaner verwehrt; gefragt seien vorzugsweise Visitenkarten, Bilder für Schulbücher sowie Zeichnungen von Maschinen und Produkten.

Gelehrten und Literaten, die in Amerika der «literarischen Luft» zur Anregung für ihre Arbeit entbehrten, gelänge es nur unter der Voraussetzung, dass sie Geschäftssinn mitbrächten, «Glanz und Geschrei um sich zu verbreiten» und es verstünden, aus den Wissenschaften das Populäre herauszuziehen, wenn sie jenseits des Kreises der Schüler und Kenner gelesen werden wollen. Dass Schriftsteller wie Ralph Waldo Emerson gerade dabei waren, eine originär amerikanische Literatur zu etablieren, blieb Löher nicht verborgen, dem bewusst war, wie sehr «die einheimische Literatur durch die englische gefangen gehalten wird». Und er nahm auch eine Anzahl von deutschen Gelehrten und Publizisten wahr, «welche das Englisch-Amerikanische vortrefflich handhaben», fügte jedoch einschränkend hinzu: «Wer aber in schwerfälliger Form seine Gedanken äußert, wird im Englischen nie Glück machen.» Die deutsche Zeitungsschreiberei bezeichnete er als «das am meisten vergiftete Brod, welches in Amerika gegessen wird», die, die es betrieben, würden sich «persönlich und öffentlich befehden».

Karl Follen (1796–1840)

Der ältere Bruder von Paul Follen fasste schon in den 20er Jahren des 19. Jahrhunderts Fuß in Amerika. In Deutschland hatte er an der Jenaer Universität Vergleichende Literaturwissenschaft gelehrt und wesentlichen Anteil an der Gründung der Burschenschaftsbewegung gehabt. Seine Mitgliedschaft in einer Geheimgesellschaft und der Verdacht, bei dem Attentat auf den Schriftsteller August von Kotzebue beteiligt gewesen zu sein, brachte ihm ein Lehrverbot ein. Später erhielt er einen Ruf an die Universität Basel, musste den Posten aber auf Druck der preußischen Regierung niederlegen. Über einen Kontakt zum Marquis de la Fayette, einem französischen Revolutionär, der schon 1777 nach Amerika gegangen war, floh er 1824 dorthin und unterrichtete bald deutsche Literatur an der *Harvard University*, verfasste populäre deutsche Lesebücher und half, Turnen als Lehrfach einzuführen. Seinen Posten an der Universität verlor er 1832, weil er für die Abschaffung der Sklaverei eingetreten war. Zu seinen Freunden zählte auch der amerikanische Schriftsteller Ralph Waldo Emerson. Später engagierte er sich in kirchlichen Projekten und soll den Weihnachtsbaum in Neuengland eingeführt haben.

Franz Boas (1858–1942)

Boas, Mitglied einer deutsch-jüdischen Familie, studierte in Heidelberg und Bonn und promovierte in Kiel. 1886 emigrierte er in die USA. Von 1899 bis 1936 war er Professor für Ethnologie an der *Columbia University*. Er forschte zunächst bei den Inuit (Eskimos) auf Baffinland, später bei den Kwakiutl im Pazifischen Nordwesten. Mit der von ihm um die Jahrhundertmitte geleiteten Forschungsreise, die sogenannte *Jesup North Pacific Expedition* nach Alaska und Sibirien, konnte er die asiatische Herkunft der Indianer Nordamerikas belegen. Boas prägte eine ganze Generation von Ethnologen:

Zu seinen Studenten zählten unter anderem Edward Sapir, Ruth Benedict, Margaret Mead, Gilberto Freyre und Zora Neale Hurston. Viele seiner Doktoranden riefen an amerikanischen Universitäten Studiengänge für Kulturanthropologie ins Leben. Boas engagierte sich gegen Rassismus und Nationalsozialismus.

Löher stellt Gewinn und Verlust der Auswanderung gegenüber: Er rechnete Amerika positiv an, dass es dort möglich sei, sich früher «einen eigenen Hausstand mit mäßigem Einkommen» zu schaffen, allerdings büße der Auswanderer dafür einen großen Teil des geistigen und auch geselligen Lebens ein, an das er aus Deutschland gewöhnt ist, und der Genuss der bürgerlichen Freiheit werde durch die «Herrschaft einer anderen Nationalität» beschränkt, «welche ihn in vielen Beziehungen mit sozialer Unfreiheit umgiebt». Sein Fazit: «Von der ganzen Masse der deutschen Einwanderer geräth in Amerika ein Fünftel in's Elend; ein anderes Fünftel bekommt es unter schweren Mühen und Leiden höchstens eben so gut, wie es ihm hier erging; zwei Fünftel haben vollauf zu leben, aber sie müssen auch strenger bei der Arbeit sein, als sie hier es jemals gewohnt waren, kaum das letzte Fünftel freut sich recht der goldenen Früchte.» So unterschiedlich die Aussichten in den verschiedenen Berufen waren und so sehr es dabei auch auf persönliche Kontakte ankam, bleibt doch festzuhalten, dass Arbeitsmöglichkeiten für deutsche Einwanderer grundsätzlich vorhanden waren und sie zu dieser Zeit kaum wegen ihrer Herkunft benachteiligt wurden.

Die Liste deutschamerikanischer Unternehmer, die im 19. Jahrhundert wirtschaftlich erfolgreich waren, ist lang. An dieser Stelle sollen nur einige besonders markante Beispiele genannt werden: Der Hannoveraner Claus Spreckels (1828–1908) handelte seit den 1860er Jahren mit Zucker, erwarb Plantagen in Kalifornien und Hawaii und dominierte den Handel auf diesem Sektor. Kurz vor der Jahrhundertwende war sein Unternehmen *Bay Sugar Refinery Company* die weltweit größte Zuckerraffinerie. Der Pfälzer Friedrich Weyerhäuser (1834–1914), zunächst als Holzhändler in St. Paul tätig, kaufte Waldgebiete auf und galt schon bald als Holzmagnat des Westens. Die Weyerhaeuser Corporation ist auf dem Markt für Holzprodukte bis heute ein Begriff. Der Speyerer Heinrich Gustav Hilgard (1835–1900) stieg unter dem Namen Henry Villard nach einem Umweg als Journalist für mehrere führende amerikanische Zeitungen zum Vorsitzenden von Eisenbahngesellschaften auf und hatte wesentlichen Anteil an der Fertigstellung der *Northern Pacific Railroad*, als Verbindung zwischen den Großen Seen und der Pazifikküste. 1881 übernahm er die *New York Evening Post* und stellte dafür Carl Schurz als Chefredakteur ein. Mit Thomas A. Edison gründete er 1890 die *Edison General Electric Company*, einen Vorläufer von GE. Der aus dem württembergischen Brackenheim gebürtige Henry Müller (Miller) kaufte große kalifornische Ranchs auf und wurde zum *cattle king* des Westens.

Der Optiker Johann Jacob Bausch und sein für die finanzielle Seite zuständiger Partner Henry C. Lomb gründeten 1853 in Rochester im Bundesstaat New York eine Manufaktur für Monokel: Bausch & Lomb. Später erweiterten sie ihr Angebot auf Mikroskope, Projektoren und Linsen – auch in Kooperation mit Zeiss. Im 20. Jahrhundert umfassten optische Instrumente für militärische Zwecke einen erheblichen Teil der Produktion, die Pilotensonnenbrille Ray-Ban wurde 1937 von einer Unternehmenstochter lanciert.

Erfindungen mit großer Tragweite waren das Werk des einer jüdischen Familie aus Hannover entstammenden Emil Berliner (1851–1929), der 1870 in die USA ausgewandert war: die Schallplatte und das Grammophon.

Das Brauereigewerbe war fast gänzlich in deutscher Hand, bevor die von 1920 bis 1933 anhaltende Prohibition, also das völlige Verbot der Herstellung, des Verkauf und des Konsums von Alkohol, vielen Unternehmen einen Strich durch die Rechnung machte, wodurch auch die bis dahin beliebten Biergärten verschwanden. Legendär sind die Brauereien Anheuser-Busch (St. Louis), Pabst, Schlitz und Blatz (Milwaukee), Schaefer, Ruppert und Rheingold (New York City), Moerlein und Hauck (Cincinnati), allesamt in Städten mit einem hohen Anteil deutscher Einwanderer.

Projekt eines deutschen Staates auf amerikanischem Boden

Aus heutiger Sicht kurios mögen die Bemühungen von patriotisch gesonnenen Privatpersonen erscheinen, in Amerika einen deutschen Staat oder eine Kolonie zu gründen. Einige Deutschamerikaner, so zum Beispiel auch Franz Lieber, lehnten diesen von vergleichsweise wenigen Personen verfolgten deutschen Separatismus ab. Er warnte eindringlich vor den psychologischen Barrieren, die zwischen den deutschen Siedlern und den Angloamerikanern entstehen würden.

Den frühesten dieser Versuche – zugleich Teil einer politisch motivierten Emigration – unternahmen die «Dreißiger» Paul Follen und Friedrich Münch 1833 mit ihrer Gießener Auswanderungs-Gesellschaft. Sie schmiedeten den Plan, in Amerika die Keimzelle einer deutschen Republik zu gründen, von der aus später der Impuls für die Revolution in Deutschland ausgehen sollte, und griffen damit eine Idee auf, die schon 1819 von Karl Follen, dem älteren Bruder von Paul, gefasst, aber damals nicht weiterverfolgt worden war. Der vielerorts veröffentlichte Aufruf zur Auswanderung hatte 500 Anmeldungen von Menschen zur Folge, die über das Versagen der deutschen Freiheitsbewegung enttäuscht waren. Alle, so das Vorhaben, sollten sich in derselben Region ansiedeln, um sich «so lange mit Würde behaupten zu können, bis mit Hülfe spätern und allmähligen Zuwachses von Landsleuten aus der alten Heimath, gewiß auch aus einzelnen Staaten der Union selbst, ein teutscher Freistaat, ein verjüngtes Teutschland in Nordamerika, sich gestalten und teutsche Nationalität eine geachtete Stimme im Völkerbunde erwerben kann.» Nicht von Standesdünkel und Kastengeist sollte das Zusammenleben geprägt sein, sondern vom «wahren Geist des Christentums». Ein wichtiger Faktor bei der Wahl des für die Kolonisation vorgesehenen Gebietes war, dass es nur eine geringe Zahl anderssprachiger Bevölkerung aufweisen sollte. Man entschied sich für Arkansas, das westlich des Mississippi liegt, und entsandte eine Kommission. Als diese 1834 zurückkehrte, waren schon 200 Personen dabei, sich von Bremen nach New Orleans einzuschiffen, bevor sie sich die Warnungen der Kommission vor den Zuständen in Arkansas hätten anhören können, dennoch wurde beschlossen, zunächst nach St. Louis zu reisen und sich dann zu entscheiden. Das Unternehmen stand unter einem schlechten Stern: Während der Überfahrt brach Streit aus, und ein betrügerischer Kapitän brachte die Gruppe nach Kentucky und nicht nach Missouri. Während der Fahrt mit dem Mississippidampfer fielen dann mehrere Mitglieder der Cholera zum Opfer, auch Follen erkrankte an einer Infektionskrankheit und die Gesellschaft löste sich auf.

Dem zweiten, von Friedrich Münch geführten Teil der Gesellschaft, der etwa 350 Köpfe zählte, erging es kaum besser. Da das für die Fahrt vorgesehene Schiff gestrandet war, musste man nach langer Wartezeit mit einem amerikanischen Segler nach Baltimore reisen – bei sehr schlechter Verpflegung. Als man, in Amerika angekommen, vom Schicksal der ersten Gruppe erfuhr, blieb das nicht ohne Wirkung auf die schon von Krankheit und Missstimmung gezeichneten Reisenden und das Unternehmen löste sich auf. Einige von ihnen siedelten sich in der Umgebung von St. Louis an.

Zwei Jahre später, 1836, fasste die *German Settlement Society of Philadelphia* den Entschluss, im Westen – womit zu dieser Zeit noch der Teil Nordamerikas östlich der Rocky Mountains gemeint war – eine deutsche Ansiedlung zu gründen; ihr offizielles Organ war die Zeitung *Alte und Neue Welt*. Auch hier sollte die Einigung der Deutschen Amerikas dem Wohl «der großen deutschen Nation in Amerikas freiem Schoße» dienen. Die *New Yorker Allgemeine Zeitung* beschrieb es als eine «sehr erfreuliche, höchst zeitgemäße Erscheinung», sie gebe «den hier Wohnenden eine Gelegenheit, sich näher zu verbinden, die Elemente des deutschen Lebens zu unterstützen und zu verbreiten, wissenschaftliches Bestreben zu fördern, jedes Große und Schöne, so weit es hier anwendbar ist, vom Vaterlande hierher zu verpflanzen, dem deutschen Einwanderer gleich bei seinem Eintritt in die Vereinigten Staaten eine Heimath anzuweisen.» Für das Kolonisationsunternehmen wurde die Form der Aktiengesellschaft gewählt, Aktien zum Nominalwert von 25 Dollar wurden angeboten und eine Kommission zwecks Landerwerb wurde nach Indiana, Illinois, Missouri, Wisconsin und Michigan entsandt. Als notwendige Voraussetzung erschien die Nähe eines schiffbaren Flusses und Boden, der sich gleichermaßen für Getreide-, Wein- und Obstbau sowie Vieh- und Schafzucht eignete. Oberhalb von St. Louis wurde man schließlich fündig und entwarf – ohne zunächst die Topografie einer genaueren Betrachtung zu unterziehen – auf dem Papier eine Stadt mit dem Namen «Hermann». Öffentliche Plätze und Straßen sollten Namen wie «Washington», «Franklin», «Tell», «Gutenberg» und «Mozart» tragen. Was die Siedler vorfanden, als sie im Winter 1837/38 dorthin zogen, war jedoch nur Wildnis, zudem fehlte dem Generalagenten der Gesellschaft offenbar die Kompetenz, das Gebiet zu erschließen. Als sich die Siedler untereinander zerstritten und Spannungen zwischen den vor Ort Tätigen und den Verwaltern in Philadelphia hinzukamen, spitzte sich die Situation zu. Im Dezember 1839 wurde die Gesellschaft schließlich aufgelöst. Dennoch standen inzwischen knapp 100 Häuser mit rund 450 Bewohnern, es gab fünf Kaufmannsläden, zwei große Gasthäuser, ein Postamt, eine Schule und der Bau zweier Kirchen war in Vorbereitung. Man fand Eisenerz- und Kohlevorkommen. Auch wenn der Plan einer deutschen Kolonie schnell in Vergessenheit geriet, hielt sich deutsche Kultur in Hermann und Umgebung länger als anderswo – bis in die 50er Jahre des 20. Jahrhunderts wurde dort noch Deutsch gesprochen.

Es gab weitere Versuche, deutsche Niederlassungen auf amerikanischem Boden zu gründen: Die 1835 in New York konstituierte Gesellschaft *Germania*, die es sich anfänglich zum Ziel gesetzt hatte, arme Einwanderer zu unterstützen, wandte sich erfolglos mit der Bitte an den Kongress, zu günstigen Konditionen Land zur Verfügung zu stellen, und wurde nicht müde, weiter für ihr Vorhaben zu werben. Dies scheiterte schließlich aber an der Entscheidung für einen Ort und an einem fehlenden Konsens über die Frage, ob der zu gründende neue Staat ganz unabhängig oder Teil der amerikanischen Union werden sollte. Eine zweite, unter demselben Namen vier Jahre später gegründete Gesellschaft legte als Ort der Kolonie das damals noch unabhängige Texas fest, die Beteiligten ließen sich jedoch gleich bei ihrer Ankunft von einer Fieberepidemie abschrecken, so dass sich die meisten der 130 Reisenden nicht einmal ausschifften und gleich wieder nach New York zurückkehrten.

Texas hatte schon zu einem Zeitpunkt, als es noch zu Mexiko zählte, also vor 1836, auch deutsche Siedler angezogen. Diese Deutschen träumten freilich nicht von einer Kolonie oder gar einem deutschen Staat. Die meisten Deutschen kamen in der Zeit nach Ausrufung der unabhängigen Republik Texas 1836 und vor 1845, als Texas schließlich amerikanischer Bundesstaat wurde. Im Dezember 1839 erreichten 132 Einwanderer in der Nähe von Galveston Texas – auch bei diesem Projekt stand wieder *Germania* im Hintergrund. Doch die Gruppe war unzureichend für die beabsichtigte Kolonisierung ausgestattet und löste sich auf.

Weiter kam der 1842 ins Leben gerufene *Verein deutscher Fürsten, Grafen und Herren zum Schutz deutscher Einwanderer in Texas*, der zwei Jahre später in Mainz in eine Aktiengesellschaft umgewandelt wurde und von nun an kurz *Mainzer Adelsverein* genannt wurde. Zu dem illustren Kreis von Hochadligen zählten unter anderem Adolph Herzog von Nassau, Friedrich Prinz von Preußen, Carl Prinz zu Solms-Braunfels und Carl Graf zu Castell-Castell. Man wollte mit dem Auswanderungsprogramm etwas gegen die Verarmung der unteren Bevölkerungsschichten tun, dennoch waren von vornherein auch wirtschaftliche Hoffnungen damit verknüpft: So hieß es in der Satzung des Vereins, dass er sich zum Ziel gesetzt habe, «der heimischen Industrie neue Absatzmöglichkeiten zu verschaffen und den deutschen Seehandel zu entwickeln».

Da Texas zu diesem Zeitpunkt noch nicht Teil der amerikanischen Union war und die selbständige Republik Texas Interesse daran hatte, das wenig erschlossene und nur dünn besiedelte Land vorzugsweise mit Hilfe von nicht-mexikanischen Siedlern zu entwickeln, waren die Ausgangsbedingungen für Verhandlungen besser als in Staaten der Union. Im Mai 1842 schickte man die Grafen Victor von Leinigen und Joseph von Boos-Waldeck als Abgesandte nach Amerika, um das Land zu erkunden – noch bevor der Verein sein Vorhaben öffentlich machte. Man wusste, dass in bestimmten Gegenden Siedlern Land kostenlos zur Verfügung gestellt wurde, denn der texanische Kongress hatte ein entsprechendes Gesetz verabschiedet. Verhandlungen mit Präsident Sam Houston über die Abtretung von Ländereien zwischen den Flüssen Brazos und Colorado, welche die Grafen für besonders günstig hielten, scheiterten jedoch. Verschenkt wurde Land einzig an der Grenze, wo von den Einwanderern erwartet wurde, dass sie bei der Abwehr von Mexikanern helfen und das Vordringen der Union gen Westen blockieren würden. Während Graf Leinigen nach einem Jahr zurückkehrte und dennoch Fürsprecher einer großangelegten deutschen Auswanderung blieb, erwarb Graf Boos-Waldeck im Januar 1843 in Fayette-County, im südöstlichen Teil von Texas, eine rund 1700 Hektar umfassende Plantage, die zu Ehren des Herzogs Adolf von Nassau «Nassau-Farm» genannt wurde und auf der zunächst dreißig schwarze Sklaven arbeiteten – dass Deutsche in Texas Sklavenhalter waren, blieb jedoch eine Ausnahme. Boos-Waldeck kehrte zurück und schlug vor, das Projekt in kleinerem Rahmen fortzusetzen und in der Nähe der Farm weitere Ländereien zu erwerben. Er konnte sich jedoch nicht durchsetzen und verließ die Gesellschaft. Im Mai 1844 ging man mit dem Angebot an die Öffentlichkeit, jedem ledigen Auswanderer über 17 Jahren gegen Zahlung von 300 Gulden und jeder Familie gegen 600 Gulden Überfahrt und Verpflegung, Transport vom Ausschiffungshafen bis zur Kolonie und ein Wohnhaus mit Land zur Verfügung zu stellen. Der Verein sagte den Bau von Schulen, Kirchen, Krankenhäusern und Verkehrswegen zu. Aber dafür war viel zu knapp kalkuliert worden. Und an der wirklich bedürftigen Bevölkerung ging das Angebot ganz vorbei, weil diese nicht die geforderten Mittel aufbringen konnte.

Unterdessen war man in Deutschland auf das Angebot eines aus Texas angereisten Franzosen eingegangen, der unter dem Namen Alexander Bourgeois d'Orvanne aufgetreten war und ihnen Land angeboten hatte. Wie sich bald herausstellte, war man auf einen Betrüger hereingefallen. Ein Stück Land war zwar tatsächlich verfügbar, befand sich aber auf dem Territorium der Comanchen und war noch dazu wenig fruchtbar.

Mehr Glück hatte man dann am Guadelupe, wo im März 1845 New-Braunfels gegründet werden konnte und etwa hundert Kilometer in nordwestlicher Richtung im Mai 1846 Fredericksburg. Gegen Jahresende 1844 waren schon drei Schiffe mit knapp dreihundert Kolonisten eingetroffen, zwischen Oktober 1845 bis April 1846 waren es 36 Schiffe mit über 5200 Einwanderern. Rund eintausend Einwanderer gelangten jedoch nicht an ihr Ziel und starben in Kriegswirren an Seuchen, weil die USA sich im Februar 1846 Texas aneigneten und Kämpfe mit Mexiko ausgebrochen waren. Dennoch war die deutsche Auswanderung nach Texas jetzt in Gang gekommen, und zur Jahrhundertmitte zählten die Siedler schon etwa 20000 Köpfe. Der Verein selbst war nun jedoch bereits bankrott und weitere geplante Aktivitäten kamen zum Stillstand.

Turner, Achtundvierziger und spätere Reformer

Männer wie Karl Follen und Carl Beck waren es, welche die Ideen der Turnerbewegung nach Amerika brachten. Die von Friedrich Ludwig Jahn initiierte Bewegung war beseelt vom Gedanken der Französischen Revolution und verstand sich als Teil einer nationalen Erziehung, mit dem Ziel, mündige Bürger hervorzubringen. Der «Turnvater» kämpfte für die Abschaffung von Adelsprivilegien, die Beseitigung jeglicher Form staatlicher Unterdrückung und befürwortete den Aufbau eines Volksheeres anstelle eines Söldnerheeres. Die Aktivitäten der Turnerbewegung waren in der Frühzeit eng mit denen der Burschenschaften verbunden. Schon 1826 wurden an der *Harvard University* und bald auch an anderen Colleges und Universitäten entsprechende Kurse durchgeführt; Jahns Buch *Deutsche Turnkunst* wurde ins Englische übersetzt, und Follen bemühte sich in Vorträgen um die Popularisierung des Turnergedankens in Amerika. Er argumentierte, dass das Turnen es möglich mache, die verschiedenen gesellschaftlichen Schichten in Kontakt miteinander zu bringen, was sich auf den Zusammenhalt, die Verteidigungsbereitschaft und das generelle Wohl Amerikas auswirken würde. Von diesen einzelnen Klassen und Kursen einmal abgesehen, wurden die ersten Turnvereine erst 1848 gegründet, in Cincinnati und New York. Alle vier Jahre gab es landesweit ausgerichtete Turnfeste, mit oft mehr als 3000 vorwiegend deutschamerikanischen Teilnehmern.

Die deutschamerikanischen Turner waren dem Leitbild einer idealen Demokratie verpflichtet und verurteilten Sklaverei und Nativismus. Obwohl religiös tolerant, nahmen sie das Wort

«Gott» selbst kaum in den Mund. Unter dem Einfluss der Dreißiger und Achtundvierziger wurde 1851 der *Sozialistische Turnerbund* gegründet, was der Bewegung zu neuem Schwung verhalf. Immer wieder versuchte man, skeptische Pädagogen für den Turnunterricht zu begeistern, und tatsächlich wurde er in den Schulen vieler Städte praktiziert. Allerdings verschwand allmählich die starke sozialistische Prägung; eine Tatsache, der man ab 1865 mit der Bezeichnung *Nord-Amerikanischer Turnerbund* Rechnung trug. New Ulm in Minnesota war eine Stadt, die von 1854 bis weit ins 20. Jahrhundert von den Turnern geprägt wurde.

Seit den Jahren nach 1820 hatten die Vereinigten Staaten Revolutionäre unterschiedlichster Couleur angezogen. Die unabhängigen Vereinigten Staaten galten den fortschrittlichen Kräften in Deutschland und vielen anderen Ländern als Modell für die Ablösung von feudaler Übermacht und absolutistischem Monarchismus. Ungeachtet der Widersprüche zwischen der amerikanischen Realität und den erklärten Idealen symbolisierten sie das Reich der politischen Freiheit und Gleichheit schlechthin.

Alexis de Tocquevilles Buch *De la démocratie en Amérique* (dt.: *Von der Demokratie in Amerika*), das 1835/40 erschienen war und damals in Westeuropa überaus interessiert aufgenommen wurde, dürfte dazu beigetragen haben, noch mehr Aufmerksamkeit auf Amerika zu lenken. Als 1848 in Deutschland die Märzrevolution ausbrach, gab es auf Seiten der Deutschamerikaner viel Sympathie, die sich unter anderem in einer Erklärung manifestierte, die in New York verfasst worden war und im Mai in der Paulskirche von Heinrich von Gagern, dem Präsidenten der Frankfurter Nationalversammlung, verlesen wurde.

Das Scheitern der Revolution war Anlass für die Auswanderung von vielen politischen Flüchtlingen, die an den Aufständen teilgenommen hatten – den «Achtundvierzigern». Sie kamen nicht auf den gewohnten Wegen, sondern über den Umweg von Paris oder London. Aus heutiger Sicht würde man sie eher als politische Flüchtlinge denn als Auswanderer bezeichnen. Obwohl ihre Zahl im Verhältnis zu den Massen von Menschen, die in diesen Jahren fortgingen, klein war – vermutlich handelte es sich nicht einmal um sechstausend-, sollten verhältnismäßig viele von ihnen eine vergleichsweise wichtige Rolle im öffentlichen Leben Amerikas spielen und dort künftig das Bild des liberalen bis radikaldemokratischen Deutschamerikaners prägen. Sie gehörten vorwiegend intellektuellen Berufen an: Professoren, Studenten, Theologen, Rechtsanwälte, Wissenschaftler, Schriftsteller und Journalisten. Oft kamen mehrere Argumente für die Revolutionsflüchtlinge zusammen: Amerika lockte nicht nur wegen besserer politischer Verhältnisse (Motto: «Wo die Freiheit ist, dort ist auch mein Vaterland»), sondern auch, weil die Chance auf einen wirtschaftlichen Aufstieg in der Heimat verbaut war.

Die Idee, die sie sich von Amerika geformt hatten, war für sie nicht mit den Beobachtungen in Einklang zu bringen, die sie jetzt vor Ort machten. Phänomene wie politische Apathie, Korruption, weitverbreiteter Aberglaube oder die Sklaverei in den Südstaaten stießen sie ab. Den Innovationsgeist, den die Amerikaner im Wirtschaftsleben, auf dem Gebiet der Erfindungen unter Beweis stellten, vermissten die Neuankömmlinge im kulturellen und intellektuellen Leben. Viele von ihnen hielten das deutsche Bildungssystem für überlegen und vertraten die arrogante Ansicht, dass die Welt am deutschen Wesen genesen solle. Die Rösler von Oels School in New York, die Zionsschule in Baltimore und die von dem Frankfurter Georg Bunsen geleitete Schule in Belleville (Illinois) verdanken ihre Gründung Achtundvierzigern.

Die *Forty-Eighters*, wie sie in Amerika genannt wurden, trafen auf Deutsche der zweiten oder dritten Generation, die nicht nur einen anderen beruflichen Hintergrund hatten, sondern auch aus völlig anderen Gründen gekommen waren. Konflikte zwischen den gesetzteren *Grays* und den ungeduldigen, politisierten, über Angehörige «einfacherer» Berufe oft in herablassendem Ton sprechenden *Greens* waren vorprogrammiert, stellten sogar häufig den Zusammenhalt der deutschamerikanischen Gemeinden auf die Probe. Viele etablierte Deutschamerikaner fühlten sich vor den Kopf gestoßen. Die Neueingewanderten, die oft taktisch wenig klug handelten und leicht auf Konfrontationskurs gingen, warfen den Alteingesessenen vor, in ihren Zeitungen ein nicht mehr zeitgemäßes Deutsch zu verwenden, sich nicht für die von ihnen propagierten Ziele einzusetzen und – in Unkenntnis des besonderen Zusammenspiels von Politik und Kirchen in Amerika – nicht den Einfluss der Kirchen auf die Politik zu bekämpfen. Die Worte, mit denen sie Würdenträger deutschamerikanischer Kirchen angriffen, ließen Sensibilität für den amerikanischen Kontext vermissen.

So stark die Reibung und so klein die Schnittmenge gemeinsamer Anliegen anfänglich gewesen sein mögen, führten die Aktivitäten der politischen Flüchtlinge, die häufig als Journalisten, in den Theatern oder im Wissenschaftsbereich tätig wurden, innerhalb kurzer Zeit zu einer stärkeren Sichtbarkeit des deutschamerikanischen Bevölkerungsanteils, auch eine höhere journalistische Qualität vieler Publikationen war die Folge. Daneben wurden im Laufe der 1850er Jahre politisch radikale, vom Tonfall her oft verbissene deutschsprachige Zeitungen gegründet, die aber schnell wieder verschwanden, sobald die Finanzmittel der Herausgeber erschöpft waren.

Der Achtundvierziger Carl Schurz war in der zweiten Hälfte des 19. Jahrhunderts der wohl prominenteste Deutschamerikaner

Carl Schurz (1829–1906)

In der Nähe von Köln und damit in Preußen geboren, studierte er in Bonn Philologie und Geschichte, wurde dort Mitglied der Burschenschaft *Frankonia* und verlegte die *Neue Bonner Zeitung*. Als Teilnehmer an der Märzrevolution floh er nach der Kapitulation ins Elsass. Mit falschem Pass gelangte er nach Berlin, um seinen Kameraden Gottfried Kinkel aus dem Gefängnis zu befreien – mit Erfolg. Über Paris und London führte ihn, als die Zweite Republik in Frankreich endete und mit ihr die Hoffnung auf ein demokratisches Deutschland, der Weg 1852 nach Philadelphia und von dort nach Wisconsin, wohin ihm auch ein Teil seiner Familie folgte. Zusammen mit Friedrich Hecker wurde er Mitglied der Republikanischen Partei und unterstützte Abraham Lincoln. Nach dessen Sieg wurde Schurz zum amerikanischen Botschafter für Spanien ernannt, und es gelang ihm, die Spanier von einer Intervention zugunsten der Südstaaten abzuhalten. Im Bürgerkrieg führte Schurz eine Brigade an und wurde zum Generalmajor befördert. 1869 wurde er Senator von Missouri und versuchte bald erfolgreich, eine *Liberal Republican Party* zu gründen. Politisch verstand er sich inzwischen als unabhängig. Von 1877 bis 1881 war er unter dem Republikaner Rutherford B. Hayes Innenminister der Vereinigten Staaten. Seine Frau Margarethe Meyer-Schurz eröffnete unter Rückgriff auf das Konzept von Friedrich Wilhelm Fröbel 1856 den ersten privaten amerikanischen Kindergarten in Watertown, Wisconsin.

Mathilde Anneke (1817–1884)

Bei Blankenstein in Westfalen geboren, begann sie früh zu schreiben, zum Beispiel im *Damenalmanach* (1842). Später gab sie die *Neue Kölnische Zeitung* heraus und dann *Die Frauenzeitung*, die gleiche Rechte für Frauen forderte, aber von der Obrigkeit nicht geduldet wurde und schließlich eingestellt werden musste. Die politischen Ansichten ihres Mannes Fritz, eines preußischen Offiziers, führte zu dessen Entlassung aus der Armee. Wegen Verrats wurde er zu einer Gefängnisstrafe verurteilt. Nach der Teilnahme an der Revolution 1848 konnten sie noch rechtzeitig in die Schweiz fliehen, über Frankreich gelangten sie dann nach Amerika, wo sie sich zunächst in Milwaukee niederließen. Mathilde Anneke belebte dort die *Deutsche Frauenzeitung* wieder und wurde zu einer der Pionierinnen im Kampf um das Wahlrecht für Frauen, daneben war sie weiterhin als Schrifstellerin tätig (*Das Geisterhaus in New York*). 1865 gründete sie in Milwaukee eine Schule für junge Frauen.

Viele Deutschamerikaner hatten vor 1850 zunächst stärkere Affinitäten für die Demokratische Partei, war sie doch einwandererfreundlicher als die reichen und fremdenfeindlichen Whigs, denen die Biergärten und Aufmärsche der Turner ein Dorn im Auge waren. Das änderte sich, als 1854 die Republikanische Partei gegründet wurde, die sich die Aufhebung der Sklaverei zum Ziel gesetzt hatte. Auch wenn Deutschamerikaner am Anfang nur zögerlich der Partei beitraten, hielten sie die Republikaner bald für besser geeignet, ihre Interessen zu vertreten, obwohl die Partei ein starkes puritanisches Element besaß. Entscheidend war, dass die Achtundvierziger für die Republikaner warben, unter ihnen Georg Schneider, Herausgeber der *Illinois Staats-Zeitung*, Gustav Körner, ehemaliger Vizegouverneur von Illinois, der wegen seiner Ablehnung der Sklaverei die Demokratische Partei verlassen hatte, auch Friedrich Hecker sowie Friedrich Münch, der Abgeordneter des Senats von Missouri wurde und unter denen war, die verhinderten, dass sein Staat während des Bürgerkrieges auf Seiten der Südstaaten kämpfte. Mitte des 19. Jahrhunderts hatte die Zahl der wahlberechtigten Deutschen so stark zugenommen, dass ihre Stimmen von Gewicht waren.

Friedrich Hecker (1811–1881)

Nach dem Jurastudium in Heidelberg und dem Referendariat in Karlsruhe arbeitete Hecker als Rechtsanwalt sowie als Abgeordneter in verschiedenen öffentlichen Funktionen. Eine längere Reise führte ihn 1835 nach Paris. Als Befürworter radikaldemokratischer Positionen wurde er später Militärführer des badischen Aufstands von 1848. Nach der Niederlage hatte er keine Hoffnung mehr auf eine Revolution und entschied sich für die Emigration. Kurz darauf gelangte er über Basel und Straßburg nach Le Havre und von dort nach New York. In Illinois baute er in einer deutschen Siedlung erfolgreich eine Farm mit Viehzucht und Weinbau auf und brachte es sogar zu einem gewissen Wohlstand, anders als viele andere der sogenannten Lateinfarmer (*latin farmers*), den Intellektuellen also, die es mit der Landwirtschaft versuchten und deren klassische Bildung für diese Zwecke eigentlich überflüssig war. Hecker verwirklichte dort auch seinen Genossenschaftsgedanken durch gemeinschaftlichen Direkteinkauf und gemeinsame Anschaffung von Arbeitsgerät. 1856 trat er den Republikanern bei und wurde Wahlmann in seinem Staat. Im Bürgerkrieg stellte er ein aus Deutschamerikanern bestehendes Regiment zusammen. Nach seiner Verwundung schied er 1864 aus.

Zwischen den Achtundvierzigern und späteren amerikanischen Reformbewegungen gibt es eine deutliche Kontinuität. Nach dem Bürgerkrieg kam der größere Teil der deutschen Auswanderer des 19. Jahrhunderts nach Amerika, rund dreieinhalb Millionen. Unter ihnen war eine hohe Anzahl von gut ausgebildeten Arbeitern, welche die Ideen der deutschen Arbeiterbewegung und verschiedener sozialistischer Gruppierungen wie die der Marxisten oder Lassalleaner mitbrachten und ihre Sympathien nicht einfach bei der Einreise ablegten, zumal die Arbeitsbedingungen durchaus Anlass zu Kritik boten. Daneben gab es auch etliche Anarchisten. Diese Einwanderer siedelten sich überwiegend in den großen Städten an. Die sozialistische Bewegung in Amerika galt als aus Europa, und besonders aus Deutschland importiert. Tatsächlich kamen nach dem Parteiverbot Bismarcks auch sozialdemokratische Aktivisten nach

Amerika, die sich vor allem in New York und Chicago niederließen, wo sie ihr politisches Engagement fortsetzten. Dabei unterstützten die deutschen Sozialisten diese Auswanderungsbewegung von der Tendenz her nicht, selbst die *New Yorker Volks-Zeitung*, die unter anderem Wilhelm Liebknecht als Kommentator unter Vertrag nahm, lehnte sie ab. Die große Zahl von deutschen Mitgliedern in der *International Workingmen's Association*, in der *Socialist Labor Party*, der *International Working People's Association* belegte diese Kontinuität für den Ideentransfer von Deutschland nach Amerika. Viele gewerkschaftliche Gruppen gehen auf Sozialisten zurück. Anfänglich wurden sogar die Organisationsstrukturen und Funktionen übernommen. In der Folge wurden auch Formen der Absicherung, Schulen und vielfältige kulturelle Gesellschaften nach den deutschen Vorbildern auf den amerikanischen Zusammenhang übertragen.

New York war das Zentrum der frühen deutschen Arbeiterbewegung in Amerika, die sich mit der Übersiedlung deutscher Einwanderer in andere Städte schnell ausdehnte. Besonders für Chicago ist der Einfluss der Gewerkschaften und Sozialisten genauer dokumentiert worden. Hier gab es um die Jahrhundertwende 440 000 Deutsche bei einer Gesamtbevölkerung von 1,7 Millionen. In mehreren Teilen der Stadt bildeten sich stark deutsch geprägte Nachbarschaften heraus, und Publikationen wie die deutschsprachige *Chicagoer Arbeiter-Zeitung* trugen das ihre zum Aufschwung der Bewegung bei.

Einen schweren Rückschlag erlitten die Gewerkschaften und damit auch der Ruf der sozialistisch orientierten Deutschen durch den *Haymarket Square Riot*. Am 1. Mai 1886 begann in Chicago ein Streik, der sich über mehrere Tage hinzog. Hintergrund war die Forderung nach Reduzierung der täglichen Arbeitszeit von zwölf auf acht Stunden. Zu gewalttätigen Auseinandersetzungen, bei denen sechs Arbeiter getötet wurden, kam es zunächst am dritten Tag. Die Lage spitzte sich weiter zu, als am darauffolgenden Tag ein Unbekannter eine Bombe in die Menge warf, die sich auf dem *Haymarket Square* eingefunden hatten, was zwölf Menschen das Leben kostete. Obwohl der Täter nie identifiziert werden konnte, wurden für den Anschlag acht Personen verantwortlich gemacht, die geholfen hatten, den Streik zu organisieren, darunter August Spies, der Chefredakteur und Herausgeber der sozialistischen *Arbeiter-Zeitung*, und Adolph Fischer. Sie wurden gehängt, und weitere Beteiligte wurden zu Gefängnisstrafen verurteilt. Der Vorfall wurde weltweit bekannt und löste zahlreiche Proteste internationaler Arbeiterorganisationen aus.

Zunächst war es dieses Ereignis, das den Ruf der Sozialisten schädigte. Um die Jahrhundertwende machte sich aber auch bemerkbar, dass die demokratisch gesinnten Einwanderer auf Grund ihres Alters in der Arbeitswelt keine so große Rolle mehr spielten und ihre Nachkommen die politischen Ideale nicht mehr mit derselben Schärfe vertraten. Dort, wo sie noch eine Zeit lang erfolgreich waren, wie zum Beispiel in Milwaukee, erkauften sie sich ihre Popularität mit dem Verzicht auf revolutionäre Ziele – sie kooperierten mit den Gewerkschaften und vertraten eine moderat progressive Reformpolitik. Anfänglich noch deutsche sozialistische Gruppierungen gingen in amerikanischen auf. Insgesamt gesehen hatte die sozialistische Bewegung in Amerika einen schweren Stand, und deutsche Einwanderer, die sich dort für mehr oder weniger radikale Ziele engagierten, machten sich stets subversiver Aktivitäten verdächtig. Die große Mehrheit der Amerikaner orientierte sich stets an der Vorstellung privaten Reichtums, ein sozialistisches Amerika war für die meisten kein erstrebenswertes Ziel, es kollidierte nicht zuletzt mit den Grundwerten der amerikanischen

Republik. Und auch der Slogan *Go West, young man* hatte mehr Anziehungskraft als der Kampf für die Umgestaltung einer Gesellschaft, deren Mitglieder sich damit arrangiert hatten, dass Reichtum in ihrem Land immer sehr ungleich verteilt war.

Deutsche Juden im 19. Jahrhundert

Vereinzelt waren Juden schon im 18. Jahrhundert aus Mitteleuropa nach Amerika gekommen. Zwischen 1840 und 1880 stieg die jüdische Bevölkerung in den Vereinigten Staaten von etwa 15 000 auf ungefähr eine Viertelmillion. Ein großer Teil davon stammte aus Dörfern und Kleinstädten in Schwaben, Bayern, Hessen, Baden und Westfalen. Andere kamen aus Polen und Ungarn, sprachen aber oft auch deutsch. Juden hatten in der Mehrzahl der deutschen Staaten lange als Menschen zweiter Klasse gegolten; anders als zum Beispiel in Frankreich, wo sie bereits unter Napoleon die vollen Staats- und Bürgerrechte erhalten hatten. Die sogenannten Matrikelgesetze verhinderten in Deutschland eine freie Berufs- und Wohnortwahl und schränkten ihre wirtschaftlichen und beruflichen Entfaltungsmöglichkeiten stark ein. So loyal sie ihrer deutschen Heimat gegenüber waren und blieben, begründete das unter den Juden verständlicherweise erhebliche Unzufriedenheit. Ohne die wirtschaftlichen Gründe zu vernachlässigen, muss ihre politische und gesellschaftliche Diskriminierung als wichtigster Beweggrund für ihre Auswanderung gesehen werden. Als ein jüdischer Emigrant 1845 in Mainz gefragt wurde, ob er sich vorstellen könne, später wieder in sein bayerisches Dorf zurückzukehren, gab er zur Antwort: «Ich werde nicht eher zurückkehren, als bis Nordamerika bayerisch wird!»

Ihre Auswanderung unterschied sich in ihren Grundzügen insofern von der anderer Deutscher während dieser Jahrzehnte, als die Juden mehrheitlich jung, unverheiratet und arm waren und kaum die finanziellen Mittel für die Ausreise der ganzen

Familie aufbringen konnten. Normalerweise hatten sie keinen Landbesitz, weil ihnen der Erwerb von Grundeigentum oft verboten war. Häufig wurde zunächst nur der erstgeborene Sohn auf die Reise geschickt, Brüder und Schwestern folgten später nach. Die Eltern blieben meist in Europa. Das erklärt auch, warum diverse jüdische Unternehmen in Amerika unter einem Namen mit dem Zusatz *and Bros.* oder *Brother(s)* firmierten – zugleich ein Erkennungszeichen ihrer deutschen Herkunft. Eine Besonderheit war, dass viele junge jüdische Frauen auswanderten, weil deutsche Ämter jüdischen Heiraten Steine in den Weg legten. Die Bindung der ausgewanderten Juden zu Familie und Gemeinschaft blieb auch in Amerika stets sehr ausgeprägt.

Viele jüdische Immigranten arbeiteten in Amerika zunächst in Berufen, die auch schon in Deutschland für sie typisch waren – als Hausierer, als Händler oder als Geldwechsler. Die Landwirtschaft spielte nur eine geringe Rolle. Andere sicherten ihren Lebensunterhalt zunächst mit dem Verkauf von gebrauchter Kleidung. In manchen Fällen waren solche kleinen Unternehmen die Grundlage für weitaus umfassendere Aktivitäten. Ihre Tradition des Wanderns setzte sich auf amerikanischem Boden fort, und auffällig viele Juden fanden sich in den Südstaaten und im pazifischen Westen wieder. Die hohe räumliche Mobilität, verbunden mit hoher Risikobereitschaft und unternehmerischem Geschick war das Erfolgsrezept vieler deutschstämmiger Juden. Dreiviertel der Juden waren auf die großen Städte konzentriert. Simon Bamberger (1846–1926), der um die Jahrhundertmitte kam, war Minenbesitzer und baute Eisenbahnlinien und wurde als Nicht-Mormone Gouverneur von Utah.

Unter ihnen waren auch Achtundvierziger, die das Scheitern der Revolution doppelt enttäuscht hatte. Typischerweise hielten sie in Amerika an ihren politischen Auffassungen fest und kämpften gegen Diskriminierungen – ob sie nun die Hautfarbe, die Religion oder das Geschlecht betrafen. Sie verstanden sich als Kosmopoliten, und die traditionelle jüdische Religion spielte in ihrem Leben eher eine untergeordnete Rolle, aber nicht immer, denn selbst einige moderate Rabbis fanden sich unter ihnen.

Levi Strauss (1829–1902)

Unter dem Namen Löb Strauß in Franken geboren, wanderte er nach dem Tod seines Vaters mit seiner Mutter und zwei Schwestern 1847 nach New York aus, wo sich seine älteren Brüder schon im Textilhandel etabliert hatten. 1853 zog er, dem Goldrausch folgend, nach San Francisco und gründete noch in demselben Jahr seine Firma *Levi Strauss & Co.* Während der Reise um Kap Horn nach San Francisco wurden ihm wertvolle Stoffe gestohlen, es blieben ihm nur die mitgebrachten braunen Zeltplanen. Kurz nach seiner Ankunft bekam er den Hinweis, dass es den Goldgräbern an strapazierfähiger Arbeitskleidung fehle, woraufhin er aus den Zeltstoffen Hosen fertigte. Er stieg dann aber bald auf einen mit Indigo blau gefärbten Baumwollstoff (*denim*) um und erhöhte dann die Haltbarkeit der Hosen mit Nieten. Die Hosen wurden später, immer weiter verbessert, als *blue jeans* weltbekannt, und *Levi Strauss & Co.* entwickelte sich zu einem internationalen Konzern.

Die Betriebsverzeichnisse belegen für die zweite Hälfte des 19. Jahrhunderts ein starkes Wachstum der jüdischen Unternehmen – und der Bau neuer Synagogen ist Indikator für den ökonomischen Erfolg. Die für die deutsch-jüdischen Geschäftsleute typischen Felder waren die Bekleidungsindustrie und der Textilhandel. Der Fortschritt bei der Entwicklung immer leistungsfähigerer Nähmaschinen, aber auch bei der Optimierung von Absatzwegen und Verkaufsanreizen machte die Ausweitung der Aktivitäten möglich. Hier haben auch Warenhäuser wie *Macy's* und *Saks Fifth Avenue* ihre Wurzeln. Parallel formierte sich im Laufe der Jahrzehnte auf dem Finanzsektor eine kleine, aber überaus potente Elite jüdischer Kaufleute, eine deutsch-jüdische Finanzaristokratie, mit diversen familiären Querverbindungen. Zu den bekanntesten Familien des 19. Jahrhunderts, die auch diesem Kreis zuzurechnen sind, zählten die Seligmans aus Baiersdorf. Joseph Seligman (1819–1880), das älteste von acht Kindern, erreichte Pennsylvania 1837, arbeitete dort zunächst als Kassierer und Verkäufer, bis er genügend Geld hatte, seinen beiden Brüdern die Auswanderung zu bezahlen. Nachdem sie anfangs einen Laden betrieben hatten, gründeten sie später die Bank *J. & W. Seligman & Co.*, die eine wichtige Rolle bei der Finanzierung zentraler Eisenbahnstrecken spielte. Die Seligmans sind auch ein Beispiel für jüdische Familien, welche die Verbindung mit Deutschland aufrechterhielten. Verschiedene Nachkommen studierten an deutschen Universitäten. Andere gingen als Philanthropen in die Geschichte ein. Der gebürtige Frankfurter Jakob Heinrich (Jacob Henry) Schiff (1847–1920), in New York bald ein angesehener und einflussreicher Bankier, spendete der *Cornell University* 100 000 Dollar für einen deutschen Lehrstuhl und unterstützte das *Germanic Museum* der *Harvard University*.

Marcus Goldmann (Goldman) (1821–1904)

Goldmann wuchs in Trappstadt, Unterfranken als ältester Sohn von fünf Kindern auf. Sein Vater war Viehhändler und Bauer. 1848 verließ er das Land. Seine Frau Bertha, die als Stickerin arbeitete, lernte er in Pennsylvania kennen, und bis 1867 hatten sie in Philadelphia ein Bekleidungsgeschäft. Nach dem Umzug nach New York 1869 baute er dort eine Firma auf, die Schuldscheine von Diamanten-, Leder- und Tabakhändlern aufkaufte, um sie an Banken weiterzuverkaufen. Es heißt, Goldman habe die Papiere unter seinem Zylinder getragen. Als sein Schwiegersohn Samuel Sachs 1882 mit in das Geschäft eintrat, firmierte es fortan unter dem Namen *Goldman, Sachs & Co.* Die nächsten Jahrzehnte waren von Expansion und Internationalisierung geprägt. Man agierte zusätzlich von St. Louis und Chicago aus, und auch in Europa – zunehmend unter der Ägide von Samuel Sachs und dem Sohn Henry Goldman – wurde Kapital für Investitionen beschafft. Sie schufen die Basis für die spätere Großbank.

Die deutschen Juden bildeten unterschiedliche Assoziationen weltlicher und religiöser Art – anders als in den deutschen Staaten besaßen sie hier, wo Kirche und Staat getrennt waren, die Freiheit, beliebig viele Vereine und Interessenvertretungen zu gründen. Von Homogenität kann bei den deutschen Juden genauso wenig die Rede sein wie bei den deutschen Christen. Bei allen Vorteilen im Vergleich zu der Situation in Deutschland, sahen sich Juden in Amerika auch Vorbehalten ausgesetzt, die jedoch nicht mit den rigiden Gesetzen in Deutschland zu vergleichen waren. Besonders vielschichtig war die Situation der Juden in Chicago, wie eine umfassende Untersuchung von

Tobias Brinkmann gezeigt hat. Dort wurden Juden in den 50er Jahren des 19. Jahrhunderts in politische Ämter gewählt, und nach dem Feuer von 1871 schlug die *Chicago Tribune* den deutsch-jüdischen Bankier Henry Greenebaum als Bürgermeister vor, was als Beleg für die Wertschätzung wohlhabender Juden im öffentlichen Leben zu deuten ist. Erst wenige Jahre zuvor, 1867, hatte sich die Chicagoer Wirtschaftselite mit ihren jüdischen Kollegen solidarisch erklärt und einen Boykott derjenigen New Yorker Versicherungen organisiert, die Juden diskriminierten. Das hatte einerseits starke Symbolkraft für die Etablierung von Vertrauen zwischen Juden und Nichtjuden und andererseits für den Aufstieg führender jüdischer Familien in die Chicagoer *High Society*. Bis in die 1870er Jahre hinein sprachen die Juden Chicagos zum überwiegenden Teil deutsch, und die *Illinois Staats-Zeitung* berichtete über Ereignisse innerhalb der jüdischen Gemeinde. Auch Rabbis zählten zu den Autoren. Als in Deutschland der Antisemitismus unter Bismarck wuchs, bezogen diverse deutschsprachige Zeitungen dagegen Position.

Deutsche Vereinigungen gewährten neu eingewanderten deutschen Juden während der Übergangsphase einen Platz, bis sie sich diesen in der amerikanischen Gesellschaft geschaffen hatten. Umgekehrt waren deutsche Juden auch selbst am Aufbau solcher Vereinigungen wie der 1853 gegründeten *Deutschen Gesellschaft* (später *German-Aid Society*) beteiligt oder engagierten sich für den Zusammenhalt der Deutschen in Chicago. Isidor Busch, der zur Zeit der Revolution in Wien verschiedene Zeitungen herausgegeben hatte, rief kurz nach seiner Ankunft 1849 in New York die deutsch-jüdische Wochenzeitung *Israels Herold* ins Leben, zog aber bald nach St. Louis um, wo er nicht nur zum ersten Winzer wurde, zeitweise als Bankier arbeitete, sondern auch zwölf Jahre lang als Vorsitzender der dortigen

German Immigration Aid Society fungierte. Busch gehörte zu den Achtundvierzigern, die sich im Rahmen der 1843 von deutsch-jüdischen Einwanderern gegründeten Loge *B'nai B'rith* (hebräisch für «Söhne des Bundes») engagierten.

Die deutsche Sektion bei der Chicagoer Parade zum amerikanischen Unabhängigkeitstag 1862 wurde von Henry Greenebaum und Edward Salomon angeführt. Deutsche Juden und Nichtjuden fanden sich häufig auf derselben Seite wieder, wenn Einschränkungen des Verkaufs und des Konsums von Alkohol an Sonntagen gefordert wurden. Biergärten waren bei den Deutschen allgemein besonders an den Wochenenden sehr beliebt, und deutsche Juden wandten sich gegen solche Gesetzesinitiativen, weil sie ihre Geschäfte dann hätten geschlossen halten müssen. Das Eintreten gegen die Prohibition stiftete jedoch eine nur vorübergehende Einheit.

Deutsch spielte eine wichtige Rolle in den Synagogen, wo sich diese Sprache nach teils erbitterten Auseinandersetzungen zwischen traditionell und fortschrittlich orientierten Juden durchsetzte. Andere deutschsprachige Juden machten sich für die Verwendung der englischen Sprache stark, um die Amerikanisierung zu erleichtern. Ab 1854 erschien *American Israelite. Die Deborah*, eine Wochenzeitschrift für Frauen, wurde zwar in deutscher Sprache verfasst, propagierte aber ebenfalls eine stärkere Verbreitung des Englischen unter den aus deutschen Staaten eingewanderten Juden. Anders die deutschsprachige Monatszeitschrift *Sinai*, die ab 1856 erschien: Sie war verbunden mit dem Versuch eines gewissen David Einhorn, das amerikanische Judentum zu führen und die jüdische Theologie von Grund auf zu modernisieren. So sehr für ihn wie für andere Juden die deutsche Kultur lange der Orientierungspunkt blieb, wussten sie zugleich die Freiheit Amerikas zu schätzen. Die deutschamerikanischen Juden wurden eine konstante und wichtige Kraft in allen Bereichen des gesellschaftlichen Lebens der Vereinigten Staaten.

Gelegentliche Hinweise auf ein entspanntes Miteinander von jüdischen und nichtjüdischen Deutschen lassen sich nicht verallgemeinern. Die kleinen jüdischen Gemeinden waren nicht durchgängig Teil der großen deutschen Gemeinden. Brinkmann charakterisiert das Verhältnis als *loose ethnic network*, als lockere, durch die gemeinsame Sprache geförderte Allianz, die immer dann nützlich war, wenn es darum ging, bestimmte Ziele durchzusetzen oder Anliegen öffentlich Gehör zu verschaffen. Ansonsten hatten die christlichen Deutschen ihre Ressentiments mit nach Amerika gebracht, und diese wurden erst im Laufe der Zeit durch die Erfahrungen mit Juden in dieser anderen Kultur verändert und relativiert. So hielt sich, wie zum Beispiel in Auswandererbriefen nachzulesen ist, hartnäckig das stereotype Vorurteil, Juden seien durchtrieben und gierig, gerne wurde der Begriff vom «Schacherjuden» benutzt. Andere Hinweise lassen etwas subtiler zumindest auf Misstrauen und Distanz schließen. So erwähnte der Korrespondent der deutschsprachigen *New Yorker Staats-Zeitung* in San Francisco am 8. Oktober 1853 «zwei blühende wohltätige israelitische Vereine». Er war jedoch unsicher, ob er diese Juden wirklich zu den Deutschen zählen sollte, da «diese Klasse von Menschen, die ja doch zu neun Zehnteilen aus Deutschland kommen, sich von selbst absondert, und keine Deutsche sein wollen, obgleich sie diese Sprache am richtigsten sprechen.» Sie betrieben alle ihre Geschäfte in Englisch, «damit es ja keinen deutschen Anstrich habe». In San Francisco, lange das Zentrum des pazifischen Westens, spielten deutsche Juden von Anfang an eine wichtige Rolle. Der in Aachen geborene und als Ingenieur durch seine Tunnelarbeiten und eine Badeanlage direkt an der Pazifikküste bekannt gewordene Adolph Sutro

(1830–1898) war vor der Jahrhundertwende Bürgermeister der Stadt.

Entgegen der vielfach vertretenen Einschätzung, dass die Einwanderung deutscher Juden nach 1880 mehr oder weniger zum Erliegen kam, gibt es statistische Anhaltspunkte, die den Schluss erlauben, dass zwischen 1871 und 1910 noch etwa fünfzig- bis sechzigtausend deutschsprachige Juden nach Amerika ausgewandert sind. Das Verhältnis zwischen den europäischen Juden war nicht ohne Konflikte, viele schauten auf die «Ostjuden» herab, und in vielen Fällen gab es zwei oder mehr Synagogen, weil der Gottesdienst getrennt abgehalten wurde.

Deutsches Leben in New York City

Nachdem Philadelphia und auch Baltimore im 18. Jahrhundert die wichtigsten Einreisehäfen für Deutsche gewesen waren, betrat später ein großer Teil der deutschen Einwanderer in New York zum ersten Mal amerikanischen Boden. Ab 1855 wurden alle in New York ankommenden Emigranten durch das Landungsdepot in *Castle Garden*, an der Südspitze Manhattans, geschleust. Ab 1892 war Ellis Island, im Mündungsgebiet des Hudson River und vor Manhattan gelegen, zentraler und größter Sammelpunkt für Einwanderer in die USA. Man untersuchte die Ankommenden auf ansteckende Krankheiten und ihren Gesundheitszustand. Mit der Veränderung der Einwanderungspolitik und restriktiveren Zuwanderungsbeschränkungen, auch der Einführung bestimmter Quoten für bestimmte Länder, wurden diese Kontrollen im Laufe der Zeit rigider. Ellis Island wurde erst 1954 geschlossen.

Viele Reisende wurden noch im Hafen von Agenten der Wirtshäuser und Transportgesellschaften abgefangen, den sogenannten *Runnern*. Oft waren Deutsche darunter, die sich mit ihren Sprachkenntnissen bei den in fremder Umgebung um Orientierung ringenden Neueingewanderten einen Vorteil zu verschaffen suchten. Den meisten Ankömmlingen war klar, dass sie nicht in New York bleiben wollten, deshalb ging es ihnen darum, schnellstmöglich eine Reisemöglichkeit in den Mittelwesten, nach Illinois, Missouri oder Wisconsin, Kansas oder Nebraska zu finden, um dort Land zu erwerben. Oft wurden die Einwanderer bei dem Versuch, sich einen Fahrschein zu organisieren, Opfer von Betrügern. Es stellte sich dann heraus,

Nach der Ankunft in New York kamen die Einwanderer direkt nach *Castle Garden* an der Südspitze Manhattans. Hier konnten sie Geld wechseln, sich registrieren lassen, auch Fahrscheine für die Reise ins Inland kaufen. Quelle: Frank Leslie's Illustrated Weekly, 1866

dass das erworbene Ticket nur für eine Teilstrecke gültig war oder beim Umladen und Wechsel auf ein anderes Verkehrsmittel, was auf diesem Weg mehrfach notwendig war, noch zusätzliches Geld für Gepäck zu entrichten war. Der Weg von New York City führte zunächst mit dem Schiff nach Albany und dann per Eisenbahn oder weiter auf dem Wasserweg zum Lake Erie, nach Toledo und von dort mit der Eisenbahn bis nach Chicago.

Für viele deutsche Einwanderer waren die Siedlungen Deutscher in New York City erste Anlaufstelle, nachdem sie die Einreisekontrollen durchlaufen hatten. Wenn sie bereits persönliche Kontakte hatten oder Empfehlungen besaßen, konnten sie schneller Fuß fassen. Das Verhältnis zwischen den früher eingewanderten Deutschen und den Neuankömmlingen war nicht immer von Solidarität geprägt, da letztere oft als Konkurrenz wahrgenommen wurden.

Schon seit Mitte des 18. Jahrhunderts gab es zwei deutsche Kirchen in New York, eine lutherische und eine reformierte, und 1784 wurde dort nach dem Vorbild von Philadelphia die *Deutsche Gesellschaft* gegründet. Diese frühen Immigranten waren völlig integrierte Bürger New Yorks, von Deutschen geprägte und dominierte Stadtbezirke bildeten sich erst heraus, als die Zahl der deutschen Einwanderer anstieg. Der starke Zustrom ab etwa 1830 setzte die New Yorker Gesellschaft enormen Belastungen aus. Er verschärfte den Konkurrenzkampf auf dem Arbeitsmarkt, und der Mittelstand war in seinem Status und Lebensstandard bedroht. Da öffentliche Verkehrsmittel noch schlecht entwickelt und teuer waren, siedelten sich Neuankömmlinge gerne in unmittelbarer Nähe des Geschäftsviertels an. Für sie war das Leben hier oft eine Übergangszone für die Anpassung an die ungewohnten amerikanischen Verhältnisse. Es gab starke Spannungen zwischen den alteingesessenen New Yorkern und den Neueinwanderern. Wohnraum wurde dramatisch knapp, und da es keine Stadtplanung und verbindlichen Bauvorschriften gab, entstanden Slums, von denen sich die bessergestellten Bewohner versuchten, räumlich abzugrenzen.

Viele sahen sich gezwungen, angesichts der hohen Bevölkerungsdichte und der Gefahr eines Verlusts ihres gesellschaftlichen Status ihre Wohnungen und Häuser im Stadtzentrum aufzugeben. Im Gegensatz zu den Iren, der lange stärksten Gruppe von Neueinwanderern in der Stadt, die sich – bei allen Animositäten – mehr oder weniger über das Stadtgebiet verteilten, konzentrierte sich ein großer Teil der deutschen Einwanderer zwischen 1830 und 1850 in *Little Germany*, *Klein-*

deutschland oder *Dutchtown*, wie es auch genannt wurde, zwischen der Houston Street im Norden und dem East Broadway im Süden, und später, nach dem Bürgerkrieg, in der Umgebung des Tompkins Square, an der Lower East Side (ein ähnlich ethnisch geprägtes Stadtviertel war das etwas weiter südlich gelegene *Little Italy).* Ihre charakteristische Prägung erhielt diese Gegend durch deutsche Spezialitätengeschäfte, Vereinshäuser, Kirchen und Schulen, aber auch Biergärten wie dem *Atlantic Garden* mit Kegelbahn, Schießanlagen, Domino- und Kartenspielen, wo Mädchen in kurzen Röcken und glöckchenbesetzten Stiefeln den bürgerlichen Gästen Bier in Krügen servierten. In *Brückbauer & Maurers Weinstube* versammelte sich eine eher intellektuelle Klientel. Die Wände solcher Lokale, die angesichts beengter Wohnverhältnisse oft die Funktion eines Zuhause hatten, waren mit Gemälden von Rhein, Lüneburger Heide oder Schwarzwald geschmückt, es gab Porträts von Goethe und Schiller sowie Topfpflanzen. Kleine Bläsergruppen in Infanterieuniform spielten auf den Straßen Volkslieder und Walzer, womit sie das Heimweh vertreiben wollten. Turn- und Sängerfeste wurden oft außerhalb der Stadt veranstaltet, zum Beispiel in Hoboken in New Jersey, wo sonntags auch alkoholische Getränke ausgeschenkt werden durften. An der Bowery befand sich ab 1853 bis zu einem Brand zehn Jahre später das *Steuben Haus*, gesellschaftliches Zentrum der Deutschen. Im Jahre 1865 wurde die Zahl der in Deutschland geborenen Einwanderer in der Lower East Side auf rund 58 000 beziffert.

In der Umgebung des Tompkins Square gab es alle Arten von deutschen Betrieben und Gewerben, Hausfrauen trafen sich an den öffentlichen Pumpen zum Austausch. *Lindemanns Hall*, *Palace Garden* oder *Beethoven Hall* waren beliebte Veranstaltungsorte. Im Kellerlokal *Die Heimat* gab es für fünf Cents einen Becher Wein und ein Stück Landbrot, und der Wirt soll sich nicht darüber aufgeregt haben, wenn Gäste die Kneipe auch einmal zum Übernachten benutzten. Im Laufe der Zeit wurde das Viertel jedoch immer stärker von Arbeitslosigkeit und Verwahrlosung geprägt, so dass viele nach Brooklyn, Queens oder in die Bronx umzogen.

Während deutsches Theater im kolonialen Amerika keine Rolle gespielt hatte, entstanden in *Little Germany* um 1840 die ersten deutschsprachigen Bühnen Amerikas. Zuerst wurden Stücke im *Franklin Theater* aufgeführt, später im *Stadttheater*, wo Stücke klassischer Autoren wie Goethe und Schiller gegeben wurden.

Oscar Hammerstein (1847–1919)

Der Jude Oscar Hammerstein kam ursprünglich aus Stettin, wuchs in Berlin auf und verließ Deutschland in jungen Jahren. In Amerika hatte er zunächst großen wirtschaftlichen Erfolg mit einem Zigarrenhandel, bevor er sich auf den Immobilienhandel, den Bau von Opernhäusern und die Produktion von Opern verlegte: Anfang der 1870er Jahre startete er mit ersten Aufführungen im *Stadttheater*. Sein erstes Gebäude war das *Harlem Opera House* (1888) – einem Bezirk, in dem damals noch viele Deutsche wohnten –, es folgte das *Manhattan Opera House* (1892), das *Olympia* (1895) und das *Victoria* (1899). Mit einem zweiten *Manhattan Opera House* (1906) schuf er eine direkte Konkurrenz zur *Metropolitan Opera Company*, weil das Angebot dort nicht seinen Ansprüchen genügte. Die Herausforderung gelang ihm so gut, dass die *Met* Hammerstein 1910 einen Vertrag anbot, der ihn dazu verpflichtete, zehn Jahre lang auf dem Boden der Vereinigten Staaten keine Oper mehr zu produzieren. In der Folge wich er nach

England aus, wo er 1913 das *London Opera House* errichtete – ein von Misserfolg geprägtes Unternehmen. Sein Tod machte neuen New Yorker Plänen jedoch einen Strich durch die Rechnung.

Seit den Jahren um 1890 warben Baugesellschaften gezielt unter den deutschen Bewohnern für Wohnhäuser weiter nördlich in Manhattan, östlich vom Central Park: Yorkville, der nördliche Teil dessen, was heute als Upper East Side gilt. Schon vor dem Bürgerkrieg hatte das Viertel etliche deutsche Bewohner, auch eine Gastwirtschaft, Brauereien, einen Männerchor und seit 1863, an der 87th Street, eine deutsche lutherische Kirche. Bald war die Gegend von etwa 80 000 Deutschen bewohnt, der deutsche Turnverein mit seinen beachtlichen 600 Mitgliedern sowie die *Deutsche Reformierte Protestantische Kirche New Yorks* waren jetzt hier und nicht mehr auf der Lower East Side zu finden, zwischen 1895 und dem Ersten Weltkrieg galt Yorkville als das *Little Germany* Manhattans, mit dem Zentrum im Bereich der 86th und 87th Street, zwischen Lexington Avenue und Third Avenue. Außerhalb dieses Kernbereiches war das Viertel auch von Tschechen, Ungarn und Iren bewohnt. An der Ecke von Fifth Avenue und 65th Street ließ John Jacob Astor IV, Urenkel des legendären, aus Deutschland stammenden Johann Jakob Astor, seine Familienvilla bauen. Er war auch Bauherr des später mit dem Waldorf zusammengelegten *Astoria-Hotels* und kam beim Untergang der *Titanic* ums Leben.

Trotz einiger Biergärten und Delikatessengeschäften hatte das kulturelle Leben der Deutschen dort aber nicht mehr die Dynamik wie in den vorangehenden Jahrzehnten in den weiter südlich gelegenen Stadtteilen. Mit der zunehmenden Integration der Deutschen in die amerikanische Gesellschaft, bei gleichzeitig deutlich vermindertem Zuzug neuer deutscher Einwanderer, verblassten die kulturellen Eigenheiten oder wurden nur noch im privaten Umfeld gepflegt.

Eine Katastrophe, die mit dem Ende von *Little Germany* in Verbindung gebracht wird, weil überproportional viele Angehörige der gesellschaftlich führenden deutschamerikanischen Bewohner unter den Betroffenen waren, ist der Untergang des Schaufelraddampfers *General Slocum* am 15. Juni 1904. Das Schiff war von der evangelisch-lutherischen Kirche gechartert worden, um zu einem Picknick auf Long Island zu fahren. Als ein Feuer in einem der Lagerräume ausbrach, sank das Schiff und riss mehr als 1000 Menschen mit sich in die Tiefe.

Konzentrationen von deutschen Siedlern gab es auch in anderen Stadtteilen New Yorks. Viele arme Deutsche, darunter oft in Heimarbeit nähende Schneider, lebten in East New York, das später unter dem Namen Williamsburg ein Teil von Brooklyn wurde. Ebenso zählten die Bronx und Harlem, nördlich vom Central Park gelegen, zunächst zu den bevorzugten Wohnvierteln der Deutschen. Zu Beginn der 1870er Jahre wurde die Klavierfabrik *Steinway* von der East Side nach Astoria in Queens verlegt, in deren Umgebung Siedlungen für die Arbeiter errichtet wurden. William Steinway jr. ging es um ein konfliktfreieres Miteinander von Arbeitnehmern und Arbeitgebern als man es auf der unruhigeren, von Anarchisten und Sozialisten beherrschten East Side gewöhnt war. Queens besaß mit Germania Heights, im Ersten Weltkrieg in Ridgewood Heights umbenannt, einen weiteren Stadtteil mit einer hohen Zahl deutschstämmiger Bewohner.

Die Bewegung nach Westen

War das Siedlungsgebiet der deutschen Einwanderer während der Kolonialzeit auf die Staaten Pennsylvania, Maryland und New York konzentriert, begann es sich bald auf Ohio und den Mittleren Westen auszudehnen. Frankfort, die Hauptstadt Kentuckys, wurde von Frankfurtern gegründet und auch nach Tennessee kamen viele Deutsche. Die *frontier*, die Siedlungsgrenze, hatte sich schon vor der Revolution weiter nach Westen verschoben, danach richtete sich das öffentliche Bewusstsein noch viel mehr dorthin. Entscheidend für die weitere territoriale Expansion war das immer stärkere Zurückdrängen der Indianer und die damit verbundene Abtretung großer Präriegebiete, etwa nach dem *Black-Hawk-Krieg* 1832. Nun machten sich viele Deutsche auf den Weg auch nach Illinois, Michigan, Wisconsin, Nebraska und Iowa und erschlossen dort das Land Seite an Seite mit ihren angloamerikanischen Nachbarn.

Detroit und Ann Arbor gehörten zu den frühesten deutschen Niederlassungen in Michigan. Unter den Siedlern waren viele protestantische Schwaben, die vom *Michigan fever* angesteckt worden waren und von Spekulanten preiswertes Land erwerben konnten, das sie dann urbar machten. Ann Arbor entwickelte sich schnell zum Umschlagplatz für die Landwirtschaft und blieb bis ins 20. Jahrhundert von Deutschen als der mit Abstand größten Gruppe unter den Einwanderern geprägt.

In Milwaukee (Wisconsin), am Westufer des Michigansees, entstand ebenfalls in den 1830er Jahren das, was manche als «die deutscheste Stadt Amerikas» bezeichneten. Die ersten Einwanderer waren Lutheraner. Später gab es hier im «Deutschen

Athen am Michigansee», wie die Einwanderer ihre Stadt gerne nannten, zehn deutschsprachige Zeitungen, von denen die *Germania* sogar einmal eine regelrechte Kampagne gegen Englisch als Unterrichtssprache lostrat. Die Brauwirtschaft spielte eine große Rolle, mit den bekanntesten Großbrauereien Blatz, Miller und Schlitz. Die Stadt war der Sitz von politischen Vereinigungen und, nachdem Bismarck 1878 seine Sozialistengesetze eingeführt hatte, auch sozialistischen Verbänden, und lange gab es die Idee, Milwaukee zur Hauptstadt eines «kleinen Deutschland» zu machen, um deutsche Interessen dort besonders schützen zu können. 1900 gab es 268 000 Personen in Wisconsin, die noch in Deutschland geboren worden waren. Der Bundesstaat hatte den Ruf, von seinem Klima und seiner landwirtschaftlichen Produktion her Süddeutschland besonders ähnlich zu sein. Ein anderes Beispiel sind die fränkischen Gemeinden, die seit 1840 im zentralen Teil Michigans gegründet wurden. Sie lassen sich auf den Lutheraner Wilhelm Löhe aus Neuendettelsau bei Nürnberg zurückführen, der von hier aus Missionsarbeit unter den Indianern betrieb. Neben dem Städtchen Frankenmuth gab es später mit Frankentrost, Frankenlust und Frankenhilf noch weitere Dörfer in deutscher Hand.

Der Mississippi und der Missouri, die Großen Seen und der Ohio ermöglichten den Einwanderern problemlose Mobilität in diesem Gebiet. Die Fertigstellung des Eriekanals 1825 und damit die Verbindung zwischen dem in den Atlantik mündenden Hudson und den Großen Seen ließ New York zum wichtigsten Einwanderungshafen werden – 80 bis 90 Prozent der deutschen Einwanderer trafen hier ein, zumal das Redemptionswesen nun keine Rolle mehr spielte. Die beiden anderen Strecken, um ins Inland zu kommen, waren von Philadelphia und Baltimore über den Ohiofluss nach St. Louis und von Süden her (New Orleans) über das Mississippital. Die Schiffsreise nach New Orleans dauerte zwar etwas länger und war auch teurer als die Fahrt an die Ostküste, hatte aber den Vorteil, dass das Gepäck dann nicht so häufig verladen werden musste, weil der Mittelwesten preiswert mit einem der Schaufelraddampfer auf dem Mississippi erreicht werden konnte. Zudem dauerte die Fahrt von New Orleans nach St. Louis oft nur etwa sieben Tage. Die Einwanderer verließen die Dampfer an einer der vielen Anlegestellen und setzten ihre Reise von dort mit Wagen oder später mit der Eisenbahn fort. Das legendäre *German Triangle* bezeichnet das Gebiet im Dreieck zwischen Milwaukee, St. Louis (Missouri) und Cincinnati (Ohio) – das Kerngebiet deutscher Besiedlung, bevor es sich noch weiter nach Westen zu erstrecken begann.

Viele über das Gebiet der Vereinigten Staaten verteilte Ortsnamen weisen auf die Beteiligung deutscher Einwanderer an der Gründung hin. Namen wie Hamburg, Hanover, Munster, Brunswick, Westphalia oder Bismarck findet man in mehreren Bundesstaaten, sie konzentrieren sich jedoch besonders auf den amerikanischen Mittleren Westen. Häufig wurde dem ursprünglichen Heimatort ein «New» vorangestellt: New Frankfort (Indiana), New Baden (Texas) oder New Berlin (Texas, Milwaukee, Illinois). Ein Blick auf die regionale Herkunft der deutschen Siedler in den verschiedenen Städten und Staaten offenbart einige Grundmuster: Während Württemberger gehäuft in Philadelphia vorkamen, fehlten sie zum Beispiel in Milwaukee, wo sich wiederum Mecklenburger konzentrierten, fast ganz. Fränkische Lutheraner fanden sich in Teilen Michigans wieder, aus Holstein gebürtige Einwanderer in Nebraska.

Wie kam es zu diesen Unterschieden? Manchmal dürfte es schlicht Zufall gewesen sein, dass es eine bestimmte Gruppe in eine bestimmte Gegend verschlug, in anderen Fällen waren es die Beschreibungen in Briefen von zuvor dorthin Ausgewanderten. Darüber hinaus korrespondierte die Wahl des Zielortes mit dem Zeitpunkt der Ankunft in Amerika und der Frage, wie weit die Besiedlung schon nach Westen reichte. Zum Teil handelte es sich um Siedler, die schon weiter östlich – in Ohio, Illinois oder Missouri – ihr eigenes Land bewirtschaftet hatten und nach dem Verkauf in den Westen umzogen, um dort bei gleichem finanziellen Einsatz mehr landwirtschaftliche Kapazitäten für eine inzwischen gewachsene Familie zu haben.

Tausende von Norddeutschen wurden nach dem Bürgerkrieg in den 1870er und 1880er Jahren von staatlichen Agenturen, Kirchen, Eisenbahngesellschaften und Geschäftsleuten mit dem Hinweis nach Kansas, Nebraska, Dakota und Oregon gelockt, dort günstig Land erwerben zu können. Die Anwerbungsversuche begannen schon in den deutschen Häfen, wo Einwanderungsagenten Kontakt mit den Auswanderern suchten und sie mit Informationen versorgten. Ein Beispiel ist Max H. Allard, der ab 1869 im Auftrag von Michigan über zahlreiche Unteragenten die Schrift *Michigan. Seine Vorzüge und Hilfsquellen* sowie die Zeitschrift *Michigan Wegweiser* unter die Leute bringen ließ. Die Staaten Missouri und Minnesota dagegen kooperierten mit der in Bremen erscheinenden *Deutschen Auswanderer-Zeitung*, in der redaktionelle Beiträge für das Leben in diesen Bundesstaaten warben.

Zwischen den nordwestlichen Staaten und den Südstaaten herrschte erhebliche Konkurrenz. Der Norden machte Stimmung gegen die Anwerbungsversuche von South Carolina, Virginia und Texas, die nach dem Bürgerkrieg und der Sklavenbefreiung auf der Suche nach Pächtern und Helfern auf den Plantagen waren. Aber die Südstaaten – mit Ausnahme von Texas – blieben bei der Anwerbung von deutschen Einwanderern weniger erfolgreich, vor allem, weil es kaum die Möglichkeit des Landerwerbs gab, aber auch wegen des ungewohnten und nicht so gut verträglichen schwülheißen Klimas. Der 1862 von Präsident Abraham Lincoln unterzeichnete *Homestead Act* erlaubte es jeder erwachsenen Person, außerhalb der ursprünglichen 13 amerikanischen Kolonien ein noch freies, 160 acre (rund zweieinhalb Quadratkilometer) umfassendes Gelände zu bewirtschaften, das nach fünf Jahren in Eigentum überging. Auch wenn das besonders in den trockenen Präriegebieten nicht groß genug bemessen war, um eine Farm aufzubauen und damit eine Lebensgrundlage zu schaffen, hatte der Nordwesten mit dieser Regelung einen wichtigen Vorteil.

Von dem Zug in den Mittleren Westen profitierten ebenfalls die Städte – insbesondere Milwaukee, Cincinnati, St. Louis und Chicago zogen mit ihrer Expansion viele Deutschamerikaner an. Dort bildeten sich ethnisch geprägte Wohnviertel heraus mit eigenen Kirchen verschiedener Glaubensrichtungen, Zeitungen, Vereinen, Schulen und Theatern. 1890 war ein Drittel der New Yorker Einwandererbevölkerung deutsch, in Chicago etwas mehr als ein Drittel, in Milwaukee sogar mehr als zwei Drittel. All diese Siedlungen der deutschen Einwanderer im späteren 19. Jahrhundert zusammenfassend, wird das Gebiet – in Erweiterung des oben erwähnten *German Triangle* – gerne als Viereck beschrieben, dass sich im Norden von Wisconsin bis Nebraska und im Süden von Ohio bis Missouri erstreckte.

Um 1850 konzentrierte sich ein gutes Drittel der noch in Deutschland geborenen Immigranten auf die Staaten New York, New Jersey und Pennsylvania (Middle Atlantic), aber beinahe 40 Prozent auf die Staaten Illinois, Indiana, Michigan, Ohio und Wisconsin (East North Central States). Die meisten deutschen Siedler galten als sesshaft, während andere ihr Land mit der Aussicht auf Spekulationsgewinne gerne verkauften. In abgelegenen, ländlichen Gebieten von Staaten wie Wisconsin und Minnesota konnten sich bis ins 20. Jahrhundert hinein regelrechte deutsche Inseln mit ihren traditionellen Werteorientierungen erhalten. Noch im Jahre 1900 war ein Drittel der Bevölkerung des Staates Wisconsin in Deutschland geboren oder hatte einen deutschen Vater oder eine deutsche Mutter. In Minnesota und Illinois waren es immerhin noch mehr als ein Fünftel. In den Südstaaten waren nur wenige zu finden: In North und South Carolina – um nur ein Beispiel zu nennen – weniger als ein Prozent. Mehr als ein Viertel waren es dagegen in New York, Rhode Island, Connecticut, Massachusetts, Wisconsin, Montana und Minnesota. Einen besonders hohen Prozentsatz von in Deutschland geborenen Einwanderern wies inzwischen mit mehr als 35 Prozent der Staat North Dakota, an der kanadischen Grenze im Norden, auf – allerdings lag die Gesamtbevölkerung des Staates seinerzeit bei nur etwa 320 000.

Im Bann des Goldrausches

Deutsche Kaufleute waren schon an der Westküste Nordamerikas aktiv, bevor man auf dem Landweg dorthin gelangt war und bevor Kalifornien Teil der Vereinigten Staaten wurde. Der aus der Pfalz stammende Carl David Weber dürfte zu den ersten Deutschen zählen, die sich in Kalifornien niedergelassen haben. Im Jahre 1845 kaufte er, für den Spottpreis von gerade einmal 200 Dollar, ein 250 Quadratkilometer großes Gebiet am San Joaquín River und gründete zwei Jahre später die Stadt Stockton, östlich von San Francisco. Ungleich bekannter ist der Schweizerdeutsche Johannes Suter, oder Captain John A. Sutter, wie er sich schon bald zu nennen pflegte. Sutter war in Stuttgart geboren worden, zog später in die Schweiz und erreichte Kalifornien 1839 auf dem langen Umweg über Missouri, Oregon, Alaska und die Sandwich-Inseln. Er leistete der mexikanischen Regierung einen Eid und erhielt im Sacramento Valley ein großes Stück Land zugewiesen. Seinem kleinen Reich gab er kurzerhand den Namen *New Helvetia* und deren «Hauptstadt» nannte er *Sutter's Fort*. Auf seinem Grund war er von Mormonen umgeben, die zunächst noch mit dem Gedanken spielen, von hier aus, fernab der strengen Vorschriften der US-amerikanischen Gesetzgebung, an der Bucht von San Francisco eine Kolonie anzulegen. Am Morgen des 24. Januar 1848 wurde auf Sutters Gelände Gold gefunden, und nur ein Zufall war es, dass Kalifornien am 2. Februar offiziell zu einem Teil der Vereinigten Staaten erklärt wurde. Bis dahin war Kalifornien in den Schriften nur am Rande vorgekommen, immerhin hieß es in der Januar-Ausgabe der *Allgemeinen Auswanderungs-Zeitung*

«Ein Auswanderer nach Californien.» Diese vielfach variierte Abbildung aus der Zeit um 1850 illustriert die Tatsache, dass die Goldgräberei Menschen verschiedenster Berufe anzog.

1848, also nur Wochen vor den Goldfunden, fast prophetisch, dass es «als ein üppiges, für die Auswanderung höchst beachtenswertes Land» bekannt sei, «welches zwar für jetzt noch erst wenige, aus den Freistaaten eingewanderte Aussiedler zählt, bald aber auch wohl von Deutschen zur neuen Heimath auserkoren werden wird.»

Mehr als ein Dreivierteljahr dauerte es, bis die Nachricht über die Goldfunde im kalifornischen Bergland ihren Weg entlang der Schifffahrtsstraßen um die halbe Erdkugel in die Hafenstädte und zur Berliner *Vossischen Zeitung* fand, wo man am 11. Oktober 1848 lesen konnte: «Große Sensation machen die neuesten Berichte aus Californien. Wenn sie nicht – wie stark zu vermuthen – große Übertreibungen enthalten, so wüßte man endlich, wo das wahre Goldland – El Dorado – liegt. In dem Ufersande einiger Arme des Sacramento, namentlich des ‹Feather and Fork› soll nämlich Gold in unglaublicher Menge gefunden werden. Körner von der Größe eines Senfkornes bis zu einer Unze Gewicht! Die Erzählungen klingen märchenhaft. Die ganze amerikanische Bevölkerung, heißt es, befindet sich gegenwärtig an den Ufern dieser Flüsse, auch die Weiber und Kinder haben ihre Wohnungen verlassen und sammeln Gold.» Das Gold werde «für Tausende auf Jahre hin Beschäftigung sichern», war am 14. Oktober in der *Kölnischen Zeitung* nachzulesen.

Es überrascht kaum, dass solche und ähnliche Meldungen in anderen Publikationen schnell Abenteurer anzogen. Der Schweizer Carl Meyer hielt in *Nach dem Sacramento* (1855) über Kalifornien fest: «Wohl ist (es) ein noch wenig civilisirtes, ein erst im Entstehen begriffenes Land, ein Neuland, ein Trödelmarkt menschlicher Gebrechen und Schwächen, auf dem die Abenteurer aller Welttheile sich gegenseitig mit ihrem Treiben und Handeln zu übervortheilen suchen, allein ist es auch ein

Mährchenland, wo das Glück, wie von Gnomen und Kobolden Einem zugetragen, in goldenen Strahlen den Freudenbecher des Lebens füllt.»

Andere Berichte über Kalifornien waren mit mehr Substanz erfüllt, Mutmaßungen wichen Fakten. Die Zeitungen wehrten sich gegen die «Californien-Manie» und druckten kritische und warnende Meldungen über das «neue Peru», wie Kalifornien oft genannt wurde. Schon Anfang 1849 riet die *Leipziger Zeitung* von Kalifornien, «wohin sich die Blicke aller Deutschen richten, welche gern schnell und mühelos reich werden möchten», sogar ganz ab.

Beantwortung gewisser Fragen, die den Auswanderer besonders interessiren

Fühlt sich der Einwanderer nicht vereinsamt? – Ueberall in Californien sind Deutsche, Oesterreicher, Böhmen, Schweizer in großer Anzahl zu treffen. Allen geht es gut, und da jeder neue Ansiedler den Nationalreichthum und somit den Wohlstand des Einzelnen vermehrt, so hilft man ihm von allen Seiten mit Rath und That.

Gibt es wilde, reißende Thiere oder grausame Indianer? – In den zu Ansiedlungszwecken dienenden Gegenden gibt es weder reißende Thiere noch giftige Schlangen irgend welcher Art. Zahlreiches Wild: als Hirsche, Rehe, Hasen, Rebhühner, Enten u. s. w. bieten dem Jagdfreunde eine ergiebige Beute, da die Jagd vollständig frei ist und Jedermann nach Belieben jagen darf. Die wenigen Indianer, die in Californien leben, sind gutherzige, anspruchslose Leute, die gegen mäßigen Lohn sich gern als Arbeiter verdingen und dem Landwirth beim Pflücken seiner Früchte von großem Nutzen sind.

Warum soll der Auswanderer sich nicht in New-York, Ohio oder in sonstigen östlichen und nördlichen Staaten niederlassen? – Die östlichen Staaten sind überfüllt und der Auswanderer würde seine Lage wenig verbessern, wenn er dort bliebe; das Land ist theuer und in Folge des großen Angebots sind die Löhne gering. In den nördlichen Staaten ist der Winter lange und streng. Sechs Monate und oft noch länger muß der Landwirth seiern und setzt im Winter zu, was er im Sommer erübrigt. Man scheue sich nicht, wenn es sich um Gesundheit, Fortkommen und Wohlstand handelt, einige Tage länger unterwegs zu sein, um in dem goldenen Californien mildes Klima, billiges, fruchtbares Land und hohe Löhne zu finden.

Charles Nordhoff, Führer durch den Goldenen Staat Californien, herausgegeben von der Südlichen Pacific-Bahn und von W. G. Kingsbury, Europäischer General-Agent für Texas und Kalifornien. London 1883

Was schon für Amerikaner galt – im Pazifischen Westen ganz neu anzufangen, sich neu zu erfinden –, galt auch für viele deutsche Einwanderer, die vorher im Osten des Landes versucht hatten Fuß zu fassen. Der Landweg setzte bei den Reisenden eine besonders gute Kondition voraus, denn die Eisenbahnverbindung von Osten nach Westen war erst 1869 durchgehend. Viele gelangten über Mittelamerika nach Kalifornien, wobei sie einen Teil der Strecke mit dem Boot und auf Maultieren zurücklegen mussten, um an den Pazifik zu gelangen. Eine besondere Herausforderung des Seewegs an der Südspitze Südamerikas vorbei war der schnell erfolgende Jahreszeitenwechsel: Die im Frühjahr startenden Schiffe gelangten ein paar Monate später in den tiefsten antarktischen Winter. Der Bremer Schiffsmakler Schrader pries die dreimastige *Joseph Haydn* an: «Denen, welche sich einige Säcke voll Gold holen, oder das schöne Land zu ihrem künftigen Wohnsitz wählen wollen, bietet sich dadurch eine vortreffliche Gelegenheit dar, dahin zu gelangen.» Und in den *Hamburger Nachrichten* waren häufig Abschiedsanzeigen wie die folgende zu lesen: «Indem wir unsere eheliche Verbindung vom 18. dieses Monats anzeigen, sagen wir gleichzeitig allen Freunden und Bekannten bei unserer Abreise nach San Francisco ein herzliches Lebewohl! Heinrich Grabs und Charlotte Grabs, geb. Feltmann, am Bord der Louise, Capt. Geelts. Hamburg, den 29sten April 1850».

Auf den Straßen San Franciscos konnte man eine erstaunliche Mischung von Menschen beobachten: Mexikaner, Amerikaner, Peruaner, Chilenen, Feuerländer, Deutsche, Italiener, Malayen, Chinesen und viele andere, oft noch in ihrer jeweiligen Tracht. «Natürlich wird Englisch als Sprache dieses Landes am häufigsten benutzt, aber Deutsch, Französisch und Spanisch sind beinahe genauso oft zu vernehmen, so dass man in der Lage sein sollte, alle vier Sprachen flüssig zu sprechen, um sich ungehindert durch sämtliche Klassen der örtlichen Gesellschaft bewegen zu können», schrieb Franz Lecouvreur, den es 1851 von Königsberg nach San Francisco verschlagen hatte. An den Fenstern der Geschäfte hieß es *Aquí se habla español*, *Hier spricht man Deutsch* oder *Ici on parle français*.

«Alle sind hierher gekommen, ein Vermögen zu machen, und um diesen Zweck zu erreichen, ergreifen Grafen und Barone die Schaufel, sieht man Doctoren als Gehülfen in den Restaurants und unter den öffentlichen Stiefelputzern Vertreter aus allen Ständen», schrieb der Hamburger Konsul Adolf Godeffroy in seinem Jahresbericht von 1850. Natürlich war es kein Zufall, dass ausgerechnet Hamburg als erster deutscher Staat 1849 in San Francisco ein Konsulat einrichtete. Viele Kaufleute wollten gute Importgeschäfte machen und brachten auch die dafür notwendigen Erfahrungen aus dem internationalen Geschäft mit. Nicht nur einige der größten Handelsfirmen San

Die Goldsuche war kaum eine beschauliche Angelegenheit. Unter den ethnisch unterschiedlich zusammengesetzten Goldgräbern herrschte ein raues Klima, und denen, die gegen das Gesetz handelten, wurde kurzer Prozess gemacht.

Franciscos wurden von Deutschen betrieben, der Verkauf von Tabak und Kleidung lag fast ganz in ihrer Hand. Es gab zehn deutsche Brauereien, vierundzwanzig Bierkeller und etliche kleine Hotels und Wirtschaften. Rechtsanwälte, Ärzte und Apotheker, aber auch viele der herumziehenden Musiker waren deutscher Herkunft. Da es an Münzen mangelte, behalf man sich ersatzweise mit fremdem Silbergeld aus anderen Ländern. Ob es sich um einen preußischen Taler oder ein französisches Fünffrankenstück handelte – beide hatten den Wert von einem Dollar. Einfache Frankenstücke und preußische Fünfgroschenstücke galten als ein Quarter (viertel Dollar). Findige Kaufleute wie die der Hamburger Firma *Godeffroy, Sillem & Co.* importieren gleich ein ganzes Fass mit preußischen Fünfgroschenstücken, die sie, den Usancen folgend, als Quarters berechneten. So erwirtschafteten sie sich leicht einen Gewinn von 100 Prozent.

Anfänglich gab es ein ausgeprägtes Ungleichgewicht zwischen der Anzahl von Männern und Frauen. Noch im September 1849 schrieb ein nicht namentlich genannter Bremer, der eine Stunde von San Francisco, im Tal der Mission Dolores Land gemietet hatte: «... ich übertreibe nicht, wenn ich sage, dass auf 1000 Männer noch nicht 10 Frauen kommen; das ist wahrhaftig furchtbar! Wenn sie einen Funken von Mitleid für die armen (Franciscaner, hätt' ich bald gesagt) Californier haben, so machen Sie Propaganda für Californien unter den deutschen Damen, ihre Zahl ist ja Legion. Damen, Damen! Eine Goldmine für einige Damen!»

Deutsche siedelten auch in anderen Städten wie Santa Barbara, San Diego und Los Angeles und waren am Aufbau der Landwirtschaft im Süden Kaliforniens beteiligt. Ein Beispiel ist Anaheim, das 1857 von fränkischen Weinbauern gegründet wurde (und heute vor allem wegen Disneyland bekannt ist). Als die Reben in den 80er Jahren einem Schädling zum Opfer fielen, stieg man dort auf den Anbau von Walnüssen, Zitronen und Orangen um. Im Verhältnis zur Gesamtzahl der deutschen Einwanderer war es jedoch zunächst nur ein kleiner Teil, der sich an der Pazifikküste wiederfand. Einer Statistik zufolge waren es 1850 knapp dreitausend deutsche Einwanderer, 1860 dann schon nahezu 22 000. Viele Goldgräber sattelten im Laufe der Zeit auf andere, ein regelmäßiges Einkommen versprechende Tätigkeiten um oder zogen sich ernüchtert aus Kalifornien zurück.

«Meine Neugierde nach dem gepriesenen Goldlande ist befriedigt, mein Goldfieber ist verschwunden, und ich werde zufrieden sein, wenn ich durch Fleiß und Thätigkeit mir in meinem gesitteten Lande eine sorgenfreie Existenz gesichert sehe. Schließlich bemerke ich, dass ich allen meinen Landsleuten, welche vom Goldfieber dergestalt angesteckt sind, dass sie nur durch eigene Erfahrung geheilt werden können, gern Auskunft und Rath über ihr Verhalten auf der Reise und in Californien geben werde, der beste Rath aber, den ich ihnen geben kann, der ist: ‹Bleibe im Lande und nähre dich redlich.›»

Der Auswanderer Herrmann B. Scharmann 1851

Im Bürgerkrieg

Überproportional viele deutsche Einwanderer meldeten sich für einen Einsatz im Bürgerkrieg. Die allermeisten taten dies freiwillig, nur in wenigen Fällen wurden sie zwangsverpflichtet. Viele der kämpfenden deutschen Soldaten – wie auch die anderer ethnischer Gruppierungen – erkannten neben dem Einsatz für die Sache an sich die Möglichkeit, ihre Loyalität zu Amerika unter Beweis zu stellen. Unter den rund zwei Millionen Männern, die auf Seiten der Nordstaaten kämpften, waren etwa 200 000 Deutsche. Teilweise gab es in der Unionsarmee nur aus Deutschen, Iren, Norwegern oder Schweden zusammengesetzte Einheiten. Unter den ranghohen deutschen Offizieren waren zum Beispiel der ehemalige badische Revolutionär Franz Sigel, der bis zum Generalmajor aufstieg. Der ebenfalls gebürtige Badener und ehemalige Revolutionär Friedrich Hecker war zeitweise Oberst in einem eigenen Regiment. Der aus Koblenz stammende Kaufmann Peter Joseph Osterhaus, der als Oberst und Co-Befehlshaber der Bürgerwehr von Mannheim fungiert hatte, avancierte im Bürgerkrieg zum Generalmajor und temporären Korpskommandeur.

Drei Viertel der deutschen Soldaten dienten als ethnische Minderheit in den jeweiligen Regimentern. In Wisconsin, Pennsylvania, Ohio, Indiana, Missouri und New York gab es solche, in denen Deutsche in der Mehrheit waren oder deren Mitglieder sich zu einem großen Teil aus den Turnvereinen zusammensetzten. Ihre Uniformen waren bewusst ähnlich gestaltet wie die deutschen, und die Übungen der Soldaten folgten den in Deutschland üblichen Reglements. Es wurden viele Anstrengungen unternommen, um den vertrauten Rahmen in den Regimentern herzustellen, einschließlich typischer Mahlzeiten und Bier, Turnplätzen und Gesangsvereinen.

Wie Wolfgang Helbich im Rahmen einer breit angelegten Untersuchung über Deutsche im Amerikanischen Bürgerkrieg herausgefunden hat, gab es andere, wenn auch eher sekundäre Gründe für die Aufstellung deutscher Regimenter: «Amerikanische Beobachter zu Beginn des Krieges erhofften sich besonders schlagkräftige Einheiten aus Europäern mit militärischer Erfahrung und nahmen an, Einwanderer würden eher zu den Fahnen eilen, wenn sie von Offizieren der eigenen Nationalität kommandiert würden.» Während sich die Deutschen selbst für technisch überlegen und besonders tapfer hielten, wurden die deutschen Truppen zur Zielscheibe des Spottes amerikanischer Zeitungen. Er entzündete sich am Verhalten eines deutschen Corps bei der Schlacht bei Chancellorsville, welche die Südstaaten-Konföderation für sich entschied, obwohl sie nicht einmal die Hälfte der Truppenstärke der Nordstaaten hatte. Den deutschen Soldaten wurde in der *New York Times* vorgeworfen, sie seien von Panik ergriffen feige geflohen.

Es hat, vor allem auf Seiten der Deutschamerikaner, viele Versuche gegeben, ihre Leistung im Bürgerkrieg zu bewerten. Das war mit den Bestrebungen verknüpft, der Bedeutung und Stärke der Deutschen in Amerika Gewicht zu verleihen. Aus heutiger Sicht zeigt sich ein gemischtes Bild. Die deutschen Soldaten waren, wie Helbich herausgefunden hat, «zwar im Durchschnitt nicht besonders kampfstark oder gar heroisch, aber auch nicht so hoffnungslos demoralisiert, wie sie weithin dargestellt wurden». Einige der Soldaten, die Briefe aus dem Krieg schrieben, charakterisierten die Amerikaner umgekehrt als «unkultiviert, Heuchler, geldgierige Schwindler, Menschen, die über Leichen gehen». Andere wiederum loben die amerikanischen Ideale, ge-

Als Vorbild für den in den USA populär gewordenen *Santa Claus* benutzte der politische Karikaturist Thomas Nast die deutschen Volksbräuchen entlehnte Nikolausfigur. Dreißig Jahre lang war diese Illustration auf den Weihnachtsausgaben von *Harper's Weekly* zu sehen. Später wurde sie für die Werbung von *Coca Cola* benutzt.

hen aber nicht so weit, die Amerikaner als vorbildhaft darzustellen. In einer von starker Konkurrenz zwischen den ethnischen Gruppierungen geprägten angespannten Situation, in der alle um ihre Anerkennung rangen, wurden Kollektivbilder mobilisiert, die zuallererst psychischen Bedürfnissen entsprachen. Natürlich gab es Konflikte nicht nur zwischen den verschiedenen ethnischen Gruppen, sondern auch innerhalb. Eine wirkliche Fraternisierung über ethnische Grenzen hinweg hat nicht stattgefunden. Es überrascht kaum, dass deutsche Soldaten nur zu einem geringen Teil ähnlich patriotische Gefühle zeigten, wie das bei den Amerikanern der Fall war. Die Verbundenheit mit der neuen Heimat hatte noch nicht wachsen können, und viele hatten sich auch aus vorwiegend wirtschaftlichen Gründen für den Beitritt entschlossen, als dass Idealismus für die Sache die Triebfeder gewesen wäre. Ob der Bürgerkrieg wie ein Schmelztiegel funktionierte und die Amerikanisierung der Einwanderer rapide beschleunigt hat, wie zeitgenössische Beobachter und Historiker schrieben, muss vor dem hier nur kurz umrissenen Hintergrund mit einem Fragezeichen versehen bleiben. In jedem Fall verlor der politische Nativismus, wie er von Teilen der Angloamerikaner bis dahin vertreten worden war, während dieser Zeit beträchtlich an Stärke.

Thomas Nast (1840–1902)

Geboren im pfälzischen Landau, wanderte Nast 1846 mit seiner Mutter und seiner Schwester nach New York aus. Im Alter von gerade einmal 15 Jahren wurde er, nachdem er eine Skizze angeboten hatte, von der renommierten *Leslie's Illustrated Weekly Newspaper* unter Vertrag genommen, arbeitete aber auch für andere Publikationen. 1860 beobachtete er für die *New York Illustrated News* den Boxkampf zwischen US-Champion John Heenan und dem englischen Meister Tom Sayers in London und reiste nach Italien zu dem Freiheitskämpfer Garibaldi. Kurze Zeit darauf wurde er für *Harper's Weekly – Journal of Civilisation* tätig. Zu einem Zeitpunkt, als die Fotografie noch in ihren Anfängen steckte, avancierte Nast rasch zu einem der bedeutendsten amerikanischen Karikaturisten des 19. Jahrhunderts. Politisch war er immer auf Seiten der Union. 1884 verlor er bei einer Finanzspekulation sein gesamtes Vermögen. (Ein Hinweis: Thomas Nast ist nicht mit Condé Montrose Nast (1873–1942), dem Gründer von *Condé Nast Publications,* verwandt, der ebenfalls deutsche Vorfahren hatte.)

Eine weitere Einwanderungswelle setzte erst 1865 nach dem Ende des Bürgerkriegs ein und fand ihr Ende 1873, als durch einen Bankenkonkurs in Philadelphia eine Krise des Wirtschaftswachstums ausgelöst wurde. In den Folgejahren kamen nur wenige zehntausend Deutsche pro Jahr nach Amerika, erst nach dem Ende der Depression stiegen die Zahlen wieder. Der absolute Gipfelpunkt der deutschen Einwanderung wurde 1882 erreicht, als eine Viertel Million Deutsche nach Amerika kamen. Während dieser Auswanderungswelle, übrigens der letzten des 19. Jahrhunderts, waren unter den Amerikafahrern viele Landarbeiter aus Gebieten Preußens östlich der Elbe.

Durch den massiven wirtschaftlichen Strukturwandel, der sich mit der Industrialisierung vollzogen hatte, trafen die traditionellen Berufsbilder, die man mit den Deutschamerikanern in Verbindung gebracht hatte, nur noch auf etwa ein Drittel dieses Bevölkerungsanteils zu. Zugleich löste die Arbeitswanderung sukzessive die ländliche Siedlungswanderung ab: Der überwiegende Teil der Reisenden waren nun Arbeiter aus Industrie und Landwirtschaft, Dienstmädchen und städtische Handwerker, die vielfach nur für eine gewisse Zeit nach Amerika wollten und allein unterwegs waren. Trotz ihrer ursprünglichen Absicht blieben sie häufig doch länger im Land und wurden damit zu definitiven Auswanderern. Auch der kaufmännische Bereich spielte eine immer wichtigere Rolle. Die für das 19. Jahrhundert so charakteristische Familienauswanderung ging auf ungefähr ein Drittel zurück.

Parallel kam es seit den 70er Jahren zu deutlichen Verschiebungen bei den Ursprungsländern der Auswanderer: Immer mehr Süd-, Südost- und Osteuropäer erreichten Amerika. Die erste größere Gruppe dieser neuen Einwanderer bestand interessanterweise aus Russland- bzw. Wolgadeutschen, die 1873 eintrafen. Insgesamt handelte es sich um etwa 400 000 Menschen.

Ihre Vorfahren hatten sich aus mehreren deutschen Staaten rekrutiert, und zwischen 1760 und 1820 standen Russland und Amerika in Konkurrenz um siedlungswillige Deutsche. Zarin Katharina die Große hatte ihnen 1763 Land und Religionsfreiheit zugesagt. Als Zar Alexander II. 1871 die bisherige Autonomie der deutschen Kolonien aufkündigte und die jungen Männer zum Kriegsdienst einziehen wollte, fühlten sich die tiefreligiösen Pazifisten von Russifizierung bedroht. Schon im darauffolgenden Jahr verließen die ersten ihre Kolonien am Schwarzen Meer und reisten nach Amerika, um günstige Gebiete in Nebraska und Dakota zu erkunden, wo Siedler erwünscht waren. Die etwas später eintreffenden Wolgadeutschen zogen zum Teil noch weiter nach Westen: Sie folgten der Zuckerrübenindustrie nach Montana und Idaho, aber auch nach Colorado und Kansas, andere blieben in den Städten des Mittleren Westens. Die ersten Jahre in der baumlosen Prärie, meist in der Nachbarschaft von Norwegern und Tschechen, waren für diese Einwanderer sehr hart: Oft mussten sie in provisorisch errichteten Erdhütten hausen, und Heuschreckenplagen bedrohten ihre Getreideernte.

Die neuen Einwanderer hatten deutlich andere kulturelle Gewohnheiten, was eine intensive Diskussion über die Notwendigkeit ihrer Amerikanisierung nach sich zog. Von ihnen wurde nachdrücklicher als zuvor Loyalität eingefordert. Das hatte eine positive Rückwirkung auf die Wahrnehmung der Deutschamerikaner und Skandinavier, die sich inzwischen gut in die amerikanische Gesellschaft integriert hatten, die kulturelle Distanz zu ihnen wurde nun als geringer eingeschätzt.

Die Zahl deutscher Einwanderer war zur Jahrhundertwende auf einem vergleichsweise niedrigen Niveau angekommen, es waren nur noch etwa zwanzigtausend pro Jahr. Die – von kurzen Krisen einmal abgesehene – bis zum Ersten Weltkrieg anhaltende wirtschaftliche Wachstumsphase in Deutschland war der Hauptgrund für das Abflauen. Das Angebot an Arbeitsplätzen war gestiegen und die Industrie viel besser in der Lage, Arbeitskräfte aus traditionellen Berufen zu absorbieren. Deutschland war inzwischen selbst zum Einwanderungsland geworden, zum Beispiel für polnische Arbeiter.

Unterschiede zwischen Deutschamerikanern

Die Frage nach der Rolle der Deutschamerikaner und ihrem Beitrag zur amerikanischen Politik war immer wieder ein Reizthema unter Historikern und Kommentatoren. Henry Louis Mencken, in den USA geborener Sohn eines deutschen Zigarrenfabrikanten und einer der wichtigsten amerikanischen Publizisten in der ersten Hälfte des 20. Jahrhunderts, formulierte eine zunächst extrem klingende, aber gar nicht ungewöhnliche Position, als er 1928 schrieb: «Es ist eine Tatsache, dass mit Ausnahme der kleinen Gruppen von Revolutionären des Jahres 1848 die überwältigende Mehrheit der Deutschen, die in die Staaten auswanderte, zu den Landarbeitern, Handarbeitern und Kleingewerbetreibenden gehörte. Diese ‹guten› Deutschen spielen keine oder nur eine kleine Rolle im intellektuellen Leben der Vereinigten Staaten und bringen nichts vom intellektuellen Leben Deutschlands mit. Als Amerikaner sind sie bloß Nummern. ... Der Einfluss der Deutschen auf das amerikanische Leben ist gering, und sie haben keinen Eindruck auf amerikanische Ideen hinterlassen ... Auf politischem Gebiet sind sie genauso schwach wie auf kulturellem.» Die Enttäuschung in Menckens Kommentar ist nicht zu überhören, und er war nicht der einzige, der fehlende politische Präsenz der Deutschamerikaner bemängelte. Schon Albert Bernhard Faust hatte, wenn auch etwas milder, angemerkt, dass «sich die Deutschen in Amerika von Anfang an niemals zu den öffentlichen Ämtern gedrängt haben» und es Beispiele gibt, wo sie entsprechende Angebote abgelehnt haben, weil sie ein solches Amt «mehr als Bürde denn als Auszeichnung» empfanden und sich höchstens aus «Pflichtgefühl» darauf einließen. Und auch Frederick Law Olmsted hatte in seinen *Wanderungen durch Texas* festgestellt, dass die Deutschen «in gesellschaftlicher und politischer Hinsicht» nicht die Stellung einnähmen, «zu welcher sie durch ihre Stärke und ihren Charakter berechtigt wären». Vielleicht hatte es, wie Faust vermutet, damit zu tun, dass sie zu einem großen Teil vor allem mit praktischem Sinn ausgestattet waren, ob nun als Landwirte, Handwerker oder Kaufleute? Was genau stand einem politischen Engagement, das ihrem Anteil an der amerikanischen Gesamtbevölkerung entsprochen hätte, im Wege?

Die Iren, deren Migration im 19. Jahrhundert einige Parallelen zu den deutschen Einwanderern aufweist, bieten sich für einen Vergleich an. Zwischen 1820 und 1860 machten sie, ähnlich den Deutschen, ein Drittel aller Einwanderer aus. Anders als die Deutschen galten die Iren, die zu zwei Dritteln katholischen Glaubens waren, aber von früh an als gut organisiert. Sie waren dafür bekannt, dass sie zu ihren Priestern ein überaus enges und familiäres Verhältnis pflegten. Um 1850 hatten sie etliche leitende Positionen in der katholischen Kirche Amerikas, bei den Gewerkschaften und in der Demokratischen Partei inne – seit den 30er Jahren des 20. Jahrhunderts gaben sie überwiegend dieser Partei ihre Stimme. Im Justizsystem und bei der Polizei waren sie ebenfalls früh stark vertreten. Selbst von den Präsidenten hatten viele irische Vorfahren, deutlich mehr als deutsche. John F. Kennedy zählte zu ihnen, auch der Republikaner Ronald Reagan erinnerte gerne an seine irischen Wurzeln.

Wie groß war die Hürde, die durch die dominierende englische Sprache für die Deutschen bestand? Wie stark schüchterte sie die Deutschen ein? Anders als die Deutschen sprachen viele Iren Englisch, was die Integration nach ihrer Einwanderung erleichterte. Vermutlich ausschlaggebend für die stärkere politische Sichtbarkeit der Iren war jedoch die stärkere Homogenität ihrer Zusammensetzung.

Die Tatsache, dass die Deutschen kaum mit vereinter Stimme gesprochen und sich nicht konsequenter für eine parteipolitische Linie entschieden haben, war womöglich gerade die Voraussetzung für eine breite Berücksichtigung ihrer Wünsche über bestimmte Parteigrenzen hinweg. Auch gibt es Untersuchungen, die belegen, dass vergleichsweise viele, zumindest aber nicht signifikant weniger Deutsche als Angehörige anderer großer ethnischer Gruppierungen zum Beispiel in Bürgermeisterämter gewählt wurden. Beispiele dafür sind Karl (Charles) Adolph Schieren (1842–1915) in Brooklyn, Adolph Sutro (1830–1898) in San Francisco und General Johann (John) A. Wagener (1850–1900) in Charleston.

Den Angloamerikanern und den anderen Einwanderern erschienen die Deutschen als eine große Gruppe, die durch ihre gemeinsame Muttersprache verbunden war. Dem stand jedoch eine andere Sicht von innen entgegen. Häufig wurde der fehlende Zusammenhalt unter den Deutschamerikanern beklagt, die Schwierigkeit, die Interessen aller in Einklang miteinander zu bringen. Die Deutschen in Amerika kamen nicht nur aus vielen verschiedenen Klein- und Einzelstaaten, sondern waren auf diversen Ebenen von zum Teil erheblichen Unterschieden geprägt: bei den sprachlichen und kulturellen Gepflogenheiten, den politischen und nicht zuletzt auch den religiösen Affinitäten. Wenn man nicht bei allen die Beherrschung des Hochdeutschen voraussetzt, kann man sich die Verständigungsschwierigkeiten etwa zwischen Schwaben und vorwiegend Plattdeutsch sprechenden Deutschen aus dem Norden vorstellen. Die wirtschaftlichen Voraussetzungen, unter denen sie ihr neues Leben in Amerika begannen, unterschieden sich zudem erheblich: Vom Großgrundbesitzer bis zum Landarbeiter war, wenn auch in unterschiedlichem Verhältnis, das ganze Spektrum vertreten. Kaum ein anderes europäisches Volk dürfte im Bereich der Religion ähnlich divergente Positionen besetzt haben wie die Deutschen. Es gibt Beispiele von Gruppen protestantischer und katholischer Auswanderer aus derselben Region, die in Amerika in unmittelbarer Nachbarschaft siedelten, aber im Alltag weitgehend getrennt lebten. Weltanschauliche Fehden, die schon in der Heimat bestanden haben, wurden häufig in der Neuen Welt fortgesetzt.

> «Man muss nur hier gesehen haben wie die Deutschen unter einander sich in den Haaren lagen und sich schämten Deutsche genannt zu werden. Wie der Sachse den Preußen schimpfte, der Hannoveraner besser sein wollte als der Schwabe, der Baier den Hessen zum Besten hatte. Ja Georg, es war so arg, dass in allen Fällen wo zwei oder drei Deutsche mit einem Amerikaner zusammen waren, dieselben nie und niemals unter sich einig waren, sondern jeder Einzelne erniedrigte sich um den Amerikaner für sich zu gewinnen und seine Landsleute im Stiche zu lassen. Hundert Bände ließen sich über die Misere voll füllen und es war so arg, dass der liebe Herrgott endlich es nicht mehr ansehen wollte und deshalb sandte er den Bismarck, bei dessen Namen heute jedes Auge hier heller und heller leuchtet.»
>
> Der Auswanderer Otto Werth in einem Brief
> aus Stockton im Februar 1871

Von ihrer ablehnenden Haltung zur Prohibition einmal abgesehen, gab es nur wenige Anliegen, für welche die Deutschamerikaner in ihrer Gesamtheit politisch mobilisiert werden konnten. Ansonsten waren ihre Interessenlagen, bedingt durch ihre unterschiedliche ökonomische Situation und auch Verweildauer auf dem Boden der USA, zu divergent. Im Jahre 1883 kommentierte die sozialistische *Chicagoer Arbeiterzeitung* ernüchtert im Kontext einer Gesetzesvorlage für das Parlament von Illinois: «Der ganze Wahlstreit drehte sich wieder einmal um die leidige Bier- und Schnapsfrage. Und für dieses ärmliche Interesse trat das Deutschthum einmüthig auf, dasselbe Deutschthum, das sich für höhere, wichtigere, idealere Interessen nicht einigen kann.»

Die Deutschen konnten nicht annähernd so eindeutig und kontinuierlich wie die Iren (Demokraten) oder Norweger (Republikaner) einer Partei zugeordnet werden. Und eine Partei, die ihre Mitglieder und Wähler nur unter den Mitgliedern einer ethnischen Gruppierung rekrutiert, hätte in den USA natürlich keine Chance gehabt. Das erkannte auch Schurz, der solche Vorhaben für sinnlos hielt und auch unter Deutschamerikanern keinen Konsens dafür erkennen konnte.

Es gibt keine umfassende Untersuchung des Wählerverhaltens von Deutschamerikanern, aber Frederick C. Luebkes Studie über Nebraska im späten 19. und frühen 20. Jahrhundert gewährt einen interessanten regionalen Ausschnitt. Sie basiert auf der Auswertung von Angaben zu 600 Personen. Obwohl es sich um eine relativ homogene, größtenteils der unteren Mittelschicht zuzuordnende Gruppe handelte, zeigte sie doch unterschiedliche parteipolitische Präferenzen. Nach der Ankunft in Amerika fanden die Einwanderer neben der Familie in der Kirche entscheidenden Halt und Orientierung. Die Entscheidung, welcher Partei man die Stimme gab, korrespondierte mit der Kommentierung politischer Fragen durch den Pastor. Von der Tendenz her favorisierten Katholiken die Demokraten, die Protestanten dagegen die Republikaner – wie es zu dieser Zeit auch im übrigen Land der Fall war. Die Entscheidung korrelierte zudem mit dem Aspekt, ob eine der Parteien in einem bestimmten *County* vorherrschend war. Luebke fand auch heraus, dass sich die Deutschen der zweiten Generation tendenziell mit dem Konkurrenten der Partei der ersten Generation identifizierten, vermutlich um sich von den älteren abzugrenzen. Bis 1890 wählten Deutschamerikaner in Nebraska eher Demokraten als die übrige Bevölkerung, weil sich die politische Auseinandersetzung zu dieser Zeit wesentlich auf Themen wie Frauenwahlrecht und Prohibition konzentrierte. Republikaner machten sich damals bei den Deutschen unbeliebt, weil sie mit einem neuen Ableger der *Know nothings* kooperierten, die Stimmung gegen Einwanderer machten. Als die Republikaner es verstanden, deutschamerikanische Wähler für sich zu gewinnen, verschoben sich die Verhältnisse.

Oft wurde, um die heterogen zusammengesetzte Gruppe der Deutschen in Amerika besser handhaben und charakterisieren zu können, von Historikern eine strukturelle Unterscheidung zwischen «Kirchendeutschen» und «Vereinsdeutschen» getroffen. Die *church Germans* kamen vor allem aus bäuerlichen und handwerklichen Traditionen und waren politisch meist konservativ eingestellt, das heißt, sie lehnten radikale und sozialistische Positionen ab und waren damit auch auf die Achtundvierziger nicht gut zu sprechen. Umgekehrt bedeutet das jedoch nicht, dass sie sich politisch immer einig gewesen wären. Ihr Leben drehte sich um Aktivitäten der protestantischen, katholischen oder jüdischen Gemeinde, was ein breiteres gesellschaftliches und parteipolitisches Engagement in der Regel ausschloss. Ihre Gemeinschaft setzte sich aus Gruppen und Familien zusammen, die in vielen Fällen gemeinsam nach Amerika gekommen waren und Zusammenhalt schätzten. Entsprechende Bevölkerungsstärken vorausgesetzt, hatten sie ihre eigenen Krankenhäuser, Waisenhäuser, Altenheime und Schulen. Sie setzten die deutsche Sprache sehr bewusst ein, um ihre Einheit zu bewahren und sich auch vor fremden Einflüssen zu schützen. Ihr Identitätsgefühl als Deutsche in Amerika war besonders ausgeprägt.

Im Vergleich dazu organisierten sich die *club Germans*, besonders ausgeprägt seit den 1840er Jahren, in einer Vielzahl von Interessengemeinschaften – angefangen von Gesangvereinen und Feuerwehren über Schützenvereine und Hilfsgesellschaften für Neueinwanderer bis hin zu Verbänden und Bruderschaften, die ihre eigenen Rituale pflegten. Vielfach war die Mitgliedschaft in einem bestimmten Verein einfach an die Region gebunden, aus der die Menschen eingewandert waren. Sie rekrutierten sich vorwiegend aus Arbeitern und einfachen Angestellten, darunter viele einzeln Ausgewanderte. Die *club Germans* waren es, die mit ihren Festen, Reden und Aufmärschen besonders in den Städten mit beträchtlicher deutscher Bevölkerung für Aufsehen sorgten. Ihre regionalen Verbände waren häufig in einem nationalen Dachverband organisiert, zum Beispiel gingen die zahlreichen Turnvereine im *Turnerbund* (später: *American Turner Society*) auf, der landesweite Turnfeste veranstaltete. Vereinsdeutsche repräsentierten das gesamte politische Spektrum, waren von der Tendenz her aber politisch liberaler eingestellt als die Kirchendeutschen und dominierten auch die deutschsprachigen Zeitungen und Zeitschriften.

Natürlich konnten mit dieser Unterscheidung nicht alle Deutschamerikaner sinnvoll erfasst werden. Neben den beiden Gruppierungen gab es noch eine wirtschaftliche und intellektuelle Elite, die sich zwar in der Regel nicht in einem der volkstümlicheren Vereine engagierte, sondern philanthropische Zielsetzungen auf anderer, nicht zwangsläufig ethnisch gebundener Ebene unterstützte und auch dadurch öffentlich sichtbar war.

Die Reichsgründung 1871 wurde von den Deutschamerikanern begrüßt und vielerorts gab es Feierlichkeiten und Paraden. In New York gerieten sie zu einer regelrechten Schau der Bei-

Die Feier des «Deutschen Tages» auf der Weltausstellung in Chicago am 15. Juni 1893 (anlässlich des 400. Jahrestags der Entdeckung Amerikas), wo auch verschiedene deutsche Aussteller wie die Königliche Porzellanmanufaktur und Krupp vertreten waren.

träge von Deutschen in den verschiedenen gesellschaftlichen Sektoren Amerikas, in Milwaukee wurde eine Germania-Statue errichtet, und in Chicago marschierten die Menschen nach Berufen gruppiert. Manche trugen sich jedoch auch mit Zweifeln, ob die Ideale von 1848 verwirklicht werden würden. Die Woge des deutschen Patriotismus unter den Deutschen in Amerika zeigte, so Wolfgang Helbich, «dass die Bereitschaft, Anerkennung und Selbstbestätigung aus dem glänzenden Erfolg des Vaterlandes zu schöpfen, nach wie vor bestand.» Der amerikanische Historiker Don Heinrich Tolzmann behauptet sogar, sie habe die Kraft gehabt, im ganzen Land und über alle Teile dieses Bevölkerungsteils hinweg einen Zusammenhalt zu stiften und «einen neuen Begriff» von deutschamerikanischer Identität zu schaffen, den es vorher nicht mehr gegeben habe. Sicher ist, dass es der positiven Haltung der Amerikaner gegenüber Deutschland zuträglich war, die nun in diesem Land einen stabilen politischen Faktor in Europa sahen. Eine kriegerische Auseinandersetzung zwischen beiden Ländern schien angesichts der vielfältigen freundschaftlichen und akademischen Verbindungen weit über die Jahrhundertwende hinaus undenkbar.

Die deutsche Sprache in Amerika

Bis heute kursiert in verschiedenen Varianten die Legende, nach der Deutsch beinahe zur amerikanischen Landessprache bestimmt worden wäre. Häufig ist dann die Rede von einer Abstimmung im Kongress, bei der die deutsche Sprache angeblich mit nur einer Stimme Unterschied der englischen unterlegen sein soll. Eine solche Abstimmung hat es jedoch nicht gegeben, auch nicht im Assembly von Pennsylvania, wo die deutsche Bevölkerung im Übrigen nie mehr als ein Drittel der Gesamtbevölkerung ausmachte. Die «Eine-Stimme-Unterschied-Legende» wurde immer gerne dann vorgebracht, wenn es darum ging, die Bedeutung der Deutschen oder der deutschen Sprache in Amerika zu erhöhen. Unabhängig davon wurden Protokolle der Assembly von Pennsylvania auch in deutscher Sprache veröffentlicht, bisweilen auch wichtigere Gesetzestexte. Von dieser Praxis kam man jedoch zunehmend ab, als im weiteren 19. Jahrhundert mehr und mehr deutschsprachige Zeitungen erschienen, deren Journalisten das Geschehen in den Parlamenten kommentierten. Interessanterweise gibt es übrigens bis heute auf Bundesebene keine vom Gesetz her festgelegte Landessprache, obwohl Englisch die Muttersprache von mehr als Dreiviertel der Amerikaner ist. Anders bei den Einzelstaaten: 30 Staaten haben in der einen oder anderen Form rechtlich festgeschrieben, dass Englisch bei ihnen als verbindliche Verkehrssprache gilt.

Vom «Pennsylvania Dutch« war schon an anderer Stelle die Rede (S. 32 ff.). Für das Fortkommen der Auswanderer im fremden Land war es entscheidend, dass sie möglichst schnell

Englisch lernten. Vielen bereitete das Sprechen anfänglich erhebliche Schwierigkeiten, andererseits hing ihr wirtschaftliches Überleben davon ab. So schrieb der 31-jährige August Hölscher, der zwei Jahre zuvor in New York angekommen war, 1851 aus Boston seinem Bruder Anton: «Mit der Englischen Sprache habe ich es so weit gebracht, dass ich jetzt fast alles verstehen und sprechen kann, auch habe ich mich schon im Lesen und Schreiben geübt. Ich möchte Dich auch anrathen diese Sprache zu studiren damit Du im Fall Du später mal Lust bekämst ein Reischen auf hier zu machen nicht wie ein Ochs am Berge stehest wie es die mehrsten Deutsche hier geht und nicht selten hier am Narrenseile herumgeführt werden.» Einige lernten schon während der Reise eifrig mit Hilfe von kleinen Lehrbüchern. Dennoch hielt sich die deutsche Sprache in manchen Gegenden und in manchen Gruppen besser als anderswo – je nachdem, wie stark der Zusammenhalt unter den Deutschen war und wie unabhängig sie von der übrigen Bevölkerung waren.

Eine wichtige Rolle für den Erhalt des deutschen Idioms stellten die deutschsprachigen Zeitungen dar, die es seit der Kolonialzeit in Pennsylvania gegeben hatte und die, hauptsächlich im 19. Jahrhundert, in den größeren Städten meist mit wöchentlicher Erscheinungsweise und in zum Teil hohen Auflagen gedruckt wurden. Zu nennen sind vor allem die *New Yorker Staats-Zeitung* (ab 1834), der in St. Louis erscheinende *Anzeiger des Westens* (ab 1835) und das *Volksblatt* in Cincinnati (ab 1836). Die Einwanderung der Achtundvierziger ließ die Zahl der Publikationen innerhalb weniger Jahre um die Jahrhundertmitte stark anschwellen. 1876 gab es in den Vereinigten Staaten 74 deutschsprachige Tageszeitungen, 1894 dann sogar 90, wie überhaupt die deutschen Publikationen den ganz überwiegenden Teil der Einwandererpresse stellten. Viele machten ihre

Präferenz für eine der beiden großen Parteien deutlich – zum Beispiel unterstützte die *New Yorker Staats-Zeitung*, die lange von der bayerischen Einwanderin Anna Ottendörfer herausgegeben wurde, die Demokraten. Auch zahlreiche Bücher wurden in diesen Jahrzehnten in deutscher Sprache gedruckt, zum Beispiel das elfbändige *Deutsch-amerikanische Conversations-Lexicon: Mit specieller Rücksicht auf das Bedürfniß der in Amerika lebenden Deutschen*, das ab 1869 in New York erschien. Die deutschsprachigen Publikationen hatten im Wesentlichen die Funktion, die Einwanderer mit den amerikanischen Institutionen vertraut zu machen, insofern unterstützen sie mittelfristig die Assimilation und machten sich dadurch selbst obsolet. Bis heute werden Publikationen in deutscher Sprache verlegt, mit unterschiedlichem Anspruch und für jeweils andere Zielgruppen: *Amerika Woche – die deutsche Zeitung für Amerika*, *Neue Presse – Buntes Blatt*, *Nordamerikanische Wochenpost*, *California Staats-Zeitung*, *Das Fenster*, *Pazifische Rundschau*, *New Yorker Staats-Zeitung*.

Befördert wurde der Erhalt der deutschen Sprache in Amerika nicht zuletzt auch durch die Lektüre deutscher Klassiker sowie durch die Arbeiten deutschamerikanischer Schriftsteller, von denen sich jedoch kaum einer in Kontinentaleuropa einen bemerkenswerten Ruf verschaffen konnte. Unabhängig davon gab es jedoch eine Reihe zum Teil bekannter Schriftsteller, die deutsche Vorfahren hatten und in englischer Sprache schrieben, wie zum Beispiel Theodore Dreiser. Wichtig für die Bewahrung der Sprache war noch die Tradition deutschsprachiger Theaterproduktionen, die sich in den 40er Jahren des 19. Jahrhunderts in New York, Cincinnati, Milwaukee und St. Louis entwickelte. Später gab es deutschsprachige Theater in mehr als einem Dutzend Städten. Das *Deutsche Theater* von Philadelphia zählte zu den erfolgreichsten.

Deutsch wurde als Unterrichts- oder Fremdsprache in Pennsylvania und Ohio benutzt, später spielte es eine wichtige Rolle in den zahlreichen konfessionell geprägten Schulen der Katholiken, Altlutheraner und Evangelischen bzw. Unierten, deren Zahl in der zweiten Hälfte des 19. Jahrhunderts deutlich zunahm. In den Staaten mit großem deutschem Bevölkerungsanteil war die Möglichkeit des Deutschunterrichts auch gesetzlich verankert. In den öffentlichen Schulen von Cincinnati waren in den 50er Jahren beide Sprachen, Englisch und Deutsch, gleichberechtigt, was einen Präzedenzfall darstellte. Die Art und Weise, wie die Sprache an den Schulen eingesetzt wurde, variierte jedoch stark. In St. Louis blieb Deutsch nur übergangsweise solange Teil des Stundenplans eines eingewanderten Schülers, bis dieser genügend Kenntnisse erworben hatte, um dann in den englischsprachigen Unterricht seines Jahrgangs überzuwechseln. Deutschunterricht war im Übrigen keineswegs auf Deutschstämmige beschränkt. Unter den 40 000 Schülern Chicagos, die im Jahre 1900 Deutschunterricht hatten, befanden sich nur 15 000 mit deutschem Hintergrund.

Es gab auch Gegenbewegungen und Versuche, die Verwendung des Deutschen einzuschränken, zum Beispiel mit Hilfe des *Edwards Law* in Illinois (1889) und des *Bennett Law* in Wisconsin (1890), die jeweils Englisch als Unterrichtssprache für bestimmte Kernfächer wie amerikanische Geschichte und zugleich für einen bestimmten Zeitraum verbindlich vorschrieben. In Wisconsin reagierte das Gesetz auf den Tatbestand, dass Schüler in 129 deutsch-lutheranischen Schulen des Staates überhaupt keinen Unterricht in englischer Sprache erteilt bekamen. Es waren jedoch nur in diesen Staaten gültige Gesetze, die nach dem erbitterten Widerstand von Lutheranern und Katholiken zurückgenommen wurden.

«Wie gründlich und wirksam auch der deutsche Unterricht in der Schule sein mag, der echte Herzenston, die Innigkeit und Tiefe unserer Muttersprache, kommt doch erst im Hause im trauten Familienkreise zum Ausdruck. Möge draußen im öffentlichen Leben, im geschäftlichen Verkehr die englische Sprache uns dienen, – im Hause, im trauten Heim, in dem geweihten Kreise der Familie, da erschalle stets und ausschließlich der geliebten Muttersprache süßer Laut, denn wo diese aus dem häuslichen Kreise verschwindet, da verschwindet auch die deutsche Eigenart.»

Pfarrer Karl Weiß in *Der Freidenker*, 15. Mai 1910

Zur Jahrhundertwende hatte der Deutschunterricht an den amerikanischen Schulen zwar seinen Zenit überschritten, dennoch blieb Deutsch an den *high schools* noch bis zum Ersten Weltkrieg die wichtigste Fremdsprache – immerhin jeder vierte Schüler lernte diese Sprache. Bis auf ganz wenige Ausnahmen verschwand der Deutschunterricht in den Schulen nach dem Ersten Weltkrieg, und auch sonst war die deutsche Sprache im öffentlichen Leben kaum noch zu vernehmen. Sieben Staaten hatten den Deutschunterricht an den Grundschulen verboten. Obwohl später vom *Supreme Court* für verfassungswidrig erklärt, hatte es trotzdem den gewünschten Effekt, weil die Maßnahmen in den Schulen nie zurückgenommen wurden. Bemerkbar machte sich dieser Trend auch bei den deutschsprachigen Gottesdiensten, wenn auch in unterschiedlichem Maße. Selbst bei der Evangelischen Synode und der lutherischen Missouri-Synode ging der entsprechende Anteil stark zurück.

In etlichen Sonntagsschulen des Mittleren Westens wurde noch bis in die Zeit des Zweiten Weltkriegs Deutsch gesprochen, danach nur noch bei den Amish und Hutteriten, soweit man deren Variation, die für heutige deutsche Ohren alles andere als leicht verständlich klingt, überhaupt dazu zählen möchte. An den öffentlichen Schulen sollte die deutsche Sprache keine wichtige Rolle mehr spielen. Allein für die 60er Jahre des 20. Jahrhunderts verzeichnet die Statistik Schülerzahlen im Deutschunterricht, die etwas vom sonst durchgängig niedrigen Durchschnitt abweichen. Die amerikanischen Schüler, die heute Deutsch lernen, sind im Grunde eine verschwindende Minderheit: Für das Jahr 2000 wurden sie auf ca. 283 000 beziffert. Im Beliebtheits-Ranking unter den Fremdsprachen stand es im Jahre 2002 nach Spanisch (657 000) und Französisch (199 000) an dritter Stelle (91 000). Eine von der *Modern Language Association* (MLA), dem bedeutendsten US-amerikanischen Berufsverband für Literaturwissenschaftler für das Jahr 2006 durchgeführte Erhebung an sämtlichen amerikanischen Colleges und Universitäten (insgesamt ca. 1200 Institutionen) hat eine Zahl von mehr als 94 000 Studenten ergeben, die auf unterschiedlichem Niveau die deutsche Sprache erlernen. Ein näherer Blick zeigt jedoch, dass es unter den *graduates* (also denen, die bereits einen ersten Studienabschluss, den *Bachelor*, erhalten haben) nur etwas mehr als 3000 Studenten sind, mehr als 72 000 entfallen auf die *undergraduates*. Selbst an den für ihre *German Departments* besonders bekannten Universitäten sind es meistens nur einige hundert Studenten, die Deutsch lernen und der überwiegende Teil davon jeweils auf Anfängerniveau.

Eine Reihe von im amerikanischen Englisch gebräuchlichen Wörtern wurde der deutschen Sprache entlehnt: Sei es *Angst*, *Achtung*, *Kindergarten*, *Blitzkrieg*, *Realpolitik*, *Schadenfreude*, *Sauerkraut*, *Ersatz*, *Poltergeist*, *Doppelgänger*, *Kitsch*, *Leitmotiv*, *Weltanschauung*, *Weltschmerz*, *Volkswagen*, *Bürgermeister* oder *Schnaps* – zum Teil mit gewissen Bedeutungsverschiebungen und veränderter Aussprache. Zum Beispiel wird mit *Wan-*

derlust eher eine Art Fernweh gemeint. Häufig wird *Über-* (meist als «uber») verwendet, um eine besondere Quantität zu bezeichnen (*Übermensch*), *Ur-* um etwas zu qualifizieren, das sehr lange zurückliegt. Geradezu inflationär wird heute der Begriff *Zeitgeist* benutzt.

Im frühen 20. Jahrhundert

Zur Jahrhundertwende waren viele Menschen, die im Zuge der Masseneinwanderung des 19. Jahrhunderts gekommen waren, Teil der amerikanischen Gesellschaft geworden. Die Zahl der Mitglieder der zweiten Generation war deutlich höher als die der ersten – 1910 war sie doppelt so hoch. Häufiger als noch während des 19. Jahrhunderts wanderten Deutsche jetzt alleine und nicht mehr so oft im Familienverband aus, und Industriearbeiter heuerten, dem Bedarf folgend, gerne in den großen Wirtschaftszentren an.

Der große Zustrom, den die *National German-American Alliance* nach ihrer von den Brauereien finanziell unterstützten Gründung 1901 zu verzeichnen hatte, kann als Beleg für das Bedürfnis interpretiert werden, Deutschamerikanern wieder zu vergleichbarer Sichtbarkeit zu verhelfen wie in den Jahrzehnten zuvor. Der *Deutschamerikanische Nationalbund* setzte sich unter anderem für den Deutschunterricht in Schulen ein, gegen die Prohibition, und, nach dem Ausbruch des Krieges, für den Erhalt der amerikanischen Neutralität. Bei der Gründung hatte ihr Präsident Charles J. Hexamer unter anderem die Sparsamkeit, Häuslichkeit, Ehrlichkeit und den ausgeprägten Individualismus der Deutschamerikaner hervorgehoben. In diesen Jahren kam Unterstützung zur Bewahrung des «Deutschtums» auch aus dem Deutschen Reich, wo sich Nationalisten der Millionen von «verlorenen Brüdern und Schwestern» erinnerten.

Im Jahre 1915, inzwischen hatte der Bund rund zwei Millionen Mitglieder, ließ sich Hexamer dann zu der chauvinistischen Beteuerung hinreißen: «Wir werden niemals dazu bereit sein, zu einer unterlegenen Kultur herabzusteigen» – und er meinte damit unzweideutig die amerikanische Kultur. Nicht um seine Haltung zu rechfertigen, sondern um sie besser verstehen, sei der Verweis hinzugefügt, dass das auch ein Aufschrei gegen die inzwischen omnipräsente amerikanische Populär- und Konsumkultur war, die die Massen in den rasch wachsenden Großstädten für sich einnahm. Viele Deutschamerikaner empfanden diese Entwicklung als Schlag ins Gesicht, sie waren verunsichert und fürchteten die Trivialisierung und den Untergang ihrer Kultur und Sprache.

Hugo Münsterberg (1863–1916)

Münsterberg gilt als einer der Pioniere auf dem Gebiet der angewandten Psychologie und versuchte seine Erkenntnisse auf die Industriegesellschaft zu übertragen. Der gebürtige Danziger studierte und promovierte bei Wilhelm Wundt in Leipzig. 1892 erhielt er über den amerikanischen Psychologen und Philosophen William James, dem Bruder des Schriftstellers Henry James, eine Gastprofessur an der *Harvard University*. Nach einem Zwischenspiel in Freiburg zog er 1897 ganz in die USA und baute in Boston den Forschungsbereich der experimentellen Psychologie auf. 1898 wurde er Präsident der *American Psychological Association*. Zu Beginn des 20. Jahrhunderts zählte er zu den prominentesten Deutschamerikanern und setzte sich erfolgreich für den Professorenaustausch zwischen der Berliner Universität und der *Harvard University*, der *Columbia University* und der *University of Chicago* ein. Später kehrte er vorübergehend nach Deutschland zurück, wo er 1910/11 erster Direktor des Berliner Amerika-Institutes war. Münsterberg half, das Betriebsorganisationssystem von

Frederick Winslow Taylor, dessen Arbeiten er bewunderte, in Deutschland bekannt zu machen. Mit seiner ausgeprägten deutsch-patriotischen Gesinnung machte sich Münsterberg in den Jahren vor seinem Tod in Amerika viele Feinde. Auch seine wissenschaftlichen Arbeiten wurden kontrovers diskutiert.

«Deutschamerika ist selbstverständlich kein Landesgebiet, sondern ein Problemgebiet. In seinen Grenzen handelt es sich einmal um den Einfluß deutscher Kultur auf Amerika; des weiteren gehört dahin die Frage nach den Rechten und Pflichten der Amerikaner von deutscher Abstammung; und schließlich kommen hier Amerikas Beziehungen zu Deutschland und der Einfluß amerikanischer Kultur auf das deutsche Volk in Betracht. Alle diese Fragenkreise hängen aufs engste zusammen und so mag der gemeinsame Name ‹Deutschamerika› diese Einheit der Probleme zum Ausdruck bringen. Vor allem aber wächst täglich die Bedeutung dieser Fragenkreise und doch scheint die Unsicherheit bei ihrer Beurteilung noch schneller zu wachsen.»

Hugo Münsterberg, 1909

Im Ersten Weltkrieg

Die Entwicklungen der folgenden Jahre sollten einen Verfallsprozess deutscher bzw. deutsch-amerikanischer Identität einleiten. 1915 wandte sich Expräsident Theodore Roosevelt in einer weit verbreiteten Rede in der New Yorker *Carnegie Hall* entschieden gegen die «Bindestrich-Amerikaner» (*hyphen-Americans*), er wünschte sich nur solche Amerikaner, die ohne Wenn und Aber loyal waren. Nichts sei Amerika so abträglich wie Deutschamerikaner, die im Herzen ihrem europäischen Heimatland verbunden blieben. Er nannte diese tatsächlich an erster Stelle. Gleichzeitig betonte er, dass einige der besten Amerikaner, die er kenne, nicht auf dem Boden der Vereinigten Staaten geboren worden seien. Das brachte das organisierte Deutschamerika mit seiner auf Vorträgen vielerorts artikulierten Deutschtümelei in Bedrängnis. Dennoch forderten Zeitungen und Zeitschriften wie die auch in Amerika erscheinende *Gartenlaube* die Leser auf, ihre deutschen Wurzeln nicht zu vergessen. Man erinnerte an Brasilien und Argentinien, wo das ungehinderter möglich war. Etwas vorsichtiger wurde man mit solchen Äußerungen in Amerika erst, als die Teilnahme der USA am Ersten Weltkrieg wahrscheinlicher wurde.

Noch im August 1914 hatte Präsident Woodrow Wilson die Neutralität seines Landes unterstrichen, doch als ein deutsches U-Boot im Mai 1915 vor der irischen Küste das aus New York kommende und mit Munition befrachtete britische Passagierschiff *Lusitania* versenkte und über 1000 Menschen, darunter mehr als 100 Amerikaner, in den Tod riss, änderte das die Haltung der USA. Mit dem Eintritt der Vereinigten

Solche Karikaturen, wie sie während des Ersten Weltkriegs in amerikanischen Zeitschriften erschienen, waren Ausdruck des amerikanischen Zweifels an der Loyalität der Deutschamerikaner zu den USA.

"MY COUNTRY, 'TIS OF THEE"
(*German-American Version*)

My country over sea,
Deutschland, is sweet to me;
To thee I cling.
For thee my honor died,
For thee I spied and lied,
So that from every side
Kultur might ring.

Staaten in den Ersten Weltkrieg im Jahre 1917 waren nicht nur die Beziehungen von Deutschamerikanern zum Deutschen Reich einer schweren Belastungsprobe ausgesetzt, die deutsche Sprache und überhaupt jegliche Manifestation deutscher Nationalität waren fortan suspekt und wurden geächtet, vielfach sogar verfolgt. Hatten sich viele Deutschamerikaner lange der Fähigkeiten gebrüstet, die sie während des amerikanischen Bürgerkrieges unter Beweis gestellt hatten, gerieten diese unter veränderten historischen Gegebenheiten in ein anderes Licht.

Oft nahm der Widerstand gegen alles Deutsche hysterische Züge an: Nach einem entsprechenden Beschluss der Regierung mussten deutschsprachige Publikationen zunächst englische Übersetzungen aller Artikel vorlegen. In fast allen Staaten wurde nach einer Kampagne der 1915 ins Leben gerufenen *American Defense Society* ein Verbot von Deutsch als Unterrichtssprache erwirkt, nachdem man sie als «Hunnensprache» gebrandmarkt hatte. Straßen wurden flugs umbenannt, aus der *Deutschen Sparkasse* wurde die *Central Savings Bank*, die *Germania Life Insurance Co.* wurde zur *Guardian Life Insurance Co.* Sauerkraut, ein bis dahin allgemein gebräuchlicher Begriff, hieß fortan *liberty cabbage*, und aus dem *Hamburger* wurde das *Salisbury Steak*. Der Lehrkörper und die Studentenschaft des *German Department* der *University of Wisconsin* erfuhren eine massive Reduzierung. Ein Leitartikler der *New York Times* forderte im April 1918, deutsche Bücher aus den Regalen der Schulen zu entfernen, und im Juli erklärte die Tageszeitung die Sprache schlicht für tot. Man vergegenwärtige sich umgekehrt aber auch, dass es in einigen Schulen Nebraskas üblich war, den Unterricht mit dem Singen der deutschen Nationalhymne zu beginnen, was in diesen Jahren natürlich als Provokation empfunden wurde.

Selbst Musik deutschen Ursprungs wurde als staatsfeindlich gegeißelt: Stücke von Bach und Beethoven galten in den Konzerthallen als nicht mehr opportun. In der *Los Angeles Times* war im Juni 1918 zu lesen: «Die deutsche Musik, als Ganzes, ist gefährlich, weil sie dieselbe Philosophie, oder besser: Sophisterei, verkündet wie der größte Teil der deutschen Literatur. Es ist die Musik der Eroberung, die Musik des Sturms, der Unordnung und Verwüstung.» Nicht immer wurde die deutsche

Sprache explizit genannt, wenn es um das Verbot ging, manchmal wurde schlicht der Gebrauch anderer Sprachen als der englischen untersagt.

Die Emotionen schaukelten sich noch weiter hoch. Es kam vor, dass Deutschamerikaner, wie es in Kolonialzeiten verbreitet war, als Akt der Demütigung zuerst mit Teer eingeschmiert und dann mit Federn bestreut wurden (*tarring and feathering*). 6500 als Bedrohung der inneren Sicherheit verdächtige Deutschamerikaner internierte man zeitweise. Schließlich wurde ein der Spionage bezichtigter junger Bergarbeiter namens Robert Paul Prager, ein gebürtiger Dresdner, der von der *Navy* wegen seines Glasauges abgelehnt worden war, im April 1918 von einem aufgebrachten und betrunkenen Mob im südlichen Illinois gehängt, nachdem er wiederholt seine Unschuld beteuert hatte. Nach seinem Tod stellten sich die Vorwürfe als nicht haltbar heraus. Der Vorfall war der Gipfelpunkt der patriotischen Kampagne gegen den «Teutonismus», des Ausdrucks von «Germanophobie». Präsident Woodrow Wilson sprach den Vorfall erst drei Monate später an und auch dann nur beiläufig.

Die *Staats-Zeitung* ließ nun auch keine Zweifel mehr, auf welcher Seite sie stand, und unterstützte mit allen Kräften die Amerikanisierung der Deutschamerikaner und die Aufgabe der alten kulturellen Ideale, die noch vor wenigen Jahren leidenschaftlich hochgehalten worden waren. Im April 1918 hieß es dort in einem Leitartikel: «Weder Beethoven noch Goethe wird Amerika helfen, diesen Krieg zu gewinnen» und «Wir haben jetzt wichtigere Dinge zu verteidigen als bloße Symphonien». Die *Volkszeitung* war zurückhaltender, sah aber mit dem nahenden Kriegsende die Möglichkeit, ihre sozialistische Haltung wieder stärker in den Vordergrund zu stellen.

Zwischen den Weltkriegen

Von den nahezu 500 Wochenschriften und Tageszeitungen in deutscher Sprache, die im Jahr 1910 in Amerika erschienen, gab es ein Jahrzehnt später gerade noch 150. Der *Deutschamerikanische Nationalbund* musste seine Aktivitäten unter dem politischen Druck 1918 einstellen und löste sich auf. Viele Deutschamerikaner zogen sich aus dem öffentlichen Leben zurück und amerikanisierten ihre Familiennamen, sofern das bis dahin noch nicht geschehen war. Eine erkennbare ökonomische Rückwirkung gab es nicht – an ihrer festen Rolle im Wirtschaftsleben war nicht zu rütteln. Bei den folgenden Wahlen wurden Kandidaten und Parteien von ihnen zunächst noch daran gemessen, wie sie sich während des Krieges gegenüber Deutschamerikanern verhalten hatten. Die Demokraten standen für den Kriegskurs. Viele Stimmen, und zwar auch von eigentlich konservativen Wählern, dürften unter diesen Voraussetzungen an die Sozialisten oder die *Farmer Labor Party* gegangen sein.

Während des Krieges hatte ein großer Teil der deutschamerikanischen Vereine seine Aktivitäten aufgegeben, «Deutsche Häuser», für viele vorher noch das Zentrum kulturellen Lebens, standen leer. Die Gründer der 1919 in New York City gegründeten *Steuben Society of America* hielten es für notwendig, sich als Geheimgesellschaft zu konstituieren, in der nur englisch gesprochen wurde. Eine Mitgliedschaft war amerikanischen Staatsbürgern vorbehalten. Erklärtes Ziel der Gesellschaft war es, bei Bürgern deutscher Herkunft das Bewusstsein bürgerlicher und politischer Rechte und Pflichten zu heben. Immerhin hatte ein Jahr zuvor in Chicago der *Deutschamerikanische*

Bürgerbund gegründet werden können, der aus den Überbleibseln des *Deutschamerikanischen Nationalbundes* in dieser Stadt hervorging. Im Staate New York leitete George Sylvester Viereck, der für seine deutsche Propaganda während des Ersten Weltkrieges bekannt war, die Organisation.

In jedem Fall hatten die Aktivitäten und der öffentliche Ausdruck deutschamerikanischer Identität im Vergleich zu der Zeit vor dem Krieg stark an Sichtbarkeit verloren. Welche Faktoren gab es neben den Entwicklungen während des Krieges noch dafür, dass sich Deutschamerikaner anders sahen und anders gesehen wurden? Der Historiker Russell A. Kazal hat in einer Untersuchung von ethnischen Allianzen und politischen Präferenzen im ersten Drittel des 20. Jahrhunderts in Philadelphia herausgefunden, welche neuen Identitätsmuster sich damals herausbildeten. Sein Fazit: «Es gab viele Wege, die aus Deutschamerika herausführten». Deutschamerikaner der Mittelschicht und Lutheraner begannen sich in den 20er Jahren des letzten Jahrhunderts ausgeprägter als zuvor als «Amerikaner» zu begreifen, was auch als Versuch zu deuten ist, sich von den neuen Einwanderergruppen abzugrenzen. Katholiken und Arbeiter schlossen sich in Kirchen und Vereinen stärker mit den Iren zusammen – von ihrem Selbstverständnis her empfanden sie sich nun eher als weiße statt als deutsche oder deutschamerikanische Katholiken. Zugleich grenzten sie sich von den Afroamerikanern ab, die in dieser Zeit in großer Zahl aus den Südstaaten in den Norden abwanderten. Diese Assoziationen unterstützten die Erosion der traditionellen deutschamerikanischen Identität. Kazal sieht Teile der deutschstämmigen Bewohner zudem als Repräsentanten eines ethnischen Nationalismus und Nativismus, die gemeinsam mit Amerikanern skandinavischer Herkunft ihre «nordischen» Wurzeln betonten, denen sie einen besonders wichtigen Anteil an der Entwicklung der Vereinigten

Staaten zurechneten und womit sie ein Überlegenheitsgefühl gegenüber den anderen begründeten. Flankiert wurde die Entwicklung vom deutschamerikanischen zum amerikanisch orientierten Selbstverständnis durch die Entstehung einer neuen amerikanischen Massenkultur (Warenhäuser, Kinofilme, Tanzpaläste), die besonders für deutschamerikanische Frauen neue Identifikationsangebote abseits der traditionellen und männlich dominierten deutsch geprägten Vereine schuf.

Obwohl die anti-deutschen Ressentiments nicht unmittelbar mit dem Ende des Weltkriegs zum Erliegen kamen, hatte das Verhältnis zwischen beiden Staaten nicht den Charakter einer Erzfeindschaft. Die Vereinigten Staaten wünschten sich ein starkes Deutschland, das sich gegen feindliche Kräfte im Osten behaupten konnte. Im Januar 1921 wurden die diplomatischen Beziehungen wieder aufgenommen und – in unserem Zusammenhang besonders von Interesse – vom Auswärtigen Amt die *Abteilung für Deutschtum im Ausland und kulturelle Angelegenheiten* eingerichtet. Ihre Hauptaufgabe war es, die Verbindungen zwischen Auslandsdeutschen und dem Vaterland zu stärken und im Ausland die Herausbildung einer positiven Haltung gegenüber Deutschland nach dem Krieg zu unterstützen. Damit verknüpft waren einzelne Aktionen. Die Reichsmarine erhielt zum Beispiel den Auftrag, sich bei Hafenbesuchen im Ausland dieser Aufgabe zu widmen: Als 1926 vom Kriegsschiff *Hamburg* aus in amerikanischen Hafenstädten Bier für einen Dollar pro Flasche verkauft wurde, sorgte das wegen des Alkoholverbots für erheblichen Unmut. Diese Momentaufnahme offenbart, wie sehr die Interessen der deutschen Außenpolitik und der in Vereinigungen organisierten Deutschamerikaner auseinander klafften.

Aus der Heimat wurden die Botschafter unter Druck gesetzt, Propaganda zu betreiben. Es gelang den Diplomaten jedoch, die in Deutschland ausgesprochenen Erwartungen den jeweiligen Erfordernissen anzupassen. Sie bemühten sich um gute Kontakte zu deutschamerikanischen Organisationen und Zeitungen. Wenn sie auch das Niveau der Auseinandersetzung mit deutscher Kultur vielfach als unbefriedigend empfanden, blieb es doch allzu oft beim Biertrinken und der Pflege gemütlichen Beisammenseins. Um Deutschamerikaner dabei zu unterstützen, sich stärker der Pflege kultureller Zielsetzungen zu widmen, wurde 1926 die *Deutschamerikanische Vereinigung Karl Schurz* (*Carl Schurz Foundation*) gegründet. Die Initiative dazu ging vom Reichstagsmitglied Anton Erkelenz aus, finanziell getragen wurde sie von dem Industriellen Robert Bosch und weiteren deutschen Prominenten; das Auswärtige Amt beteiligte sich an Planung und Umsetzung der Gründung. Ein ausgeprägtes Bedürfnis nach deutscher bzw. deutschamerikanischer Identität existierte eher unter den neu Eingewanderten. 1927 wurde verschiedentlich des 150. Jahrestages der Ankunft von Steuben in Amerika gedacht. 1931 existierten immerhin noch 13 der deutschen Gesellschaften.

Während des Ersten Weltkriegs war die Auswanderungsbewegung fast ganz zum Erliegen gekommen, in den frühen 20er Jahren setzte sie aber noch einmal ein. Es handelte sich um Menschen, die unter den Kriegsfolgen litten oder durch den Untergang des Kaiserreichs verunsichert waren und den Verhältnissen in der neuen Republik nicht trauten. Die amerikanischen Bedingungen waren deutlich restriktiver als für die Auswanderergenerationen vor ihnen, denn 1921, 1924 und 1929 galten Einwanderungsbeschränkungen. Es war das Ende ungehinderter Einwanderung (seit dem späten 19. Jahrhundert waren nur bestimmte Gruppen wie Prostituierte, Kriminelle und Anarchisten per Gesetz ausgeschlossen gewesen). Dabei wurde eine Höchstgrenze von 150 000 Einwanderern aus ganz Europa eingeführt und die Quotierung der Visa gemäß dem Anteil der jeweiligen Nationalität an der amerikanischen Gesamtbevölkerung bemessen – für das Deutsche Reich bedeutete das, dass 26 000 Personen pro Jahr einreisen durften.

Mit dem Beginn der Weltwirtschaftskrise verloren die USA massiv an Attraktivität. Von wirtschaftlichen Motiven abgesehen, herrschte in Deutschland eine politische Stimmung, die eher gegen eine Auswanderung nach Amerika sprach. Gerne wurden dafür mythisch verklärte Bilder mobilisiert. Friedrich Schönemann, der in Berlin amerikanische Kulturkunde unterrichtete, schrieb zum Beispiel 1932: «Nordamerika ist tatsächlich ein Massengrab unseres Volkstums, ein gar nicht zu überblickender Verlust an Menschenkraft, an Geld und Gut, Persönlichkeit, an Deutschtum.» Im darauffolgenden Jahr wurde Schönemann Mitglied der NSDAP. Dass die Vereinigten Staaten zum «Massengrab der deutschen Auswanderer» geworden seien, wurde auch später während der Nazidiktatur behauptet. Wiederholt gab es Versuche, Auswanderer zur Rückkehr «heim ins Reich» zu bewegen, allerdings folgten nur wenige Tausend diesem Ruf.

Anlässlich des 250. Jahrestags der Gründung von Germantown fanden Konferenzen des *German-American National Congress* in New York (1932) und Philadelphia (1933) statt. Es ging um die Leistungen der deutschen Auswanderer für die amerikanische Gesellschaft, und wieder wurde die fehlende Sichtbarkeit des deutschen «Elementes» in den Vereinigten Staaten beklagt – die Beschwörung der ethnischen Tradition also, was im Englischen mit dem Begriff *filiopietism* umschrieben wird. Die politischen Entwicklungen in Deutschland und die Beziehungen zwischen beiden Ländern blieben von der Vortragsagenda in beiden Städten ausgeklammert.

Schon kurz nach der Gründung der NSDAP in Deutschland hatte sich in den Vereinigten Staaten die von der deutschen Partei unterstützte Vereinigung *Teutonia* formiert, mit kleinen Gruppen in mehreren großen Städten, deren Mitglieder vorwiegend aus neu Eingewanderten rekrutiert wurden. Nach dem Zusammenschluss mit *Gau-USA*, einer bis dahin konkurrierenden Gruppe, wurde sie 1932 unter der Bezeichnung *Nazi Party, U. S. A.* bekannt. Nach ihrer baldigen Auflösung wurden ihre Kräfte von *The Friends of the New Germany* gebündelt, einer militaristischen und antisemitischen Organisation. Sie machte sich schnell unbeliebt, als sie ihre Teilnahme an den Feierlichkeiten anlässlich 250-jähriger Präsenz von Deutschen in Amerika erzwingen wollte, was bei den etwa 70 deutschamerikanischen Gesellschaften, die mit der Planung befasst waren, einen Proteststurm hervorrief. Im Januar 1934 autorisierte der Amerikanische Kongress die Beobachtung der Aktivitäten der Vereinigung und ließ Anhörungen anordnen, zu denen Deutschamerikaner aus vielen verschiedenen Bereichen vorgeladen wurden. Etliche der Illoyalität gegenüber Amerika eigentlich unverdächtige Bürger sahen sich durch die stark emotional geprägten Befragungen an den Pranger gestellt. Dies hatte zur Folge, dass die Öffentlichkeit stärker auf den Bund aufmerksam wurde und die Gruppierung erheblichen Zulauf bekam. Als Theodore Hoffman, der Vorsitzende der *Steuben Society*, in demselben Jahr mit Hitler in Berlin zusammentraf, geizte er nicht mit Kritik an den Aktivitäten in den USA und unterstrich, dass das den deutschen Interessen auf beiden Kontinenten abträglich sei. 1936 erfolgte die Umbenennung in *Amerika-Deutscher Volksbund* (*German American Bund*), mit Fritz Julius Kuhn an der Spitze, der 1928 in die USA gekommen war.

Auch wenn der *Bund* unter manchen deutschen Einwanderern der 1920er Jahre Gehör fand, hatte er laut Schätzung des

FBI nur etwa 6500 Mitglieder. Etwa die Hälfte der Mitglieder war auf New York und Umgebung konzentriert. Nachrichten über die Judenverfolgung und gewalttätige Ausschreitungen in Deutschland trugen dazu bei, dass die allermeisten Deutschamerikaner auf Distanz zu dieser Gruppierung gingen. Das öffentlichkeitswirksame Auftreten der amerikanischen Nazis in Form von Reden und Märschen sorgte dennoch für erhebliches Misstrauen gegenüber Deutschamerikanern, bei oberflächlicher Betrachtung verschwamm der Unterschied zwischen Nazis und Nicht-Nazis allzu oft. Man reagierte, indem man sich deutlich abgrenzte und die Loyalität zu Amerika betonte. Die *Carl Schurz Foundation* änderte den Namen ihrer Zeitschrift *Germany Today* in *The American-German Review*. Deutschamerikanische Publikationen wie die *New Yorker Staats-Zeitung* bezogen klar Stellung gegen den Bund und gegen die nationalsozialistische Herrschaft. Es gab Gegenorganisationen wie zum Beispiel von der *Loyal Americans of German Descent* und *German-American Anti-Nazi League*. Als der *Bund* 1936 im New Yorker Madison Square Garden eine Kundgebung organisierte, nahmen 20 000 Menschen daran teil, bei einer zweiten Veranstaltung drei Jahre später sogar noch etwas mehr; eine hohe Zahl, die auch, wenn nicht ausschließlich, auf den Ausschank von Freibier zurückzuführen ist. 1938 wurde vom Kongress erneut ein Komitee eingesetzt, das unamerikanische Aktivitäten untersuchen sollte. Als Fritz Kuhn 1939 festgenommen wurde, weil er Finanzmittel der Vereinigung veruntreut hatte, verlor die Organisation schnell an Bedeutung. Während des Zweiten Weltkriegs wurde Kuhn interniert und danach nach Deutschland abgeschoben.

Zwar hatte sich der Republikaner Herbert Hoover Sympathien von Deutschamerikanern erworben, weil er 1931 ein einjähriges Moratorium der Kriegsreparationszahlungen Deutschlands bewirkt hatte, zugleich unterstützte er aber die Prohibition und wurde für die wirtschaftliche Depression verantwortlich gemacht, so dass viele, die traditionell den Republikanern ihre Stimme gegeben hatten, sich nun für die Demokraten entschieden. Der Demokrat Roosevelt, der die Wahl gewann, versprach dagegen einen wirtschaftlichen Aufschwung und die Abschaffung des Zusatzes der Verfassung, in dem das Alkoholverbot festgeschrieben war. Vier Jahre später waren etliche Deutschamerikaner enttäuscht von Roosevelt, und zwar nicht nur, weil sich die Wirtschaft nicht erholt hatte, sondern weil sie ihn in seiner Außenpolitik zunehmend für deutschfeindlich hielten, und stimmten aus Protest für William Lemke von der *Union Party*.

Bei der Wahl 1940 galten ihre Sympathien dann dem republikanischen und deutschamerikanischen Kandidaten aus Indiana, Wendell Willkie, der Roosevelt als Kriegstreiber angegriffen hatte. Von der Tendenz her wünschten sich deutschamerikanische Wähler, dass sich die Vereinigten Staaten nicht an den Auseinandersetzungen beteiligen würden, und befürworteten einen Isolationismus. Auf Grund der Erfahrungen aus der Zeit des Ersten Weltkriegs befürchteten sie, dass sich mit neuerlicher Kriegspropaganda wieder antideutsche Hysterie entwickeln könnte. Noch im April 1941 erklärte Theodore Hoffmann, der Präsident der *Steuben Society*, dass die überwiegende Mehrheit der Deutschamerikaner eine Teilnahme der USA am Krieg ablehnten. Unabhängig davon gab es jedoch keinen Grund für Zweifel an ihrer Bereitschaft, die USA zu verteidigen, als Deutschland Amerika am 11. Dezember 1941, vier Tage nach dem Überfall Japans auf Pearl Harbour, den Krieg erklärte.

Das amerikanische Exil

Die Machtübernahme der Nationalsozialisten hatte eine Fluchtwelle ausgelöst. Die Bestimmungen wurden verschärft: Auswanderungswillige mit dem Ziel USA mussten die Erklärung eines amerikanischen Staatsbürgers beibringen, im Notfall für den Einwanderer einzustehen, ein sogenanntes *affidavit*. Der deutsche Jude Carl Lämmle, schon seit 1884 in den USA und inzwischen Vorsitzender von *Universal Studios* in Hollywood, bewies starkes Engagement und stellte über 300 solcher Erklärungen aus. Die jüdische Auswanderung wurde von verschiedenen Seiten unterstützt, vom *Hilfsverein der deutschen Juden* (seit 1935 in *Hilfsverein der Juden in Deutschland* umbenannt), der *Hauptstelle für jüdische Wanderfürsorge* und dem *Palästina-Amt*. Als nach der sogenannten Reichskristallnacht eine Massenflucht einsetzte, flohen bis Ende 1938 etwa 40 000 Menschen aus Deutschland, zu einem großen Teil in die USA. Die Ausreise verlief jedoch oft chaotisch und weitere Hürden mussten genommen werden. Ein besonders erschreckendes Beispiel ist die Irrfahrt der *St. Louis* nach Kuba: 937 Menschen befanden sich an Bord, als sie am 13. Mai 1939 Hamburg mit Kurs auf Havanna verließ – in der Mehrzahl deutsche, aber auch osteuropäische und staatenlose Juden. Obwohl die Passagiere in Kuba nur auf ihr amerikanisches Visum warten wollten, wurde den meisten der Landgang verwehrt, nur 28 durften aussteigen. Die Versuche eines Anwalts des *American Jewish Joint Distribution Committee* vor Ort, den Fortgang im Sinne der Flüchtlinge zu beeinflussen, blieben erfolglos. Schon vor der Abreise aus Hamburg hatte der damalige kubanische Präsident Federico Laredo Brú ein Dekret erlassen, das alle bis dahin gewährten Landegenehmigungen für ungültig erklärte. Obwohl viele amerikanische Zeitungen für die Flüchtlinge Partei ergriffen, wurde das Schiff, das vor der Küste von Florida kreuzte, von den USA abgewiesen. Ein Hilferuf an Franklin D. Roosevelt blieb unbeantwortet. Das Schiff fuhr schließlich nach Europa zurück, konnte aber, dank des Einsatzes von Kapitän Gustav Schröder, in Antwerpen anlegen, wodurch über 900 deutsche Juden vor dem Zugriff der Nazis gerettet wurden. Etwa ein Drittel der Passagiere konnte nach England reisen, viele der anderen wurden doch noch in die Vernichtungslager deportiert.

1939 betrug die amerikanische Einwanderungsquote für Deutschland und Österreich zusammen 27 370 und wurde schnell erreicht, es gab eine Warteliste für mehrere Jahre. Präsident Roosevelt hätte die Quote erhöhen können, entschied sich aber aus politischen Gründen dagegen. Die Angst vor Konkurrenz um die wenigen Arbeitsplätze saß zu tief. Eine Umfrage des *Fortune Magazine* zu dieser Zeit ergab, dass 83 Prozent der Amerikaner gegen eine Erleichterung der Einwanderungsbestimmungen waren. Die *Wagner-Rogers Bill*, eine Gesetzesinitiative, die es erlaubt hätte, 20 000 deutsch-jüdische Kinder unter 14 Jahren außerhalb der Quote einreisen zu lassen, scheiterte vor dem Kongress.

Die etwa 150 000 deutschen Juden, die vor den Nazis nach Amerika fliehen konnten, gehörten zum großen Teil der Mittelschicht an, und ihre Identifikation mit dem jüdischen Glauben war unterschiedlich ausgeprägt. Anders als die im 19. Jahrhundert eingewanderten Juden waren ihre Startbedingungen in Amerika denkbar ungünstig. Ihre Situation war von für viele schwer zu ertragenden Ambivalenzen geprägt: Einerseits froh, der Verfolgung entkommen zu sein, fühlten sie sich ihrem Heimatland bei aller Abscheu vor dem Unrechtssystem vielfach noch kulturell verbunden. Zugleich wollten und mussten sie sich in die amerikanische Gesellschaft integrieren. Nach 1937 war der Betrag, den sie bei der Auswanderung mit sich führen durften, auf zehn Mark beschränkt. Den vergleichsweise hohen Lebensstandard, den viele vorher gehabt hatten, büßten sie in der Regel ein. Die meisten hatten während des ersten Jahrzehnts ihrer Ankunft mit Schwierigkeiten zu kämpfen, viele konnten nicht auf Anhieb Arbeit finden. Ärzte etwa mussten, um praktizieren zu können, erneut Prüfungen ablegen. Rechtsanwälte konnten ihre Kenntnisse nicht auf das anglo-amerikanische System anwenden. Manche, die in Deutschland Bedienstete hatten, mussten nun selbst in solchen Positionen arbeiten. Sie wurden von Hilfsorganisationen unterstützt und fanden Anschluss an die bestehenden jüdischen Gemeinden, es gab sogar mindestens 30 Synagogen von Flüchtlingen, die meisten in New York. Bis in die 60er Jahre hinein wurden Gottesdienste in deutscher Sprache abgehalten.

Bis in die jüngste Zeit wurde in New York die deutsch-jüdische Zeitung *Aufbau* gedruckt, die 1934 von jüdischen Emigranten als Vereinsblatt des *German Jewish Club* in New York lanciert wurde. Die Haltung war politisch und religiös liberal, zugleich ausgeprägt pro-zionistisch. Der Dokumentarfilm *We were so beloved* (1985) zeigt Gespräche mit Juden, die sich in Washington Heights niedergelassen haben und dort den Gebrauch der deutschen Sprache besonders lange aufrechterhielten.

Viele der Exilierten waren Ärzte und Rechtsanwälte, es gab aber auch eine Reihe von Wissenschaftlern und Künstlern unter ihnen, jüdische wie nicht-jüdische: Albert Einstein, Walter Gropius, Ernst Lubitsch, Thomas und Heinrich Mann, Arnold Schönberg, Paul Tillich, Bruno Walter und Franz Werfel sind nur einige der bekannteren Namen. Sie verkörperten ein enormes intellektuelles Kapital, das der amerikanischen Wissenschaft und Kultur zugute kam. Eine ganze Reihe von deutschstämmigen Forschern erhielt später, im Laufe ihrer Karriere an amerikanischen Universitäten, Nobelpreise. An der *New School for Social Research* kamen einige Professoren unter, andere wurden vom *Institute for Advanced Studies* in Princeton eingeladen. Deutschsprachige Juden wie Bruno Bettelheim und Erich Fromm hatten großen Anteil an der Verbreitung psychoanalytischen Ideenguts in den USA. Theodor W. Adorno, Max Horkheimer und Herbert Marcuse brachten den Neomarxismus der Frankfurter Schule nach Amerika. In Chicago wurde seit 1937 das in Deutschland verbotene Bauhaus unter der Leitung von László Moholy-Nagy als *New Bauhaus* weiterentwickelt.

Hannah Arendt (1906–1975)

Als Tochter weltlicher Juden bei Hannover geboren, machte sie in Königsberg Abitur, studierte vorwiegend in Heidelberg Philosophie und Evangelische Theologie und ging dann zur Habilitation nach Berlin. Wichtige Einflüsse waren bis dahin Karl Jaspers und Martin Heidegger. Nach kurzer Gestapo-Haft verließ sie noch 1933 das Land, erst nach Frankreich, wo sie als Sozialhelferin tätig war. 1940, inzwischen in zweiter Ehe mit Heinrich Blücher verheiratet, gelang ihr die Flucht aus einem südfranzösischen Lager, wo sie als «feindliche Ausländerin» interniert war. Mit ihrem Mann und ihrer Mutter kam sie dann über Lissabon nach New York und lebte dort zunächst von einem zionistischen Künstlerstipendium und war für die Zeitung *Aufbau* tätig, danach als Forschungsleiterin der *Conference on Jewish Relations*. Direkt nach dem

Krieg arbeitete sie für den Verlag Schocken, dann für die *Jewish Cultural Reconstruction Corporation* zur Rettung jüdischen Kulturguts. Erst 1951 wurde sie amerikanische Staatsbürgerin. Parallel arbeitete sie an einer umfassenden Studie über den Nationalsozialismus, die 1951 unter dem Titel *The Origins of Totalitarianism* erschien, in Deutschland dann 1955 als *Elemente und Ursprünge totalitärer Herrschaft*. Als Professorin arbeitete sie am Brooklyn College (später auch an der *Princeton University*, der *Columbia University* und der *University of Chicago*) und war an der Gründung des *Leo Baeck Institute* beteiligt, in dem fortan über jüdische Kultur und Geschichte in den deutschsprachigen Ländern gearbeitet wurde und wird. Andere bekannte Werke sind *On Revolution* und *Eichmann in Jerusalem*.

In Los Angeles sammelten sich viele exilierte deutsche Intellektuelle, von denen etliche unter großer finanzieller Not litten. Alle waren unter dem Druck, in ihrer Arbeit Themen aufgreifen zu müssen, mit denen sie auch ein amerikanisches Publikum erreichen konnten. Ein Beispiel: Lion Feuchtwanger und Bertolt Brecht schrieben – zunächst ohne größere Erwartungen – gemeinsam das Stück *Simone* über eine französische Widerstandskämpferin. Nachdem die Filmproduktionsgesellschaft MGM den Stoff zunächst abgelehnt hatte, erwarb sie 1944 doch die Filmrechte, wodurch sich die finanzielle Lage für beide Autoren verbesserte. Feuchtwanger lebte zu diesem Zeitpunkt schon in der Villa Aurora im Stadtbezirk Pacific Palisades.

Viele Künstler waren in der neuen Umgebung denkbar unglücklich. Einige fühlten sich zu alt, um mit dem Lernen der englischen Sprache zu beginnen, und hatten im Grunde auch wenig oder kein Interesse an Amerika. Bertolt Brecht zum Beispiel konnte sich mit dem Land gar nicht arrangieren. Carl Zuckmayer gelang es zwar, sich als Drehbuchschreiber zu verdingen, lehnte Hollywood aber zutiefst ab und zog nach New York um. Etliche Künstler waren den Idealen der traditionellen Hochkultur verbunden und fühlten sich von dem als trivial und hedonistisch empfundenen südkalifornischen Lebensstil abgestoßen. Von solchen Antipathien einmal abgesehen, hatten es Musiker und Komponisten vergleichsweise einfacher, die – anders als Schriftsteller und Schauspieler – nicht erst eine neue Sprache, sondern allenfalls eine populärere Tonart lernen mussten. Der Komponist Arnold Schönberg, der mit seinen atonalen Stücken nicht den auf eingängige Unterhaltungsmusik fixierten Geschmack der meisten Amerikaner treffen konnte, löste für sich den Zwiespalt, indem er an der *University of California, Los Angeles* unterrichtete und dadurch der Situation entging, sich an Hollywood «verkaufen» zu müssen. Es entbehrt nicht einer gewissen Ironie, dass manche exilierte Schauspieler mit ihrem deutschen Akzent in Hollywood-Filmproduktionen ausgerechnet für Nazirollen besetzt wurden.

Den mit Abstand größten Bekanntheitsgrad von allen deutschen Exilanten in Amerika erreichte Thomas Mann, der auch die amerikanische Staatsangehörigkeit annahm. Er hatte Deutschland schon 1933 Richtung Schweiz verlassen, kam 1938 zuerst nach Princeton, verlegte seinen Wohnsitz drei Jahre später dann aber ebenfalls in den Westen von Los Angeles, nach Pacific Palisades, wo er bis 1952 blieb und einige seiner bekanntesten Werke verfasste, die jedoch keinen inhaltlichen Bezug zu Amerika hatten. Ludwig Marcuse bezeichnete Mann einmal als «Kaiser» der deutschen Emigranten, andere nannten ihn «Goethe in Hollywood».

Thomas Mann, häufig mit politischen Kommentaren im Radio zu Gast, war auf verschiedenen Ebenen wichtig: Einerseits bewies er den Amerikanern, dass das «andere» und kosmopolitische Deutschland weiterhin existierte, und war zugleich als Person die von vielen Deutschamerikanern herbeigesehnte Identifikationsfigur, andererseits belebte er die Wertschätzung deutscher Literatur und Kultur in Amerika. Für die *Library of Congress* war er als Berater beim Aufbau eines Fundus für deutsche Literatur tätig.

Erschwert wurde die Arbeit der exilierten Künstler während des Krieges durch zeitweise erhebliche Einschränkungen ihrer räumlichen Bewegungsmöglichkeiten: Als *enemy aliens* unterlagen sie Ausgangssperren und der Vorschrift, sich nur im Umkreis von fünf Meilen ihres Wohnortes aufzuhalten. Auch von derartigen Erfahrungen geprägt, ging ein beträchtlicher Teil der Exilierten, unter ihnen Thomas Mann, nach dem Ende des Zweiten Weltkriegs nach Europa zurück.

Während des Zweiten Weltkriegs sahen sich die Deutschamerikaner in Amerika wieder verstärkt feindlicher Stimmung ausgesetzt. Vereine wie den *Turnerbund* und den *Nord-Amerikanischen Sängerbund*, bis dahin als Nonprofitorganisationen registriert, konfrontierte man mit Steuerforderungen, weil sie – ob angeblich oder tatsächlich muss hier dahingestellt bleiben – unamerikanische Verbände unterstützten. Sie gerieten unter Rechtfertigungszwang und mussten Nachweise erbringen, dass die gegen sie erhobenen Vorwürfe substanzlos waren. Als besonders verdächtig, an amerikafeindlichen Aktivitäten beteiligt zu sein, galten automatisch diejenigen, die erst vor kurzer Zeit eingewandert waren und noch nicht die amerikanische Staatsbürgerschaft bekommen hatten. Das FBI wurde 1940 ermächtigt, Listen von Personen anzufertigen, von denen man vermutete, dass sie eine Bedrohung der Sicherheit des Landes darstellen könnten. Man stütze sich dafür auf Aussagen von Arbeitgebern und Nachbarn, was ein Klima des Misstrauens nährte. Neben der Mitgliederliste des *Bund* griff man zudem auf Namen von Abonnenten deutschamerikanischer Publikationen und entsprechende Listen deutschamerikanischer Organisationen zurück.

Am 7. Dezember 1941 setzte die Festnahme von Verdächtigen ein, zum Teil mit ihren Familienangehörigen. Es handelte sich um deutsche Staatsangehörige, deutschstämmige Amerikaner und amerikanische Staatsbürger, die mit Deutschland sympathisierten. In der Regel wurde ihnen rechtlicher Beistand verweigert, was einen Verstoß gegen die Verfassung darstellte. Die Gesamtzahl der Internierten lag mit mehr als 10 000 Personen deutlich höher als knapp zwei Jahrzehnte zuvor. Viele wurden erst nach Kriegsende wieder auf freien Fuß gesetzt. Betroffen waren von diesen Maßnahmen auch Japaner sowie Amerikaner japanischer Herkunft. Deutsche und Japaner waren auch gemeinsam interniert, etwa im texanischen Crystal City, in der Nähe der mexikanischen Grenze.

Einige der während dieser Jahre produzierten Spielfilme schürten die Angst vor (angeblich) im amerikanischen Untergrund agierenden Nazispionen, welche eine Gefahr für das Land darstellten, zum Beispiel in *Confessions of a Nazi Spy* (1939). Ein Angriff auf die deutschamerikanische Wirtschaft war die 1942 erfolgte Veröffentlichung des *Confidential Report on 1,036 Pro-Nazi Firms Who Believed You Could Do Business with Hitler* von Kurt Singer – eine Liste amerikanischer Unternehmen, die vor dem Krieg Geschäftsbeziehungen mit Deutschland unterhalten hatten.

Nach dem Zweiten Weltkrieg

Schon direkt nach Kriegsende kamen im Rahmen des *displaced persons act* beinahe 100 000 ehemalige Zwangsarbeiter und befreite Insassen von Konzentrationslagern nach Amerika. Eine andere Gruppe waren sogenannte Kriegsbräute, also die Ehefrauen bzw. Verlobten von amerikanischen Soldaten, die im Rahmen des *war brides act* bzw. des *fiancée act* ohne Visum in die USA einreisen durften. Bis 1950 sind rund 14 000 deutsche Frauen amerikanischer Soldaten in die USA gekommen, obwohl den GIs explizit davon abgeraten worden war, mit Deutschen zu fraternisieren. Der Kontakt ergab sich zwangsläufig, u. a. weil das stationierte Militär einen großen Bedarf an Arbeitskräften hatte. Die reguläre Auswanderung in die Vereinigten Staaten war ab September 1948 wieder grundsätzlich möglich, von einer wirklichen Welle kann man erst ab 1950 sprechen, als 130 000 Menschen Deutschland verließen. Es waren überproportional viele Wissenschaftler oder Berufstätige darunter, die besondere technische Kenntnisse mitbrachten und deren Qualifikation auf dem amerikanischen Arbeitsmarkt gefragt war.

Wernher von Braun (1912–1977)

Von Braun studierte an der Technischen Hochschule in Berlin und an der ETH Zürich und arbeitete seit 1932 für das Raketenprogramm des Heereswaffenamtes. 1940 wurde er Mitglied der SS. Nach Forschungen über Flüssigkeitsraketen und Promotion fungierte Braun als technischer Direktor der Heeresversuchsanstalt Peenemünde und wirkte an der Entwicklung einer Rakete mit, die als V2 (Vergeltungswaffe 2) in Serie produziert und unter anderem in London und Antwerpen eingesetzt wurde, und einer anderen, die als erste den Weltraum erreichte (1945: 200 Kilometer Höhe). Braun stellte sich den Amerikanern und ging 1949 offiziell in die USA, wo er als technischer Berater des Raketenprogramms arbeitete. 1959 trat er in die NASA ein und wurde kurz darauf Direktor des *Marshall Space Flight Center* in Alabama, wo er wesentlich an den Weltraumprogrammen und an der bemannten Mondlandung 1969 beteiligt war. Bis 1972 war von Braun stellvertretender Direktor der NASA, danach beim Raumfahrtkonzern *Fairchild.*

Henry Kissinger (*1923)

Henry (geboren Heinz) Alfred Kissinger verbrachte seine Kindheit in Fürth und emigrierte mit seinen Eltern 1936 nach New York. Während des Zweiten Weltkriegs kam er nach Deutschland, wo er nachrichtendienstlich tätig war. Nach der Rückkehr in die USA 1947 studierte und promovierte er an der *Harvard University* und wurde später unter Richard Nixon dessen Berater für Außen- und Sicherheitspolitik. Von 1973 an hatte er das Amt des Außenministers inne. In den folgenden Jahren übernahm er eine wichtige Rolle bei den Friedensverhandlungen zwischen Israel und den arabischen Staaten. Bis 1977 behielt er auch unter Gerald Ford diese Funktion. Seitdem arbeitet er als politischer Berater.

Nachdem der volle Umfang der Verbrechen der Nazis bekannt geworden war, befanden sich die Deutschamerikaner in den ersten Jahren nach dem Krieg in einer schwierigen Lage, weil alles Deutsche mit einem Makel behaftet war, sowenig die Amerikaner deutscher Herkunft selbst dafür verantwortlich gemacht werden konnten. Noch weniger als vor dem Krieg gab es nun unter den Deutschamerikanern – soweit sie sich überhaupt noch als solche sahen oder bezeichneten – ein Identitätsverständnis, das sie verbunden hätte. Wenn manche an ihren Gesang- oder Schützenvereinen festhielten, sahen andere darin nur noch die überkommene Beschwörung der kulturellen Tradition eines Landes, das für sie im Grunde aufgehört hatte zu existieren. Immerhin gab es 1950 noch eine Million Menschen in Amerika, die in Deutschland geboren worden waren, und rund fünf Millionen, deren Muttersprache Deutsch war. Obwohl die Deutschamerikaner im Mittleren Westen einen wichtigen Faktor bei der Wahl von Eisenhower 1952 und bei der des Republikaners Richard Nixon 1960 darstellten, wurden sie während des Präsidentschaftswahlkampfs von den jeweiligen Kandidaten als Gruppe nicht gezielt angesprochen.

In den frühen 60er Jahren stellten Daniel Patrick Moynihan und Nathan Glazer in ihrem Buch *Beyond the Melting Pot* verwundert fest, dass die früher so augenfällige deutsche Kultur und ihr Einfluss in New York City verschwunden waren, dass die Deutschen als Gruppe mit eigenen unterscheidbaren Merkmalen und Träger einer Doppelidentität – vergleichbar mit den Iren oder Italienern – quasi aufgehört hatten zu existieren.

Die Vereinigten Staaten blieben ein wichtiges Ziel deutscher Auswanderer, doch mit dem wirtschaftlichen Aufschwung der Bundesrepublik büßte der Aufbruch in die Fremde deutlich von seiner Faszination ein. Im Laufe der 50er und 60er Jahre verließen insgesamt 786 000 Deutsche ihre Heimat Richtung

Amerika. Die Auswanderungsmotive korrespondierten mehr oder weniger direkt mit dem jeweiligen zeittypischen Amerikabild. Das Land galt weiterhin als der Ort ohne Grenzen, vielfach war die Auswanderung dorthin nun mit dem Wunsch verknüpft, dort zu sein, wo «Großes» passierte, wo man nicht so häufig tiefstapelte wie in Deutschland, wo das Leben von vielen technischen Neuerungen begleitet sei, wo, wie es in dem 1957 veröffentlichten Band *Amerika ist noch nicht entdeckt* von C. H. Hager hieß, das «Neidgefühl unbekannt» sei und man frei seiner Bestimmung folgen könne. Kontinuierlich gab es auch einen Strom deutscher Wissenschaftler nach Amerika, oft mit Stipendien des 1952 gegründeten deutsch-amerikanischen Fulbright-Programmes (benannt nach dem früheren Senator von Arkansas, J. William Fulbright), von denen sich manche für einen Verbleib entschieden. Ein prominentes Beispiel ist Gerhard Casper, der in den 1990er Jahren als Direktor der *Stanford University* fungierte.

Nicht jeder durfte in die Vereinigten Staaten einwandern, der dies wollte. Die Bestimmungen waren und sind in den vergangenen Jahrzehnten stets restriktiv gewesen, die Voraussetzungen für die Vergabe einer *greencard*, einer zeitlich unbefristeten Aufenthalts- und Arbeitserlaubnis, die gleichzeitig als Einwanderungsvisum gilt, war stets an bestimmte Voraussetzungen geknüpft.

Helmut Jahn (*1940)

Nach dem Studium an der *Technischen Universität München* ging Jahn 1966 an das *Illinois Institute of Technology*, wo er bei Ludwig Mies van der Rohe studierte. Im darauffolgenden Jahr trat er in das Architekturbüro *C. F. Murphy Associates* ein, dessen Vizechef er 1973 wurde. 1981 wurde es in

Murphy/Jahn umbenannt. Sein Büro zählt heute zu den wichtigsten und umsatzstärksten global tätigen Architekturbüros. Beispiele für seine Bauten sind das State of Illinois Building in Chicago, das Sony Center am Potsdamer Platz in Berlin, One Liberty Place, das höchste Gebäude von Philadelphia, der Messeturm von Frankfurt am Main und ein Hotel- und Kongresszentrum an der Freien Universität Berlin.

Einen Einblick in das Leben deutscher Auswanderer der letzten Zeit, wenn auch mit einigen vom Filmemacher vermutlich beabsichtigten Verzerrungen und Zuspitzungen, bietet Rosa von Praunheims Dokumentarfilm *Überleben in New York* (1989). Am Beispiel von drei Frauen – Claudia, Anna und Uli –, die es in den 80er Jahren nach New York verschlagen hat, illustriert er eindringlich, was es bedeuten kann, sich auf dem freien Arbeitsmarkt der Metropole behaupten zu müssen. Hier steht einmal nicht das glamouröse New York im Vordergrund, sondern eines der schroffen Widersprüche und gesellschaftlichen Gegensätze, von denen sich die Protagonistinnen angezogen fühlen und mit denen sie mehr oder weniger umzugehen lernen.

In den späten 90er Jahren gab es eine Reihe deutscher Unternehmer und Fachkräfte, die, von den Hoffnungen auf Erfolg in der digitalen Ökonomie beflügelt, zweite Unternehmenssitze in den USA aufbauten oder ganz ins Silicon Valley oder nach Seattle, wo sich auch der Sitz von Microsoft befindet, auswanderten.

Fachkräfte können im Rahmen bestimmter Kontingente über das Fachkräftevisum (H1-B) einreisen, das waren in den vergangenen Jahren jeweils 65 000, die unter allen eingegangenen Anträgen ausgelost wurden. Außerdem existiert eine *Green*

Card Lottery, die auf dem 50 000 Visa umfassenden *Diversity Lottery Program* (DV-2010) basiert, das die Einwanderung aus nicht so stark repräsentierten Ländern unterstützen soll. Entsprechend sind dort Länder ausgenommen, aus denen in den letzten fünf Jahren mehr als 50 000 Personen eingewandert sind. Daneben gibt es das für bestimmte Personen geeignete, auf 18 Monate befristete Trainings- oder Fortbildungsvisum (J1), das allerdings an die Bedingung geknüpft ist, dass der Einreisende (nicht Einwandernde) einem Ausbildungsplan unterliegt und entsprechend betreut wird. Der Antrag erfolgt hierfür über eine Sponsororganisation, wie etwa die deutsch-amerikanische Handelskammer, nicht wie bei dem erstgenannten Visum beim amerikanischen Konsulat oder der Botschaft.

Zu den prominentesten Deutschamerikanern zählt heute der Medizin-Nobelpreisträger Günter Blobel, der an der New Yorker *Rockefeller University* forscht sowie der Literaturwissenschaftler Hans Ulrich Gumbrecht von der *Stanford University*. Bezieht man den weiteren deutschen Sprachraum mit ein, könnte man auch den aus Österreich stammenden Arnold Schwarzenegger, heute Gouverneur des Bundesstaates Kalifornien, erwähnen. Verlagert man die Perspektive auf den Kultur-, Show- und Sportbereich, gibt es etliche deutsche Persönlichkeiten, die erfolgreich in den USA arbeiten: Für die jüngere Vergangenheit sind Siegfried Fischbacher und Roy Horn (seit den 1970er Jahren Raubtierdompteure in Las Vegas) zu nennen, für die Gegenwart die Sängerin Ute Lemper, der NBA-Baseballspieler Dirk Nowitzki, die Schauspieler Diane Kruger, Udo Kier, Jürgen Prochnow und Thomas Kretschmann, die in aufwendigen Hollywood-Produktionen zu sehen sind. Auch die Filmregisseure Roland Emmerich (*Independence Day*) und Wolfgang Petersen sowie der Kameramann Michael Ballhaus arbeiten in diesem Umfeld.

Unter dem Stichwort *brain drain* wurde die Auswanderungsbewegung deutscher Wissenschaftler, denen von US-Hochschulen vielfach bessere Beschäftigungsbedingungen als hierzulande geboten wurden bzw. werden, um die Jahrtausendwende leidenschaftlich diskutiert. Die Wellen schlugen zum Teil so hoch, dass sich die Politik gefordert sah, öffentlichkeitswirksame Zeichen zu setzen. Mit dem Versprechen, die deutschen Universitäten «zum internationalen melting pot künftiger Führungsschichten» zu machen, wandte sich die damalige Bundesbildungsministerin Edelgard Bulmahn 2001 während eines Besuches an der *Stanford University* an in den USA tätige deutsche Wissenschaftler. Die im Jahre 2003 gegründete *German Scholars Organization* (GSO) hat sich zum Ziel gesetzt, die Rückanbindung deutscher Nachwuchswissenschaftler, die vor allem in den USA und in Kanada arbeiten, zu fördern. In eine ähnliche Richtung zielt ein Programm der *Alfried Krupp von Bohlen und Halbach-Stiftung*. Sie gewährt zum Beispiel Reisekostenzuschüsse, wenn im Ausland tätige Wissenschaftler zu Vorstellungsgesprächen nach Deutschland eingeladen werden.

Sechs Goethe-Institute auf dem Boden der Vereinigten Staaten, und zwar in Boston, Chicago, Los Angeles, New York, San Francisco, Washington D. C. und das von den *Friends of Goethe* betriebene, aber inhaltlich eng mit dem Goethe-Institut kooperierende Goethe-Zentrum in Atlanta bieten Sprachunterricht, Kulturprogramme und aktuelle Informationen über Deutschland an. Das Goethe-Institut ist in Amerika mit einem Netzwerk anderer Organisationen und Kulturinstitutionen verbunden.

Keine Gruppe hat im Laufe des 20. Jahrhunderts in vergleichbarem Maße an öffentlicher Sichtbarkeit eingebüßt wie die der Deutschamerikaner. Zugleich war keine andere Einwanderergruppe im 20. Jahrhundert so starkem Druck ausgesetzt, ihre ethnische Identität aufzugeben. Schließlich erlebten nur Deutschamerikaner, dass sich ihr gewähltes Heimatland zweimal im Kriegszustand mit Deutschland befand. Andererseits ist das zuweilen bemängelte «Verschwinden» auch ein Beleg für die große Integrationsfähigkeit der Vereinigten Staaten, wo nationale Zugehörigkeit weniger über Abstammung definiert wird als über das Teilen der amerikanischen Werte. Dieser Unterschied wird gerade heute im Vergleich mit europäischen Staaten wie Deutschland und Frankreich deutlich, wo große Gruppen von Einwanderern, die oft bereits vor Jahrzehnten gekommen sind, weiterhin von einer gesellschaftlichen Beteiligung ausgeschlossen bleiben, die ihrem Anteil entsprechen würde. Sicherlich war es für das Aufgehen der Deutschamerikaner in der amerikanischen Gesellschaft auch förderlich, dass sie den Angloamerikanern mit ihrem protestantisch geprägten Arbeitsethos ähnelten.

Deutsches kulturelles Leben gibt es bis heute vor allem in den diversen deutschamerikanischen Vereinigungen wie der *Steuben Society of Amerika* oder dem *Deutsch-Amerikanischen National-Kongress* und bei den Oktoberfesten. Der 6. Oktober gilt seit 1987 als *German-American Day*. Ein weiteres Beispiel ist die an jedem dritten Samstag im September auf der Fifth Avenue in New York City ausgerichtete *Steuben-Parade*, an der vielfach hochrangige amerikanische und deutsche Politiker als Ehrengäste teilnehmen.

In ihrer Konzentration nicht repräsentativ für das ganze Land sind die vielen traditionsbewussten freizeitorientierten Vereine und Festivitäten, wie sie bis heute in Milwaukee zu beobachten sind. Das *German Fest* etwa, das immer am letzten Juliwochenende stattfindet, zieht mit seinen Schuhplattlern und den landestypischen, vorwiegend bayerischen Spezialitäten oft mehr als hunderttausend Besucher an.

Oft wurde und wird hochgerechnet, wie viele der heutigen Amerikaner deutsche Vorfahren haben. Der Historiker Willi Paul Adams hat einmal zu Recht angemerkt, dass solche Zahlen auf einer «nicht ernst zu nehmenden statistischen Spielerei» beruhen, schließlich hätten viele, wenn nicht sogar die meisten Amerikaner, Vorfahren, die verschiedenen ethnischen Gruppen angehören. Von den Ergebnissen des Jahres 2007 ausgehend, wurde die Zahl mit 49 Millionen, d. i. 17 Prozent der Gesamtbevölkerung angegeben.

Die Statistik kann nicht auseinanderhalten, was im «Schmelztiegel USA», um bei diesem populären, aber wegen der Vereinfachung schon lange nicht mehr unumstrittenen Bild zu bleiben, ein untrennbares Amalgam ergeben hat. Unzweifelhaft bleibt, dass deutsche Einwanderer einen sehr wichtigen Teil an der Herausbildung der amerikanischen Kultur hatten und dass die Vereinigten Staaten anders aussähen, wenn die knapp sieben Millionen deutschen Einwanderer, die es im Laufe von vier Jahrhunderten gegeben hat und die von 1820 bis in die Gegenwart etwa 15 Prozent der Gesamteinwanderung ausgemacht haben, dort nicht gelebt und gewirkt hätten. Auch um das Verhältnis zwischen Deutschland und den Vereinigten Staaten wäre es vermutlich ganz anders bestellt, wenn es nicht diese starke Migration gegeben hätte.

Wie hat die deutsche Auswanderung Amerika beeinflusst und verändert? Frühere Chronisten deutschamerikanischer Geschichte haben sich gerne auf die Leistungen der Deutschen in Amerika konzentriert und versucht, das spezifisch «Deutsche» herauszufiltern oder, besonders in Zeiten verunsicherter deutschamerikanischer Identität, einzelne Personen zu heroisieren. Albert Bernhardt Faust verknüpfte mit seinem 1909 erschienenen Buch *Das Deutschtum in den Vereinigten Staaten in seiner Bedeutung für die amerikanische Kultur* die Hoffnung, das «gute Deutsche in Amerika» quasi in Essenz zu präsentieren, und musste sich dabei zwangsläufig in Widersprüche verstricken. Er bietet eine regelrechte Enzyklopädie des Einflusses der Deutschen in Amerika, in der er mit Akribie die diversen Personen aufzählt, welche in verschiedenen gesellschaftlichen Bereichen gewirkt haben. Faust war nicht verlegen, eine Wirkung des «deutschen Elements auf Gesellschaft und Sitte» zu behaupten: «Deutsche Kultur hat den jungen amerikanischen Riesen aus dumpfer Selbstbefangenheit emporgerüttelt und hat eine Seele in ihm erweckt, in der Sinnen und Fühlen der ganzen Menschheit anklingt.» Er zitiert auch den für seine Studien zur *frontier* bekannt gewordenen Geschichtsprofessor Frederick Jackson Turner, der es als Verdienst der Deutschen sah, «dass sie der amerikanischen Stammesart und Gesellschaft deutsche Stetigkeit, Beharrlichkeit und zähe Festigkeit mitgeteilt haben, die die nervöse, sprunghafte Energie des eingeborenen Amerikaners aufs glücklichste ergänzen». So unterhaltsam solche Ausführungen sind und vielleicht sogar auf den ersten Blick einleuchten mögen – belegen lassen sich solche Haltungs- oder Mentalitätstransfers natürlich nicht. Aus- und Einwanderung sind Vorgänge von großer Komplexität, die alle Beteiligten berühren, nicht zuletzt die Gesellschaft, deren Teil die Einwanderer dann werden und die sie verändern. Die deutschsprachigen Auswanderer waren Teil der größten Wanderungsbewegung der Geschichte, in die beiden Amerikas, nach Nord- und Südamerika, und ein Mosaikstein der internationalen Migrationsgeschichte.

Unter den heutigen Einwanderern der Vereinigten Staaten haben Deutsche nur eine vergleichsweise geringe Bedeutung, die meisten stammen – und zwar in dieser Reihenfolge – aus Mexiko, China, den Philippinen, Indien und Kuba. Und überhaupt: In den 90er Jahren des 20. Jahrhunderts kamen weniger als zehn Prozent aller Einwanderer aus Europa und von diesen die meisten aus den Balkanstaaten wegen der dortigen kriegerischen Auseinandersetzungen.

Umgekehrt sind die USA für deutsche Auswanderer, die meist berufliche Gründe dafür angeben, neben der Schweiz und – mit einigem Abstand – anderen europäischen Ländern wie Polen, Österreich und Großbritannien weiterhin eines der wichtigsten Ziele. Kanada, Australien und Brasilien sind in den Hintergrund getreten. Für die letzten Jahre lag der Wert bei knapp 14 000. Der Mythos des amerikanischen Traums behauptet trotz aller Trübungen, denen das Amerikabild seit den 60er Jahren unterlag, eine gewisse Anziehungskraft.

Im Laufe der letzten Jahre ist die historische Wanderungsbewegung Deutscher nach Nordamerika stärker ins öffentliche Bewusstsein gerückt: Dazu beigetragen hat vor allem die Eröffnung des als Erlebnismuseum konzipierten *Auswandererhauses Bremerhaven*, in dem die Erfahrung der Überfahrt veranschaulicht wird und es eine Vielzahl von Informationsangeboten gibt. Es ist das größte Museum seiner Art in Europa und bietet die Möglichkeit, vor Ort nach bestimmten Auswanderern zu recherchieren. Die an der Stelle des früheren, ab 1901 errichteten Auswanderungszentrums errichtete *BallinStadt Auswandererwelt* im Hamburger Hafen zeigt im Rahmen einer Ausstellung wie in einer Zeitreise die verschiedenen Phasen der Emigration. Die Ausstrahlung der Dokumentarspiel-Fernsehreihe *Deutsche in Amerika* von Fritz Baumann (2006) machte sie mit filmischen Mitteln anschaulich. Auf der anderen Seite des Atlantiks finden diese Angebote mit dem vor einigen Jahren mit großem Aufwand neu gestaltete Dokumentationszentrum Ellis Island vor New York City ihre Entsprechung. Der Blick in die Geschichte macht auch deutlich, dass eine Auswanderung nach Amerika heute nicht mehr allzu viel gemein hat mit der Erfahrung der

Menschen, die im 18. und 19. Jahrhundert dorthin aufbrachen, schließlich ist die frühere Heimat nur mehr einen halben Tag Flugreise entfernt.

Anhang

Kurzchronik

1607/08
Unter den ersten Siedlern von Jamestown, Virginia, sind auch einige Deutsche.

1683
Dreizehn deutsche Mennonitenfamilien unter der Führung von Franz Pastorius erreichen Pennsylvania und gründen Germantown, sechs Meilen nördlich von Philadelphia.

1732
Die *Philadelphische Zeitung*, die erste deutschsprachige Zeitung erscheint.

1742
Christoph Sauer, ein deutscher Drucker und Publizist in Germantown, druckt die erste Bibel in Amerika – in deutscher Sprache und mit Typen der Lutherischen Schriftgießerei in Frankfurt.

1776
Geschätzte 228 000 deutschstämmige Personen leben bei Ausbruch der Revolution in den 13 Kolonien, bei einer Gesamtbevölkerung von etwa 2,5 Millionen.

1783
Nach dem Ende des Unabhängigkeitskrieges bleiben rund fünftausend, ursprünglich von den Engländern angeworbene hessische Soldaten in Amerika.

1790
Die Deutschen in Amerika machen knapp neun Prozent der Bevölkerung aus.

1829
Gottfried Duden veröffentlicht in Deutschland seinen schöngefärbten Bericht über die Jahre, die er als Siedler in Missouri verbrachte. Das Buch erlebt mehrere Auflagen und dient vielen Deutschen als (zusätzlicher) Auslöser für die Auswanderung.

1848–49
Das Scheitern der Revolution in Deutschland veranlasst Tausende, aus politischen Gründen ihre Heimat zu verlassen.

1850 bis 1860
Im Laufe dieses Jahrzehnts kommt nahezu eine Million Deutsche. Alleine im Jahre 1854 sind es 215 000.

1860
Kurz vor dem Beginn des Bürgerkriegs leben geschätzte 1,3 Millionen noch in Deutschland geborene Einwanderer in den USA. Es gibt 200 deutschsprachige Zeitungen und Zeitschriften.

1890
Die Zahl der in Deutschland geborenen Einwanderer liegt bei 2,8 Millionen, wovon die Mehrheit im Dreieck von Cincinnati, Milwaukee und St. Louis zuhause ist (*German Triangle*).

1894
Die Anzahl der Zeitungen deutscher Sprache erreicht mit etwa 800 ihren Höhepunkt.

1910
Die Zahl der in Deutschland geborenen Einwanderer ist auf 2,3 Millionen gesunken, die Anzahl der Zeitungen auf etwa 550.
New York City gilt neben Berlin und Hamburg als eine der größten «deutschen» Städte der Welt, mit 600 000 noch in Deutschland Geborenen.

1920
1,7 Millionen in Deutschland geborene Einwanderer. Nach dem Ersten Weltkrieg gibt es nur noch etwa 230 Zeitungen in deutscher Sprache.

1933
Mit der Machtergreifung Hitlers setzt eine Auswanderungsbewegung jüdischer und nichtjüdischer Menschen ein, darunter zahlreiche Wissenschaftler und Künstler.

1940
1,2 Millionen in Deutschland geborene Einwanderer.

1945
Wernher von Braun wird am 3. Mai mit seinem Team von Raketenforschern aus Peenemünde interniert und später in die USA ausgeflogen. Er ist später bei der NASA wesentlich am Apollo-Programm beteiligt.

1950er Jahre
Zwischen 1951 und 1960 wandern 580 000 Deutsche nach Amerika aus.

Seit 1960
Zwischen 1961 und 1970 wandern 210 000 Deutsche nach Amerika aus.

Seit 1970
Zwischen 1971 und 1980 wandern 65 000 Deutsche nach Amerika aus.

1983
300-jähriges Jubiläum der deutschen Einwanderung nach Pennsylvania. Präsident Ronald Reagan leitet mit einer Erklärung ein Jahr von Feierlichkeiten ein.

2006
Nach einer Umfrage des *U. S. Census Bureau* haben 51 Millionen Amerikaner deutsche Vorfahren.

Hinweise für eigene Recherchen

Deutsches Auswandererhaus
Columbusstraße 65
27568 Bremerhaven
Tel.: 0471/90220-0
Fax: 0471/90220-22
E-Mail: info@dah-bremerhaven.de
www.dah-bremerhaven.de

Betriebsgesellschaft BallinStadt mbH
Veddeler Bogen 2
20539 Hamburg
Tel.: 040/3 19 79 16-0
Fax: 040/3 19 79 16-20
E-Mail: info@ballinstadt.de
www.ballinstadt.de

www.castlegarden.org
Von 1855 bis 1890 war *Castle Garden*, an der Südspitze Manhattans, das erste offizielle Einwanderungszentrum. Die Online-Datenbank enthält ca. 10 Millionen Einträge von Einwanderern von 1820 bis 1913.

www.ellisislandrecords.org
Datenbank mit Einträgen von mehr als 20 Millionen Einwanderern, die zwischen 1892 und 1924 in New York angekommen sind.

www.passagierlisten.de
3017 Bremer Passagierlisten 1920–1939 von Schiffen, die in alle Welt gefahren sind. Eine Kooperation der Handelskammer Bremen und der Gesellschaft für Familienforschung e. V., die MAUS

www.auswandererbriefe.de
Initiiert von Wolfgang Helbich, Professor für Nordamerikanische Geschichte i. R., wurde die rund 7000 Briefe umfassende Nordamerika-Briefsammlung zusammengetragen, die heute in der Forschungsbibliothek Gotha verwahrt wird. Diese Bibliothek ist auch an Auswandererbriefen interessiert.

Deutsch-amerikanische Organisationen

German American Chamber of Commerce/Deutschamerikanische Handelskammer
www.gaccny.com
Fördert die Wirtschaftsbeziehungen zwischen Deutschland und den USA.

German-American Heritage Foundation of the USA
1977 gegründete Organisation mit dem Ziel, Amerikaner mit deutschem Hintergrund in der Öffentlichkeit zu repräsentieren.
www.ugac.org

Max Kade Institute for German-American Studies
Akademisches Institut für deutschamerikanische Studien an der *University of Madison, Wisconsin*. Benannt nach dem Pharmazeuten Max Kade, der 1905 von Schwäbisch Hall nach New York auswanderte und die Deutschamerikanischen Beziehungen förderte.
http://mki.wisc.edu

Goethe-Institut USA
www.goethe.de/ins/us/lp/deindex.htm

The German Society of Pennsylvania
www.germansociety.org

The Pennsylvania German Society
www.pgs.org

American Languages – Our Nation's Many Voices Online
http://csumc.wisc.edu/AmericanLanguages/index.htm
Über diese Website können Sprachbeispiele für Pennsylvania Dutch und Amish Swiss gehört werden.

The Steuben Society of America
www.steubensociety.org

German American National Congress/Deutsch Amerikanischer National Kongress
www.dank.org

Germany in New York City – The Place for all things German
www.germanyinnyc.org

Ausgewählte Literatur

Adams, Willi Paul. Deutsche im Schmelztiegel der USA: Erfahrungen im größten Einwanderungsland der Europäer. Senatsverwaltung für Gesundheit und Soziales, Berlin 1990

Bade, Klaus J. (Hg.). Deutsche im Ausland – Fremde in Deutschland. Migration in Geschichte und Gegenwart. München: C. H. Beck, 1992

Bahr, Ehrhard. Weimar on the Pacific. German Exile Culture in Los Angeles. Berkeley: University of California Press, 2007

Beiler, Rosalind. Immigrant and Entrepreneur: The Atlantic World of Caspar Wistar, 1650–1750. University Park: Penn State University Press, 2011

Bendixen, Georg Laué Julius. Lebenserinnerungen, für die Familie im Jahre 1899 aufgezeichnet, unveröffentlichtes Manuskript, Staatsarchiv Hamburg

Bernstein, Arnie. Swastika Nation: Fritz Kuhn and the Rise and Fall of the American Bund. New York: St. Martin's Press, 2013

Bretting, Agnes und Hartmut Bickelmann. Auswanderungsagenturen und Auswanderungsvereine im 19. und 20. Jahrhundert. Stuttgart: Franz Steiner Verlag, 1991

Bretting, Agnes et al. «Deutsche in den USA». In: Bade, Klaus J. (Hg.). Deutsche im Ausland – Fremde in Deutschland. Migration in Geschichte und Gegenwart. München: C. H. Beck, 1992

Brinck, Andreas. Die deutsche Auswanderungswelle in die britischen Kolonien Nordamerikas um die Mitte des 18. Jahrhunderts. Stuttgart: Franz Steiner Verlag, 1993

Brinkmann, Tobias. «The Dialectics of Ethnic Identity: German Jews in Chicago, 1850–1870». In: Helbich, Wolfgang, Walter D. Kamphoefner (Hg.), German-American Immigration and Ethnicity in Comparative Perspective. Madison: University of Wisconsin Press, 2004

Bungert, Heike, Cora Lee Kluge, Robert C. Ostergren (Hg.). Wisconsin German Land and Life. Madison: Max Kade Institute, 2012

Calloway, Colin G., Gerd Gemünden, Susanne Zantop (Hg.). Germans and Indians: Fantasies, Encounters, Projections. Lincoln und London: University of Nebraska Press, 2002

Conolly-Smith, Peter. Translating America: An Immigrant Press Visualizes American Popular Culture. Washington D. C.: Smithsonian, 2004

Conzen, Kathleen Neils. Germans in Minnesota: The People of Minnesota. St. Paul: Minnesota Historical Society Press, 2003

Cronau, Rudolf. Drei Jahrhunderte deutschen Lebens in Amerika. Berlin: Dietrich Reimer, 1909

Faust, Albert Bernhard. Das Deutschtum in den Vereinigten Staaten in seiner Bedeutung für die amerikanische Kultur. Leipzig: Teubner, 1912

Fogleman, Aaron Spencer. Hopeful Journeys. German Immigration, Settlement, and Political Culture in Colonial America, 1717–1775. Philadelphia: University of Philadelphia Press, 1996

Geitz, Henry, Jürgen Heideking, Jurgen Herbst (Hg.). German Influences on Education in the United States to 1917. Cambridge: Cambridge University Press, 1995

Grabbe, Hans Jürgen. Vor der großen Flut: Die europäische Migration in die Vereinigten Staaten von Amerika 1783–1820. Stuttgart: Franz Steiner Verlag, 2001

Gurock, Jeffrey S. (Hg.). American Jewish History. Central European Jews in America, 1840–1880: Migration and Advancement (Band 2). London: Routledge Chapman & Hall, 1997

Häderle, Irene. Deutsche kirchliche Frauenvereine in Ann Arbor, Michigan, 1870–1930. Stuttgart: Franz Steiner Verlag, 1997

Hamm, Margot, Michael Henker und Evamaria Brockhoff (Hg.). Good bye Bayern, Grüß Gott Amerika. Auswanderung aus Bayern nach Amerika seit 1683. Darmstadt: Primus, 2004

Hartwig, Thomas, Achim Roscher. Die Verheißene Stadt. Deutsch-Jüdische Emigranten in New York. Berlin: Das Arsenal, 1986

Hauschild-Thiessen, Renate. Die ersten Hamburger im Goldland Kalifornien. Hamburg: Hans Christians Verlag, 1969

Hawgood, John A. The Tragedy of German-America. The Germans in the United States of America during the Nineteenth Century – and After. New York, London: G. P. Putnam's Sons, 1940

Helbich, Wolfgang, Walter D. Kamphoefner, Ulrike Sommer (Hg.). Briefe aus Amerika. Deutsche Auswanderer schreiben aus der Neuen Welt, 1830–1930. München: C. H. Beck, 1988

Helbich, Wolfgang, Walter D. Kamphoefner (Hg.). Deutsche im Amerikanischen Bürgerkrieg – Briefe von Front und Farm 1861–1864. Paderborn u. a.: Schöningh, 2002

Helbich, Wolfgang, Walter D. Kamphoefner (Hg.). German-American Immigration and Ethnicity in Comparative Perspective. Madison, University of Wisconsin Press, 2004

Hessische Vereinigung für Volkskunde (Hg.). Der große Aufbruch. Studien zur Amerikaauswanderung. Marburg: Jonas, 1985

Hine, Robert V., John Mack Faragher. The American West: A New Interpretive History. New Haven & London: Yale University Press, 2000

Hoobler, Dorothy. The German American Family Album. New York: Oxford University Press, 1996

Hohendahl, Peter Uwe (Hg.). German Studies in the United States: a Historical Handbook. New York: Modern Language Association of America, 2003

Just, Michael. Schiffahrtsgesellschaften und Amerika-Auswanderung im 19. und frühen 20. Jahrhundert. Stuttgart: Franz Steiner Verlag, 1992

Kamphoefner, Walter D. The Westfalians: From Germany to Missouri. Princeton: Princeton University Press, 2014

Kazal, Russell A. Becoming Old Stock. The Paradox of German-American Identity. Princeton: Princeton University Press, 2004

Keil, Hartmut. «Francis Lieber's Attitudes on Race, Slavery, and Abolition». In: Journal of American Ethnic History, Fall 2008, Vol. 28, No. 1, S. 13–33

Klautke, Egbert. Unbegrenzte Möglichkeiten: «Amerikanisierung» in Deutschland und Frankreich (1900–1933). Stuttgart: Franz Steiner Verlag, 2003

Klepp, Susan E., Farley Grubb, Anne Pfaelzer de Ortiz. Souls for Sale: Two German Redemptioners Come to Revolutionary America. Pennsylvania State University Press, 2006

Klötzer, Gunter (Hg.), Deutsche in Amerika: Innenansichten einer Freundschaft. Stuttgart: Arnoldsche Art Publishers, 2008

Kort, Pamela, Max Hollein (Hg.). I like America. Fiktionen des Wilden Westens. München: Prestel, 2006

Krohn, Heinrich. Und warum habt Ihr denn Deutschland verlassen? 300 Jahre Auswanderung nach Amerika. Bergisch Gladbach: Gustav Lübbe Verlag, 1992

Landis, Jacquelyn (Hg.) The Germans. Farmington: Greenwood Press, 2006

Leggewie, Claus. Amerikas Welt. Die USA in unseren Köpfen. Hamburg: Hoffmann und Campe, 2000

Lockhart, Paul Douglas. The Drillmaster of Valley Forge. The Baron de Steuben and the Making of the American Army. New York: HarperCollins, 2008

Luebke, Frederick C. Immigrants and Politics. The Germans of Nebraska, 1880–1900. Lincoln: University of Nebraska Press, 1969

– Bonds of Loyalty: German-Americans and World War I. De Kalb Illinois: Northern Illinois University Press, 1974

– Images of German Immigrants in the United States and Brazil, 1890–1918: Some Comparisons. In: Trommler/McVeigh (1985), S. 207–220

– Germans in the New World. Essays on the History of Immigration. Urbana und Chicago: Illinois University Press, 1990

Marx, Henry. Deutsche in der Neuen Welt. Braunschweig: Westermann Verlag, 1983

Mauch, Christof, Kiran Klaus Patel (Hg.): Wettlauf um die Moderne – Die USA und Deutschland 1890 bis heute. München: Pantheon, 2008

Mesenhöller, Peter: Der Auswandererbrief – Bedingungen und Typik schriftlicher Kommunikation im Auswanderungsprozess In: Der große Aufbruch. Studien zur Amerikaauswanderung. Hg. von der Hessischen Vereinigung für Volkskunde. Marburg 1985 (Hessische Blätter für Volks- und Kulturforschung, Neue Folge, Bd. 17), S. 111–124

Moltmann, Günter (Hg.). Deutsche Amerikaauswanderung im 19. Jahr-

hundert. Sozialgeschichtliche Beiträge. Stuttgart: Metzler 1976
Nadel, Stanley. Little Germany: Religion, Ethnicity, and Class in New York City, 1845–80. Champaign: University of Illinois Press, 1990
Nau, John Fredrick. The German People of New Orleans, 1850–1900. Leiden: E. J. Brill, 1958
Naumann, Ursula. Pribers Paradies. Ein deutscher Utopist in der amerikanischen Wildnis. Frankfurt am Main: Eichborn, 2001
Neufeld, Michael J. Von Braun: Dreamer of Space/Engineer of War. New York: Knopf, 2008
Obermann, Karl. «Die deutsche Auswanderung nach den Vereinigten Staaten von Amerika im 19. Jahrhundert. Ihre Ursachen und Auswirkungen (1830 bis 1870).» In: Jahrbuch für Wirtschaftsgeschichte 1975/II, S. 33–55
O'Dochartaigh, Pól, Alexander Stephan (Hg.). Refuge and Reality. Feuchtwanger and the European Émigrés in California. Amsterdam, New York: Editions Rodopi, 2005
O'Donnell, Edward T. Der Ausflug. Das Ende von Little Germany, New York. Hamburg: Marebuchverlag, 2006
Olmsted, Frederick Law. Wanderungen durch Texas und im mexicanischen Grenzlande. Leipzig: Lorck, 1857
Otterness, Philip. Becoming German. The 1709 Palatine Migration to New York. Ithaca: Cornell University Press, 2004
Pagden, Anthony. Das erfundene Amerika: Der Aufbruch des europäischen Denkens in die Neue Welt. München: Diederichs, 1996
Pallaske, Christoph (Hg.) Ein Westfale in Amerika. Dokumentation der Auswanderung August Hölschers in Briefen. 1834–1860. Siegen 1992 (Selbstverlag)
Raethel, Gert. Geschichte der Nordamerikanischen Kultur. Frankfurt am Main: Zweitausendeins, 2002
Roeber, A. G. Palatines, Liberty, and Property: German Lutherans in Colonial British America. Baltimore: Johns Hopkins University Press, 1998
Rush, Benjamin. An Account of the Manners of the German Inhabitants of Pennsylvania. Philadelphia: Samuel P. Town, 1875
Schniedewind, Karen. Begrenzter Aufenthalt im Land der unbegrenzten Möglichkeiten. Bremer Rückwanderer aus Amerika 1850–1914. Stuttgart: Franz Steiner Verlag, 1994
Schöberl, Ingrid. Amerikanische Einwandererwerbung in Deutschland 1845–1914. Stuttgart: Franz Steiner Verlag, 1990
Strickland, Jeffery. «How the Germans Became White Southerners: German Immigrants and African Americans in Charleston, South Caro-

lina, 1860–1880». In: Journal of American Ethnic History, Fall 2008, Vol. 28, No. 1, S. 52–69

Struck, Wolf-Heino. «Die Auswanderung aus Hessen und Nassau in die Vereinigten Staaten». In: Nassauische Annalen, 1978

Suri, Jeremi. Henry Kissinger and the American Century. Cambridge: Harvard University Press, 2007

Tatlock, Lynne, Matt Erlin (Hg.). German Culture in Nineteenth-Century America – Reception, Adaptation, Transformation. Rochester: Camden House, 2005

Tolzmann, Don Heinrich. The German-American Experience. New York: Humanity Books, 2000

Trommler, Frank, Joseph McVeigh (Hg.). America and the Germans. An Assessment of a Three-hundred-year History. Volume One: Immigration, Language, Ethnicity. Philadelphia: University of Pennsylvania Press, 1985

Trommler, Frank, Elliott Shore (Hg.). The German-American Encounter – Conflict and Cooperation between Two Cultures 1800–2000. New York und Oxford: Berghahn Books, 2001

Weffer, Herbert. Auswanderer aus Stadt und Kreis Bonn von 1814 bis 1914. Bonn: Ludwig Röhrscheid Verlag, 1977

Wehner-Franco, Silke. Deutsche Dienstmädchen in Amerika 1850–1914. Münster, New York: Waxmann, 1994

Wilhelm, Cornelia. Deutsche Juden in Amerika: Bürgerliches Selbstbewusstsein und jüdische Identitut in den Orden B'nai B'rith und Treue Schwestern, 1843–1914. Stuttgart: Franz Steiner Verlag, 2007

Wright, Doris Marion. «The Making of Cosmopolitan California – An Analysis of Immigration, 1848–1870». In: California Historical Society Quarterly, 1940 und 1941

Wust, Klaus, Heinz Moos (Hg.). Dreihundert Jahre Deutsche Einwanderer in Nordamerika, 1683–1983. Gräfelfing: «300 Jahre Deutsche in Amerika», Verlags-GmbH, 1983

Yoder, Don. «Palatine, Hessian, Dutchman: drei Bezeichnungen für Deutsche in Amerika». In: Hessische Blätter für Volks- und Kulturforschung, Band 17: Der große Aufbruch – Studien zur Amerikaauswanderung, Marburg: Jonas Verlag, 1985, S. 191–213

Bildnachweis

Soweit nicht anders in den Bildlegenden vermerkt, stammen die Illustrationen aus dem Archiv des Autors.